U0534922

本书受中国历史研究院学术出版经费资助

中国历史研究院
Chinese Academy of History
学 术 出 版 资 助

小斯当东与中英早期关系史研究

| 侯 毅 著 |

中国社会科学出版社

图书在版编目(CIP)数据

小斯当东与中英早期关系史研究/侯毅著.—北京：中国社会科学出版社，2020.3
ISBN 978 - 7 - 5203 - 6065 - 4

Ⅰ.①小… Ⅱ.①侯… Ⅲ.①中英关系—国际关系史—研究②小斯当东(Sir George Thomas Staunton, 1781 - 1859)—生平事迹 Ⅳ.①D829.561 ②K835.617 = 41

中国版本图书馆 CIP 数据核字(2020)第 034432 号

出 版 人	赵剑英
责任编辑	范晨星
责任校对	王 龙
责任印制	李寡寡

出　　版	中国社会科学出版社
社　　址	北京鼓楼西大街甲 158 号
邮　　编	100720
网　　址	http://www.csspw.cn
发 行 部	010 - 84083685
门 市 部	010 - 84029450
经　　销	新华书店及其他书店
印刷装订	北京君升印刷有限公司
版　　次	2020 年 3 月第 1 版
印　　次	2020 年 3 月第 1 次印刷
开　　本	710×1000　1/16
印　　张	19
字　　数	253 千字
定　　价	89.00 元

凡购买中国社会科学出版社图书，如有质量问题请与本社营销中心联系调换
电话：010 - 84083683
版权所有　侵权必究

中国历史研究院学术出版
编委会

主　　任　高　翔
副 主 任　李国强
委　　员　（按姓氏笔画排列）
　　　　　卜宪群　王建朗　王震中　邢广程　余新华
　　　　　汪朝光　张　生　陈春声　陈星灿　武　力
　　　　　夏春涛　晁福林　钱乘旦　黄一兵　黄兴涛

中国历史研究院学术出版资助项目
出版说明

　　为了贯彻落实习近平总书记致中国社会科学院中国历史研究院成立贺信精神，切实履行好统筹指导全国史学研究的职责，中国历史研究院设立"学术出版资助项目"，面向全国史学界，每年遴选资助出版坚持历史唯物主义立场、观点、方法，系统研究中国历史和文化，深刻把握人类发展历史规律的高质量史学类学术成果。入选成果经过了同行专家严格评审，能够展现当前我国史学相关领域最新研究进展，体现我国史学研究的学术水平。

　　中国历史研究院愿与全国史学工作者共同努力，把"中国历史研究院学术出版资助项目"打造成为中国史学学术成果出版的高端平台；在传承、弘扬中国优秀史学传统的基础上，加快构建具有中国特色的历史学学科体系、学术体系、话语体系，推动新时代中国史学繁荣发展，为实现"两个一百年"奋斗目标、实现中华民族伟大复兴的中国梦贡献史学智慧。

中国历史研究院

2020 年 3 月

目　　录

导　言 ……………………………………………………………（1）

第一章　清代中叶中国的对外关系 ……………………………（11）
第一节　清代中叶中国的外交思想与理念 ………………（11）
第二节　清代中叶的外交制度 ……………………………（28）
第三节　清代中叶中外民间交流 …………………………（42）

第二章　小斯当东与马戛尔尼使团使华 …………………………（55）
第一节　中英早期接触与亚洲三角贸易的形成 …………（55）
第二节　卡斯卡特使团使华 ………………………………（69）
第三节　小斯当东在马戛尔尼使团中的活动与作用 ……（86）

第三章　小斯当东在广州的主要活动 ……………………………（114）
第一节　初入东印度公司驻华商馆 ………………………（114）
第二节　《英吉利国新出种痘奇书》的翻译与影响 ………（125）
第三节　小斯当东与广州商馆汉语人才培养 ……………（135）
第四节　《大清律例》英译本的出版 ………………………（144）

第四章　小斯当东与阿美士德使团 ………………………………（161）
第一节　英国远东殖民战略的调整 ………………………（161）

第二节　阿美士德使团来华 ………………………………（169）
　　第三节　小斯当东与"礼仪之争" …………………………（186）

第五章　小斯当东与英国中国学的发展 …………………………（211）
　　第一节　小斯当东与《异域录》的翻译 ……………………（211）
　　第二节　小斯当东与英国皇家亚洲学会的创建 ……………（231）
　　第三节　小斯当东与英国中文教学的发展 …………………（236）

第六章　中英关系转折时期的小斯当东 …………………………（243）
　　第一节　英国议会中的中国问题专家 ………………………（243）
　　第二节　小斯当东与鸦片战争 ………………………………（259）

结　语 ………………………………………………………………（276）

**附录一　1833年小斯当东在下议院关于中国贸易的演讲
　　　　（节选）** ………………………………………………（281）

附录二　小斯当东1840年在下议院的演讲（节选） ……………（285）

主要参考文献 ………………………………………………………（290）

后　记 ………………………………………………………………（296）

导　言

　　18世纪末至19世纪40年代，是中英关系史上比较重要的一段历史时期，其间发生了很多影响中英关系走向的重大事件。1793年，英国派出马戛尔尼使团出使中国，向清政府提出增开通商口岸、公使常驻北京等要求，但遭到清政府拒绝。1816年，英国政府再次派出阿美士德使团来华，其目的与马戛尔尼使团基本相同，由于英国特使阿美士德不愿遵守中国礼仪，向嘉庆帝行三跪九叩大礼，遭到清政府驱逐。1834年，英国政府废除了东印度公司对华贸易的垄断权，英国商人可以自由来华贸易。英国政府设立驻华商务总监，以国家的名义直接与中国政府接触，中英关系发展进入一个新的历史阶段。

　　19世纪30年代末，在英国新兴工业资产阶级的鼓吹下，英国政府放弃了所谓"对华沉默政策"，对华态度日趋强硬，动用武力迫使清政府全面开放中国市场的呼声高涨。1840年，英国政府悍然发动鸦片战争[①]，英国战胜，强迫中国签订了中英《南京条约》，割占了香港岛，获取了大量赔款，并取得了领事裁判权、片面最惠国待遇等诸多特权。

　　从马戛尔尼使团使华到英国发动鸦片战争，在不到50年的时间里，英国对华政策发生了重大变化。中英两国关系经历了一个由和平走向战争，由中方掌握两国关系走向主动权到英方掌握主动权，

---

① 关于鸦片战争爆发的年代，史学界存在1839年说和1840年说两种，本文从后者。

由平等交往转向不平等交往的过程。

乔治·托马斯·斯当东（George Thomas Staunton，1781.5.26—1859.8.10）是这一历史进程中很多重要事件的亲历者和重要参与者。考察斯当东的活动，对于研究这一段时期内中英关系的变化发展具有重要意义。

乔治·托马斯·斯当东是英国19世纪著名的政治家、外交家和汉学家，被誉为英国汉学研究的创始人。他出生于英国英格兰索尔兹伯里（Salisbury）①，是英国著名外交家乔治·伦纳德·斯当东（George Leonard Staunton，1737.4.10—1801.1.14）准男爵（Baronet）②之子。通常将乔治·伦纳德·斯当东称为老斯当东，乔治·托马斯·斯当东称为小斯当东。老斯当东曾在法国学医，后来转行从事法律研究工作，获得牛津大学名誉法学博士学位。老斯当东担任过英国"参事会参事""西印度群岛各领地国民军上校，并任该地检察长""与印度斯坦的重要王公蒂波苏丹签订和约的委员"等职务③，是英国殖民主义的老手。他还是伦敦皇家学会会员。1785年10月被授予爱尔兰准男爵爵位。

1792年（乾隆五十七年），英国政府派出以马戛尔尼（George Lord Macartney）为特使的庞大使团出使中国，老斯当东担任马戛尔尼使团的使团秘书兼特使缺席时的全权代理。老斯当东回国后著有《英使谒见乾隆纪实》（*An Authentic Account of an Embassy from the King of Great Britain to the Emperor of China*）一书，影响很大。该书

---

① 英格兰南部一城市，位于南安普敦西北，建于1220年，是一座古城。

② Baronet 应译为准男爵或从男爵（见《牛津高阶英汉双解字典》），是英国世袭爵位中最低的受勋者，地位在男爵之下爵士之上。目前，国内有些学术著作将 Baronet 译为爵士，有误。英国的爵位制度比较复杂，爵士的爵位不能世袭，准男爵的爵位是可以世袭的。乔治·伦纳德·斯当东去世后，乔治·托马斯·斯当东继承了这一爵位。值得注意的是，准男爵和爵士都不属于英国贵族，只是一种荣誉称号，在称谓上一般在名字前加 Sir。

③ ［美］马士：《东印度公司对华贸易编年史》（第一、二卷），区宗华译，中山大学出版社1991年版，第561页。

同马戛尔尼所著的《1793 乾隆英使觐见记》至今仍是研究 18 世纪末中英关系非常重要的资料。

马戛尔尼使团来华时，时年 11 岁的小斯当东作为马戛尔尼的见习侍童①随团来华。在来华途中，他随同两位中国籍传教士学习汉语。1793 年 9 月 14 日（乾隆五十八年八月十日），小斯当东随同马戛尔尼及其父老斯当东一道觐见乾隆帝。由于小斯当东是英国使团中唯一会讲汉语的英国人，又是一个儿童，因此，深受乾隆帝的喜爱。这一段特殊经历为他以后研究汉学、开展对华活动奠定了基础。

1800 年，小斯当东被英国东印度公司驻广州商馆聘为书记员，再次来到中国。1801 年，老斯当东去世后，小斯当东承袭了其父的爵位。1814 年，小斯当东当选为东印度公司驻广州商馆的管理机构——特选委员会（Selected Committee）② 的组成人员。1815 年，他

---

① 按照欧洲中世纪武士制度，高贵显要人士往往有一个见习侍童伴随身边。见习侍童出身于有一定社会地位的家庭，一般为男性。见习侍童经过七八年教养后，获得扈从骑士（Squire）的称号——一种骑士（Knight）以下、绅士（Gentlemen）以上的称号。

② 英国东印度公司在华贸易管理机构经历了一个变化发展过程。17 世纪后，英国来华贸易的商船上设有管理员，负责管理船货事宜，按职位高低称为大班、二班、三班。大班的职位类似于今语的经理，大班除管理商务之外，同时负责同中国官方交涉外交事宜。1699 年，英国公司（English Company）设立了"中国事务管理会"（Council），组成人员有主任一人、商人四人、代理人二人、书记五人、牧师一人、医生一人，以及英籍童仆五人。首任主任为卡奇普尔（Catchpoole）。英国政府还授权该委员会主任可兼任英国驻华总领事。1701 年年底，英国东印度公司和英国公司达成初步协议，确定合并。1708 年，英国国会批准了这一合并案，新的东印度公司成立。1715 年，东印度公司为适应对华贸易不断增长的需要，决定在广州设立商馆，商馆由大班组成的管理会领导。管理会设主席一人，下设委员若干名。贸易时，管理委员会的成员随船到中国，贸易结束后，整个管理会搭船返回英国，继任下届委员的大班则留住于澳门。1770 年，东印度公司对管理会进行了改革，指令大班不再随同与他们有关的船只来华，而是组成一个永久的管理会，负责管理公司在华贸易。1778 年年底，东印度公司又组建了特选委员会（Selected Committee）暂时代替管理会管理对华贸易。1781 年，特选委员会的工作因故一度中断，管理会恢复。1786 年，特选委员会重新组建并正式代替了管理会，此后成为英国东印度公司对华贸易管理机构。该委员会由资历较深的大班组成，设有主席一名。特选委员会的职责是负责管理东印度公司与中国的商业贸易。由于当时英国在中国未设有使领馆，因此，特选委员会同时兼理中英两国外交事务。1792 年，东印度公司董事会又成立了秘密和监督委员会（The Secret and Superintending Committee），权力在特选委员会之上，但不能干预实际贸易，只能负责监督执行政策的情况。1834 年，东印度公司对华贸易垄断权结束，东印度公司承载的对华交涉事务的职能也终结了。

又被选为特选委员会主席，全面负责东印度公司对华贸易事宜。

1816 年，英国政府任命阿美士德为正使使华，小斯当东被任命为副使，陪同阿美士德再次来到北京。在觐见嘉庆皇帝时，中英双方产生了礼仪之争，小斯当东坚决反对阿美士德向中国皇帝行叩头礼，最终导致这次出使以失败而告终，小斯当东也被中国政府驱逐回国。

小斯当东在华期间十分注重搜集和整理有关中国历史、政治、经济和社会等各方面的资料信息。回国后，他利用搜集的信息，著书立说，阐述了自己对中国政治、外交和历史文化等各方面情况的认识理解。这些著作对西方人认识了解中国发挥了很大作用，有些甚至成为英国政府制定对华政策的基础。

1823 年，小斯当东与亨利·托马斯·科尔布鲁克①（Henry Thomas Colebrooke）共同发起创办了皇家亚洲学会②，目的是推动对亚洲各国的政治、历史和文化的研究工作。

小斯当东还积极推动英国的汉学研究。在他的努力下，英国伦敦大学大学院和国王学院聘请教授，开设汉学课，专门教授汉学。他由此被誉为"英国汉学之父"。

1818—1852 年，小斯当东数次当选英国下议院议员，是当时英

---

① 亨利·托马斯·科尔布鲁克（Henry Thomas Colebrooke，1765.6.15—1837.1.8）是英国著名的东方学家，准男爵。生于伦敦。1782 年，受英国东印度公司所雇，前往印度，在加尔各答等地任职。在印度居留 11 年后，亨利·托马斯·科尔布鲁克开始学习梵文，研习印度梵文著作。1805 年，受韦尔兹利公爵邀请，在威廉要塞学院任教，教授梵文。著有 Remarks on the Husbandry and Commerce of Bengal（1795 年出版）和 Sanskrit Grammar（1805 年出版）等书，其中 Sanskrit Grammar 一书影响很大，是英国教授梵文的经典著作，在英国，多年被视为有关梵文最具权威性的语法书。他的译著有 Law of Inheritance。他曾担任过孟加拉亚细亚学会会长。

② 英国皇家亚洲学会英文全称为 Royal Asiatic Society of Great Britain and Ireland，创办于 1823 年并延续至今。皇家亚洲学会是英国研究亚洲历史文化最大和最具权威的组织机构。在亚洲很多国家和地区设有分部或活动组织，主要有加尔各答分部、孟买分部、马德拉斯分部、香港分部、斯里兰卡分部、日本分部、马来西亚分部、韩国分部等。在上海也曾设有分部，1949 年中华人民共和国成立后停办。目前，在北京设有北京分会。

国下议院中对中英关系较有影响的议员之一。在对华关系上，他坚决主张维护东印度公司对华贸易垄断权，并支持英国政府发动对华战争，以武力打开中国市场。他的言论对英国发动鸦片战争起了非常重要的作用。

小斯当东去世后，英国政府为纪念他，将香港的一条主要街道命名为士丹顿街（Staunton 的香港译名为士丹顿）。1895 年，孙中山在香港设立兴中会分会，会址坐落在士丹顿街十三号。英国皇家亚洲学会设立斯当东奖金，用于奖励在亚洲历史文化研究领域有杰出贡献的青年学者。

小斯当东的活动很早就引起了学术界的注意。1925 年出版的马士（H. B. Morse）的巨著《东印度公司对华贸易编年史》（*The Chronicles of the East India Company Trading to China*）中对小斯当东从 1810—1816 年在广州特选委员会工作期间的一些主要活动做了一些简要介绍。书中对小斯当东的才能给予高度评价，作者称："他（指斯当东）担任洽谈者和翻译员的职务，对委员会有很大的价值，……他的洽谈者的职务无人可以代替。"① 该书还附有小斯当东的肖像画多张。

20 世纪 80 年代至 90 年代初，法国人阿兰·佩雷菲特（Alain Peyrefitte）② 发掘整理了大量小斯当东的手稿著作。佩氏在他的名著《停滞的帝国——两个世界的撞击》（1993 年）一书中依据小斯当东一生的主要活动，将他的一生划分为三个历史时期。佩雷菲特认为，

---

① ［美］马士：《东印度公司对华贸易编年史》第三卷，区宗华译，中山大学出版社 1991 年版，第 161 页。

② 阿兰·佩雷菲特（Alain Peyrefitte, 1915—1999），法国政治家、学者，曾 8 次出任法国第五共和国政府部长。佩雷菲特生前对华非常友好，先后 18 次对中国进行友好访问。为了纪念这位中国人民的老朋友，2002 年我国政府为佩雷菲特塑立半身铜像，位于武汉大学校内，其代表作《停滞的帝国——两个世界的撞击》在我国影响很大，多次再版，该书以马戛尔尼使团使华为背景，阐述了 18 世纪末中英两国在交往中外交理念的对撞，反映出了 18 世纪末东西方文明的矛盾冲突，作者参阅了大量未曾公开的笔记、日记、档案、文献，具有很高的价值，但在使用上不甚规范，很多极具价值的史料没有注明出处，使得这本著作的学术价值大大降低了。

小斯当东是"三个时期的见证人（1793年、1816年、1840年）"①，"11岁时作为英国派往北京的第一位特使的见习侍童；35岁时成了新特使的副手；59岁时当上了议员并极力主张进行鸦片战争：这便是那位有运气亲自参加了发生在半个世纪内的世界重大事件的见证人"②。他对小斯当东在不同历史时期的言行进行了分析研究。佩雷菲特认为，马戛尔尼来华时，小斯当东是头脑灵活的见习侍童，"比其生身之父更加精明"③。1800—1816年，小斯当东长期在中国居住，在此期间，他用了10年时间翻译和研究了《大清律例》。通过这些研究，小斯当东成了"熟知中国人精神的专家"④；在阿美士德使团使华时，他作为副手，在正使阿美士德对是否向中国皇帝行叩头礼犹豫不决时，小斯当东向阿美士德提出行叩头礼"只能导致耻辱"⑤，最终说服阿美士德拒绝叩头，致使阿美士德使团使华以彻底失败而告终。鸦片战争前，当英国议会在讨论是否对中国开战这一问题上争论不休时，是"托马斯·斯当东的威信起了作用"⑥，最终英国政府下定决心对华动武。佩雷菲特指出托马斯·斯当东是鸦片的代言人。佩雷菲特对小斯当东的一生历史分期的划分为研究小斯当东提供了线索，笔者赞同这种划分方法。

小斯当东也引起了国内众多学者的关注。台湾学者游博清于1992年撰写的硕士学位论文《小斯当东（George Thomas Staunton，1781—1859）——19世纪的英国茶商、使者与中国通》是最早的以小斯当东为专门研究对象的论文。作者认为"在19世纪初期的来华英人中，小斯当东是以往学界研究此一时期中英关系史较为忽略的

---

① [法]佩雷菲特：《停滞的帝国——两个世界的撞击》，王国卿等译，生活·读书·新知三联书店1993年版，第15页。
② 同上书，第18页。
③ 同上书，第529页。
④ 同上书，第555页。
⑤ 同上书，第578页。
⑥ 同上书，第592页。

人物,然其丰富的中国经历,个人集使者、茶商、中国通等角色于一身,是史家考察此段历史不可多得的个案"。"斯当东传奇性的中国经历是19世纪初期英国海外殖民探险的代表人物之一",作者希望以其为例,"透过对其生平重要活动的描绘,进一步触及较重要的层面,如欧人域外探险、历史哲学史观、英国自由贸易思潮与东印度公司、马戛尔尼使团后英人的中国意象、东方主义、人类学研究、中西文化冲击等问题,希能引发学界更多的讨论"。①

1999年,王开玺所著的《隔膜、冲突与趋同:清代外交礼仪之争透析》(北京师范大学出版社出版)一书中谈到了小斯当东在阿美士德使团来华在礼仪问题上的重要作用。

进入21世纪后,有关小斯当东的研究受到更多学者关注,特别是法律史研究领域,取得成果最多。如王健于2001年出版的《沟通两个世界的法律意义》一书中对小斯当东翻译《大清律例》的情况及历史地位和影响做了较为详细的论述。屈文生等全文翻译了1810年小斯当东《大清律例》译本的译者序②,他还在《中国封建法典的英译与英译动机研究》一文中提出,"英国商人小斯当东1810年首次将《大清律例》系统地译为英文是为中文法律典籍英译之嚆矢。法典英译的早期动机归于在华外国商人考察中国法律、社会、营商环境和保障侨民利益的实际需求,具有功利主义与实用主义取向","对法律史研究和汉籍翻译史研究具有拓深意义"。③ 曹文娟、张振明的《马嘎尔尼使团访华与中国法律的西传》在挖掘马戛尔尼使团使华过程中,使团成员老斯当东、约翰·巴罗(John

---

① 游博清:《小斯当东(George Thomas Staunton,1781—1859)——19世纪的英国茶商、使者与中国通》,硕士学位论文,台湾清华大学历史研究所,2004年。

② 屈文生:《小斯当东论中国与中国法——小斯当东〈大清律例〉译者序(1810年)》,《南京大学法学评论》2015年第1期。

③ 屈文生:《中国封建法典的英译与英译动机研究》,《中国翻译》2019年第1期。

Barrow)① 在有关中国法律法规、司法制度记录基础上，对小斯当东翻译《大清律例》的经过、历史影响进行了考察，提出小斯当东翻译《大清律例》是"西方对中国法典第一次比较全面的翻译，使英国中国法律的研究逐渐走在欧洲国家前列"②。赵长江的《〈大清律例〉英译：中英文化交流史上的首次直接对话》提出，《大清律例》是从中文直译为英文的第一个全译本，标志着英国从欧洲大陆文字转译中国文化典籍的历史结束，中英之间直接的文化对话与交流的开始。③

有关小斯当东的研究另一个研究成果较为突出的领域是他将英国牛痘接种术介绍到中国，使之推广，挽救了无数中国人生命的事迹。代表作有张大庆的《〈英吉利国新出种痘奇书〉考》④ 和侯毅的《英国牛痘接种术传入中国的桥梁——斯当东与〈英吉利国新出种痘奇书〉》⑤ 等。

此外，近年来，游博清撰写了《英人小斯当东与鸦片战争前的中英关系》⑥《天朝与远人：小斯当东与中英关系（1793—1840）》⑦（与黄一农合著）等文章对小斯当东的活动进行了非常详细的考证，

---

① 约翰·巴罗（John Barrow，1764—1848）出生于一个皮匠家庭。他与老斯当东相识，被老斯当东推荐给马戛尔尼，担任马戛尔尼私人财务主管。马戛尔尼使团使华期间，他随团来华，是马戛尔尼使华团重要成员之一，回国后，他将在中国的见闻写成文章发表，成为中国事务专家。1804 年，约翰·巴罗开始在海军部任职，先后担任第二大臣（Second Secretary）近 40 年。其所著《中国行纪》（*Travels in China*）至今仍在不断再版。

② 曹文娟、张振明：《马戛尔尼使团访华与中国法律的西传》，《中国社会科学院研究生院学报》2013 年第 6 期。

③ 赵长江：《〈大清律例〉英译：中英文化交流史上的首次直接对话》，《西安外国语大学学报》2012 年第 3 期。

④ 张大庆：《〈英吉利国新出种痘奇书〉考》，《中国科技史料》2002 年第 3 期。

⑤ 侯毅：《英国牛痘接种术传入中国的桥梁——斯当东与〈英吉利国新出种痘奇书〉》，《中国社会科学院研究生院学报》2009 年第 3 期。

⑥ 复旦大学历史地理研究中心主编：《跨越空间的文化：16—19 世纪中西文化的相遇与调适》，东方出版中心 2010 年版。

⑦ 台湾"中研院"近代史研究所：《"中央研究院"近代史研究所集刊》第 69 期。

极大地丰富了人们对小斯当东一生活动的认识。美国马凯特大学Jodi R. Bartley Eastburg撰写的博士学位论文《东西方的接触：乔治·托马斯·斯当东的生平及著作所展示的英国人的中国观》(*West Meets East: British Perceptions of China as Demonstrated in the Life and Works of Sir George Thomas Staunton*, 1781—1859) 是西方第一部以小斯当东为研究对象的学位论文，文章提出，小斯当东在中国的工作生活经历对他一生产生了重要影响。小斯当东在华期间，参与处理了很多中英两国重大外交事件，翻译刻印了他生平第一部译著《英吉利国新出种痘奇书》。1810年，小斯当东翻译出版了《大清律例》，奠定了其欧洲中国学家的地位。小斯当东回国后，依据在这一段时期积累的情报材料和工作经验，著书立说，成为英国著名的中国问题专家。他在当选议会议员之后，由于在华的特殊经历，使他在对华问题上拥有重要发言权，影响了英国政府对华问题的决策。因此，研究小斯当东的活动思想和历史影响，必须由研究他在华的工作经历入手。

以上著作从不同的角度出发，对小斯当东的生平事迹和主要活动进行考察研究，为进一步研究小斯当东奠定了基础，从现有成果来看，小斯当东的研究仍有深入挖掘的空间。

第一，现有学术成果多集中在对小斯当东在中西文化交流方面活动的研究，对于其他重要事迹有待深入考察，如小斯当东归国后在英国议会活动情况等。第二，对于小斯当东关于中英贸易问题的思想有待进一步梳理和研究，小斯当东是19世纪早期中英贸易的见证者和实践者，目前学术界对小斯当东有关中英贸易问题的认识，仅仅是对其所撰写的诸多论著中的一些观点进行了较为宏观的介绍，尚缺乏系统深入的研究。第三，对小斯当东在英国对华殖民主义方面的思想表现阐述明显不足。在充分认识到清政府的腐朽无能的同时，不能忽略了小斯当东的阶级局限性，忽略了他对于中英关系发展过程的消极影响。总之，对小斯当东这个历史人物的思想活动、生平事迹、历史影响和时代价值的探讨、定性有待深入研究。

本书是在学习学界已有研究成果基础上，重点对小斯当东亲历的对于中英关系发展有重大影响意义的历史事件及其作用进行了考察，试图较为全面、客观地评价小斯当东在中英关系史上的历史地位及历史影响。众所周知的是，在历史研究中，如何评价历史人物的活动历来是一个非常复杂的问题，历史人物的评价历来是古今中外历史研究中最具有争议的话题之一。由于历史人物活动发生在遥远的过去，具有不可亲历性，主要需要通过历史遗留的文献、遗物、遗迹等来考察还原历史人物的活动，因此，时人要想一时全面而准确地认识历史人物的活动影响、思想动机，把握历史人物的活动状态并非易事，尤其是有的历史人物的资料匮乏或者散佚，使得研究更加困难。历史人物的研究还会受到各种政治社会因素的影响，很多历史人物活动的内容和形象也会被人为地篡改和扭曲，给后人正确地认识和评价历史人物带来了更多的困难。此外，从事历史研究的史学家受到社会思潮的影响，有时不能客观科学地判定历史人物，造成了许多历史人物评价的不公正。鉴于此，我们在评价历史人物时，坚持科学的方法论，坚持正确的价值导向是尤为重要的，必须从历史实际出发，唯物地研究和评价小斯当东，在严格的历史性和充分的全面性原则基础上，用辩证的方法，历史具体地研究小斯当东。

本书在写作架构上，第一章至第六章，梳理了小斯当东在不同时期的主要历史活动，结语部分主要讨论了研究小斯当东的历史价值和现代意义。受制于作者的研究水平和研究能力，本书必然存在诸多错误和问题，在此恳请学界同仁批评指正。

第 一 章
清代中叶中国的对外关系

第一节 清代中叶中国的外交思想与理念

一 清代中国对待周边藩属国的态度与立场

在中国历史上，早在先秦时期，就有了"天下观""大一统""华夷之辨"的观念，以"华""夷"划分内外。清朝入主中原后，因袭了明朝处理对外关系的基本理念和处置原则，以"天下观""华夷观"来审视对外关系。[①] 清朝统治者以"天朝上国"自居，向四海宣扬其中心正统地位。在处理涉外事务中秉持以"怀柔远人"的政策，将与中国交往的国家分为两类，一类是与中国有朝贡关系的藩属国，另一类是化外之国。

对于藩属国，清政府依据亲疏关系，分为两种类型：一是具有

---

① 为了被奉为正朔，清朝政府非常重视领有"天下"的合法性的论证，在中原王朝以往"天下观""大一统"的基础上，不断丰富和发展了"天下观""大一统"的内涵，出于政治需要，清朝统治者们对以往"夷""狄"概念也进行了调整。如在《清实录》《大清会典》等官方文献中，"夷"一般用来指未称臣纳贡的洋人或化外之国，并且开始用"中外"来取代"华夷"。为此，葛剑雄先生曾提出"乾隆以前的中国皇帝只有内政，没有外交。因为在他们眼中，中国是世界主宰，普天之下，莫非王土，其他一切国家和民族都应该毫不例外地服从他们，向他们称臣纳贡"（葛剑雄：《要是世界上只有中文》，《读书》1994年第7期）。

较强的政治色彩的朝贡国，包括朝鲜、琉球和安南；二是一般性的朝贡关系国，如苏禄、暹罗、缅甸等，还有学者提出存在第三类朝贡国，即名义上的朝贡关系国，包括荷兰、葡萄牙、西班牙等国。①

在处理朝贡国关系时，清政府秉持的是"天下一家，一视同仁"的理念，视与周边国家的关系为君臣父子关系，当周边国家主动投诚臣服时，即纳入朝贡体系中。1646 年（顺治三年），清军攻入福州，此时琉球国派遣前来庆祝唐王朱聿键称帝的琉球使臣等五十余人仍滞留未归，旋即被迁往北京。顺治帝先是宣布"东南海外琉球、安南、暹罗、日本诸国，附近浙闽，有慕义投诚、纳款来朝者，地方官即为奏达，与朝鲜等国一体优待，用普怀柔"②，此后又敕谕琉球使臣，称"朕抚定中原，视天下为一家。念尔琉球，自古以来，世世臣事中国，遣使朝贡，业有往例。今故遣人敕谕尔国，若能顺天循理，可将故明所给封诰印敕，遣使赍送来京，朕亦照旧例封赐"③，同时，谕安南、吕宋两国同文。此时的琉球使臣见明朝大势已去，即向顺治帝表达投诚之意，顺治帝对使团也格外优恤，并派遣礼部通事谢必振出使琉球，于 1649 年（顺治六年）抵达琉球。此后，琉球国王接受了顺治帝的册封，与清朝建立正式的宗藩关系。

康熙之后，清王朝的统治逐渐趋于稳定，与周边藩属国之间的政治经贸和人员往来增多。在同藩属国交往过程中，清政府顺承以往中原王朝处理与藩属国关系方式。明代，明朝政府对待藩属国实行"薄来厚往"政策，在对朝贸易中，经常予以税收上的照顾。如明初朝鲜政府鼓励使臣个人从事对华贸易，允许使臣个人携带货物来华出售。1370 年（明洪武三年）中书省上奏明太祖朱元璋，认为高丽来华使节从事私人贸易活动，应予以征税，并且禁止他们进行

---

① 参见李云泉《再论清代朝贡体制》，《山东师范大学学报》（人文社会科学版）2011 年第 5 期。
② 《清世祖实录》卷三十，顺治四年二月。
③ 《清世祖实录》卷三二，顺治四年六月。

私人贸易。中书省奏折中写道："高丽贡使多贵私物入货，宜征税；又多携中国物出境，禁之便。"① 朱元璋拒绝了中书省的要求，他提出"远夷跋涉万里而来，暂尔弩货求利"②，因此，允许朝鲜使臣从事贸易。受此影响，明朝贸易管理部门制定了政策，减免对朝贸易的税额，1371 年（洪武四年），户部上书明太祖，称"高丽、三佛齐入贡，其高丽海舶至太仓，三佛齐海舶至泉州海口"，并请征其货，诏勿征。③ 受到该项政策的鼓励，朝鲜政府制定各种措施，鼓励使臣参与对华贸易，至明朝末年，朝鲜政府更是明文规定，使臣可以带 80 斤人参来明贸易。④

尽管清初，清政府在同藩属国交往过程中并未贯彻"薄来厚往"的理念，但随着清朝政权日益巩固，清政府逐渐减免朝鲜等藩属国的贡品数量和朝贡次数。1637 年（崇德二年），清政府曾规定朝鲜贡品数量为"黄金 100 两、白金 1000 两、水牛角 200 对、貂皮 100 对、鹿皮 100 张、茶 1000 包、水獭皮 400 张、青黍皮 300 张、胡椒 10 斗、腰刀 26 口、顺刀 20 口、苏木 200 斤、大纸 1000 卷、小纸 1500 卷、五爪龙席 4 领、各样花席 40 领、白经布 200 匹、各色绵绸 200 匹、各色细麻布 400 匹、各色细布 10000 匹、布 14000 匹、米 10000 包"⑤，到了 1640 年（崇德五年），清政府允许朝鲜缴纳规定贡额减半，此后多次减免朝鲜岁贡。在朝鲜发生灾荒时，清政府不仅减免朝鲜岁贡，而且增开贸易，帮助朝鲜渡过难关。如 1697 年，朝鲜发生饥荒，希望能与清政府互市，换取粮食，康熙帝当即下旨："朕抚驭天下，内外视同一体，并无区别。朝鲜国之世守东藩，尽职奉贡，克勤敬慎。今闻连岁荒歉，百姓艰食，朕心深为悯恻。彼既请籴以救凶荒，见今盛京积贮甚多，著照该国所请，于中江（朝鲜

---

① 张廷玉：《明史·朝鲜列传》卷 320，中华书局 2000 年版。
② 《明太祖实录》卷五十七，洪武三年十月。
③ 《明太祖实录》卷六十八，洪武四年九月。
④ ［朝鲜王朝］沈象圭：《万机要览·财用编五·燕行八包》，韩国景仁文化社 1972 年版。
⑤ 《清太宗实录》卷三三，崇德二年正月。

义州城鸭绿江西）地方，令其贸易。"① 根据韩国学者全海宗估算，1640年（崇德五年）至1728年（雍正六年）88年间，清廷先后9次减免朝鲜岁贡，年贡的价值从白银30多万两减至白银8万余两。②

在商贸关系方面，清朝政府延续明朝政策，允许与周边国家开展贸易往来。清初，清政府将广西的平而关、水口关和由村隘，云南的白马关等地开放为通商口岸，允许边民与越南出入往来，进行贸易活动，并采取了相应的管理措施，保证双方贸易正常运行。但对于中国人长期在外国居留，清政府则采取坚决反对的态度。1717年（康熙五十六年），康熙下诏禁止中国人在国外长期生活，他在诏书中明确指出："留在外国，将知情者同往枷号三月，该督行文外国，将留下之人，令其解回，立斩。"③

关于通商目的，清朝统治者将贸易视为中原王朝对藩属国的恩赐，如乾隆皇帝在其一份谕旨中说："若不即允所请，恐该国货物罕至，民用有关，转非体恤外藩一视同仁之意，现已明降旨，准其开关通市不必俟该国王来京面为奏恳再行允准，着传谕福康安等，接奉此旨后，即行照会该国王，以安南与内地通市，前经设禁，未便擅开。本部堂已据实奏明，并令国王于入觐时，自行奏恳。今大皇帝俯念安南连岁被兵，物产衰耗。该国夷民，俱系天朝赤子，若待明年国王入觐奏恳，回国后始准开关，为期将及一载，通国日用所需，未免短绌。是以不俟国王面奏，先已特降恩旨准行，以示体恤。如此明白宣谕，庶使安南通国夷民，益仰天朝抚育深仁，倍加感戴也。"④

在这样的思想理念下，清政府只在边境地方开放了少数口岸，允许商民往来，而且对于商品货物的种类进行了严格限制。例如，

---

① 《清圣祖实录》卷一八六，康熙三十六年十一月。
② 参见［韩］全海宗《中韩关系史论集》，金善姬译，中国社会科学出版社1997年版。
③ 《清圣祖实录》卷二七一，康熙五十六年正月。
④ 《清高宗实录》卷一三四四，乾隆五十四年十二月。

清朝前期，前往越南的中国商民所能夹带的货物主要有布匹、茶叶、白糖、糖果、纸张、颜料、灯油等，从安南带回国的货物规定只能有砂仁、白铅、竹木等，其余皆属于违禁的货物，清中期后，货物种类有所增加，但依然限于日用品。《大清律例》规定："凡将马牛、军需、铁货【未成军器】、铜钱、缎匹、纳绢、丝棉，私出外境货卖，及下海者，杖一百。【受雇】挑担驮载之人，减一等。物货船车，并入官。于内以十分为率，三分付告人充赏。若将人口、军器出境及下海者，绞【监候】。因而走泄事情者，斩【监候】。其拘该官司，及守把之人，通同夹带，或知而故纵者，与犯人同罪。【至死减等】。失觉察者，【官】减三等，罪止杖一百。军兵又减一等。【罪坐直日者若守把之人受财以枉法论】。"①

对藩属国内政，清朝政府基本不予干涉，只有在一些特殊情况下，才会履行宗主国的义务。如18世纪末，越南国内发生内战，黎朝末代皇帝黎维祁及黎朝皇室、官员进入广西避难，黎维祁向清政府求助，要求清政府出兵，帮助其恢复政权，但清政府对此先是举棋不定，只是支持和鼓励忠于黎朝的北沂官员和各厂"厂徒"进攻新阮，帮助黎氏重建政权，直到察觉这些力量无法对抗西山军，而黎氏又一再请求，才决定派兵进入越南。嘉庆年间，阮福映与西山朝发生战争，嘉庆帝一再谕令，"安南、农耐盗匪（即阮福映集团）或闻风来投者，即当送回本处，不独农耐之人应行拒绝，即安南之人亦不当收留"②，表明了不干涉安南内战的立场。需要指出的是，在传统的宗藩关系体系中，尽管中国作为宗主国不干涉藩属国的内政，与近代西方国家的殖民剥削压迫体系迥然不同，但毕竟不是一种平等的国家关系。

总的来看，与前代相比，清朝统治者们对于强化中国与周边国家的宗藩关系并没有表现出很高的热情，也没有进一步扩大与周边

---

① 《大清律例·兵律·关律》。
② 《清仁宗实录》卷五十八，嘉庆五年正月。

国家交往联系的意愿,这其中的原因是多方面的,最重要的一个因素是,清朝统治者们担心扩大与外国的交往会危害自身利益,康熙帝对此曾说过:"外藩朝贡,虽属盛事,恐传至后世,未必不因此反生事端。总之,中国安宁则外衅不作,故当以培养元气为根本要务耳。"①

二 清政府与西方国家交往的态度和立场

明代中期以后,中国与西方国家的接触日益增多。先是葡萄牙人和西班牙人,明代中叶,他们勾结海盗,在广东、浙江、福建等沿海地区建立据点,从事走私贸易,还经常骚扰我国沿海地方,1548年双屿港之战后,葡萄牙人基本被肃清。明末,荷兰人来华,在互市通商等要求被拒绝后,他们多次侵犯我国海疆,与中国军队发生武力冲突,并侵占了我国台湾领土,直至1661年郑成功收复台湾。

与西方探险家和商人同期来华的还有传教士,其中最著名的是利玛窦。为了达到传教目的,利玛窦一方面积极学习中国文化,另一方面,他将西方先进的科学技术介绍到中国,以此为手段,结交中国的士大夫和高官,最终成功获准在北京长期居留,而且获得明朝皇帝的赏识,明朝政府按月给其发放津贴,②有明朝官员对此表示不满,要求取消对利玛窦等人的资助,但未获批准。利玛窦在其一封书信中写道:"最近有这么一件事:有位大官说要取消皇上给我们的恩俸,因为他说享受俸禄而不任职是违反中国律法的;我就传话给他说,请他明示其意图,如果确实,我要去觐见皇上辞别,明言我远离故土已经三载。这个威胁果然奏效,他通知我说月俸将继续

---

① 《清圣祖实录》卷一百六零,康熙三十二年十月。
② 参见张铠《庞迪我与中国》,北京图书馆出版社1997年版。

给我，阴历年底他将与同僚商议。从此，再也没有人谈及此事。"①
正是在利玛窦等人的努力下，欧洲天主教在中国传教活动获得了显著成效，上到皇宫贵族，下到黎民百姓均有入教者。清朝建立后，以汤若望等人为首的西方传教士获得了顺治帝的青睐。汤若望本人不仅担任钦天监职务，而且在很多重大政治事件中发挥了作用。②

1647年（顺治四年），清军进入广东后，两广总督佟养甲奏请顺治帝，提出允许澳门葡人等外国商人在广州通商，他在奏折中写道："今我大清一统，……通商阜财，势所必需，然仍准澳人入市广省，则又通商之源也……通商固以裕国，而通番国之商，尤所以裕广省之饷，益中国之赋，合应仍复古例，每岁许濠镜澳人上省，商人出洋往来。……不但粤民可以食力而不为盗，远方诸国亦闻风感戴皇恩，舞跃贡琛，当源源而恐后矣。"③ 这一政策实际上是延续了明朝澳门通商的政策。

清朝初年，俄罗斯和荷兰先后派出使团来到中国。1656年，俄国的巴伊科夫使团因觐见礼仪问题，被清政府遣返回国。1658年，俄国又派遣阿勃林为专使访华。④ 阿勃林等到达北京后，清廷官员认为其国书"矜夸不逊"，主张将其驱逐。顺治帝认为，"察罕汗虽恃为酋长表文矜夸，然外邦从化，宜加涵容，以示怀柔。鄂罗斯远处西陲，未沾教化，乃能遣使奉表而来，亦见慕义之忱，……贡品物

---

① ［法］裴化行：《天主教十六世纪在华传教志》，萧濬华译，商务印书馆1936年版，第469页。

② 参见杨珍《清初权力之争中的特殊角色——汤若望与顺治帝关系研究之一》，《清史研究》1999年第3期；路遥《汤若望评议三题》，《文史哲》1992年第4期；吴伯娅《顺治帝与汤若望》，《紫禁城》2012年第1期等。

③ 《两广总督佟养甲题请准许濠镜澳人通商贸易以阜财用本》，载暨南大学古籍所编《明清时期澳门问题档案文献汇编》，人民出版社1999年版，第23页。

④ 阿勃林应算是巴伊科夫使团成员之一，巴伊科夫使团出发前，派遣阿勃林先期前往北京通报，其在返回俄国途中听到巴伊科夫出使失败的消息，阿勃林向沙皇政府提出，希望再次去中国寻找巴伊科夫。由于当时有传言称巴伊科夫因俄国侵犯骚扰我国黑龙江领土被清朝政府扣押，沙皇于是指派阿勃林赴北京交涉。

察收，察罕汗及其使量加恩赏，但不必遣使报书。"①

与俄国使团被遣返回国形成鲜明对比的是，与巴伊科夫使团同期来华的荷兰突高噌（Pieter de Goyer，又译作哔呖哦悦）使团受到了顺治帝的接见。荷兰使团能够成功觐见顺治皇帝，一是遵从中国礼仪，对顺治帝行三跪九叩礼，二是与中国各级官员的关系处理得较好。荷兰使团来华目的是希望与中国建立自由贸易关系，但清廷思维和态度上是以传统的宗藩关系来对待荷兰使团。清礼部部议称："荷兰从未入贡，今重译来朝，诚我朝德化所致，应五年一贡，贡道由广州入。"②清顺治帝批示，荷兰人来华路途遥远，感念"荷兰慕义输诚，航海修贡，念其道路险阻"，因此"可八年一朝"③。不久，清顺治帝又提出，荷兰人来华贸易"虽灌输货贝，利益商民，但念道里悠长，风波险阻，舟车跋涉，阅历星霜，劳勚可悯。若贡期频数，猥烦多，朕皆不忍。著八年一次来朝，员役不过百人，止令二十人到京。所携货物，在馆交易，不得于广东海上私自货卖。尔其体朕怀保之仁，恪恭藩服，慎乃常职，祇承宠命"④。

康熙时期，南怀仁、张诚、徐日升、白晋、闵明我等一批传教士受到重用。南怀仁在清初平定三藩叛乱过程中发挥了作用，张诚、徐日升作为核心成员参加了《尼布楚条约》谈判，并起到了关键性作用，白晋、闵明我、洪若翰等被任命为钦差出使欧洲。⑤ 由此可见，清朝统治者对与西方人接触不持排斥态度，有时还非常看重他们的个人才能。

康熙在位时期，在处理西方国家关系问题方面，影响最为深远的事件有三项。一是与俄罗斯签订《尼布楚条约》。17 世纪后半叶，俄国不断侵扰我国领土。清政府多次致书俄国沙皇，要求其约束侵

---

① 《清顺治实录》卷一三五，顺治十七年五月。
② 王云五编：《清朝文献通考》卷二百九十八，商务印书馆1936年版，第7472页。
③ 同上书，第7473页。
④ 《清顺治实录》卷一零三，顺治十三年八月。
⑤ 参见冯尔康《康熙帝多方使用西士及其原因试析》，《安徽史学》2014年第5期。

略行为，康熙说："向者，尔国居于尔界，未曾侵扰我界，边民咸宁。后尔罗刹人侵我境，骚扰地方，抢掠百姓妇孺，滋事不止……倘尔怜悯边民，使之免遭涂炭流离之苦，不至兴起兵革之事，即当迅速撤回雅克萨之罗刹，以雅库等某地为界，于该处居住捕貂纳税，勿入我界滋事。"①

雅克萨之战后，中俄签订《尼布楚条约》，规定了中俄东段边界及相关管理制度问题。《尼布楚条约》是中国与西方国家在平等的基础上签订的第一个边界条约。该条约的签署不仅对中俄关系有着重要意义，而且对中国人对于领土主权的认识也产生了重要影响。因此，有学者提出，《尼布楚条约》"开启了中国与外国划界而治的历史，标志着清政府与国际接轨的过程"②。

在很长的历史时期内，中国人经常使用"疆域"一词来表述国土、国界概念。《尚书·泰誓》中说："我武惟扬，侵于之疆"，《孟子·滕文公下》载"出疆必载质"，这里的"疆"指的就是"国界""边界"的意思。此外，古人还使用"九州""禹迹""版图"等词语来表达领土主权的含义，如《旧唐书》中载有："百役并作，人户凋耗，版图空虚。"

中国古人"疆域观"的产生与"天下观"是相对应的。汉代董仲舒提出了天命论，认为天是宇宙的主宰，"德侔天地者称皇帝，天佑而子之，号称天子"③，所以，天下之人要服从天之子即天子的统治，由此构建出一套政治一统、思想一统和天下一统的理论，为封建王朝的统治者所推崇，成为历代王朝的追求。著名哲学家冯友兰先生提出"天下"一词英文应译作"world"而不是"empire"，他认为："古代中国人说'天下'，意思是想说'世界'，不过当时人

---

① 中国第一历史档案馆编：《清代中俄关系档案史料选编》第一编，中华书局1981年版，第51页。
② 马长泉：《康熙、雍正两朝中俄划界原则探析——以〈尼布楚条约〉、〈恰克图条约〉为中心》，《中国边疆史地研究》2015年第2期。
③ （西汉）董仲舒：《春秋繁露·王代改制质文》。

们对世界的了解还没有超出中国的范围。"① 正是在这种"天下观"的影响下，出现了中国特色的疆域观。因此，有学者提出，"疆域表述因有王权泛化理念介入，具有统治和控制范围双重含义，因而呈现多样性，表述和理解容易含混，这是王朝中国疆域理论的一个特点"②。

在"疆域观"的影响下，中国古人又形成了独具特色的"边疆观"。中国古代边疆观的内涵主要包括三方面内容：第一，边疆地区是中央王朝统治的边缘区域或统治能力所及的外围性区域，没有固定的范围，会随着中央王朝实力的变化扩大或者缩小；第二，边疆地区属于落后地区，人烟稀少，经济落后，在风俗文化上有别于中原文化；第三，边疆是国家的对外防御的缓冲地带，在军事上具有重要的战略意义。

实际上，中国古代边疆观的形成一方面受到"天下观""疆域观"的影响，另一方面，与中国的地理环境、周边国际环境以及古代人类社会生产力水平均有着密切联系。中国长期雄踞于东方，周边国家及地区实力大大落后于中国，或者臣服于中国中原王朝，或者无法对中国形成实质威胁，因此，在外来威胁很小的情况下，对领土的认知和管控无论在思想上还是在方式上都与近代西方国家有着很大区别。

近代西方领土主权观念是建立在威斯特伐利亚体系基础上的，构成威斯特伐利亚体系行为主体的是主权国家。主权国家拥有两个最基本的特性，对内拥有最高的领导权，对外则具有独立性。主权国家之间关系的处置通常由国家间条约及共同遵守的国际准则即国际法加以界定和规范，有些学者对此的评价是，"威斯特伐利亚体系是由许多大小不一的国家相互之间横的关系所构成的。在那里并没

---

① 冯友兰：《中国哲学简史》，北京大学出版社 1985 年版，第 212—213 页。
② 毕奥南：《历史语境中的王朝中国疆域概念辨析——以天下、四海、中国、疆域、版图为例》，《中国边疆史地研究》2006 年第 2 期。

有凌驾于其他国家之上的一个强大的中心，构成国际秩序的基本准则是至少在法律上平等的各国间的并列关系。"① 尽管威斯特伐利亚体系在尊重主权和民族国家权益方面有着一定进步意义，但其是战争的产物，其实质是欧洲人进行殖民扩张的重要工具，并演变成为西方国家殖民世界的工具。《威斯特伐利亚和约》签订后，欧洲仍然战乱不断，只是战争的性质由以往的王国、不同信仰群体之间的战争演变为民族国家为各自利益而战。

但从总体上看，《尼布楚条约》的签订在一定程度上使得清朝统治者开始重视东北边疆问题，但对清朝统治者的"天下观"和"中国观"并未产生实质性影响。如1710年（康熙四十九年）发生朝鲜人李万枝越界杀人案件后，康熙帝派穆克登前往长白山查边，穆克登等在立碑定界过程中依然是持宗主国的姿态，其所立之碑名曰"审视碑"。

康熙朝中国在与西方国家交往过程中第二个重要事件是在广东洋行、公行的设立，与西方国家通商贸易。清初，出于稳固政权的需要，清政府实行海禁政策。1683年（康熙二十二年）台湾内附后，清政府解除了海禁，在广州、宁波、松江以及厦门开设了粤海关、浙海关、江海关和闽海关。1686年（康熙二十五年），广东政府颁布了《分别住行货税》文告，规定了具有一定资质的商人，在得到政府许可后，可以从事对外贸易，其所经营的货店称为"洋行"，通常称广州"十三行"②。广州"十三行"不仅是商业组织，在实际运行过程中，行商能够代表清政府传达政令，在一定程度上

---

① ［日］信夫清三邓：《日本外交史》，天津社会科学院日本问题研究所译，商务印书馆1980年版，第17页。

② 广州"十三行"在称谓和组织运营形式上经历了一个演化过程。其源自明代牙行制度，1720年，广州十六家洋货行盟约成立公行，规定了共同遵守的行规十三条，但次年即被废止。1760年，潘振成等九家行商再次成立公行，专司与欧美国家进行贸易的称为外洋行，与暹罗贸易的称为本港行，并约定选举经济实力强和政治地位高的人物担任"总商"，作为行商领袖。1771年，公行又被废止，直到1775年，在清政府干预下，公行制度才再次建立。

承担了一些对外交涉任务，成为清政府操作对外关系的一种工具，在清代中外关系史中具有独特的地位与作用。随着时间推移，"十三行"在经营过程中矛盾逐渐积累，出现了"商欠"等问题，鸦片战争后最终走向没落。

在实践过程中，广州的对外贸易发展较好，而宁波、松江以及厦门等地对外贸易发展较为缓慢。以宁波港为例，有学者统计，1685 年（康熙二十四年）至 1736 年（乾隆元年），前往宁波贸易的英国商船只有 8 次 15 艘商船，仅占这一时期来华英船总数的 13%，1737（乾隆二年）至 1756 年（乾隆二十一年），甚至没有一艘英国商船来甬贸易。① 与宁波距离不远的定海情况更差，② "货物未能屯积，必得装运郡城，是以行铺寥寥，不及宁波十之三四"③。厦门港的情况也与之类似，1684 年（康熙二十三年）至 1689 年（康熙二十八年），前往厦门进行贸易的英国船贸易量很少，这些船只载至厦门的货物价值大部分都只有"五六百贯"甚至"四五百贯"④。因此，清政府"一口通商"制度的形成既有主观政策因素，也有客观实践效果的影响。

值得注意的是，清代中叶，清政府除了允许外国人在广州等地通过海路从事对华贸易外，中俄陆路贸易也十分繁荣。1697 年（康熙三十六年），俄对华输出皮货等的总值超过 24 万卢布，比俄对整个中亚贸易的总额还高。⑤

康熙朝中国在与西方国家关系交往过程中第三件大事是禁教，

---

① 参见陈君静《略论清代前期宁波口岸的中英贸易》，《宁波大学学报》（人文科学版）2002 年第 1 期。

② 1698 年（康熙三十七年），清政府批准在定海街头设立榷关公署，作为浙海关的分理处，并建立商馆，作为外国商人及水手驻地。

③ （清）史致训、黄以周等编纂：《定海厅志·关市》卷十七。

④ 参见［日］松浦章《清代前期中英海运贸易研究》，载中外关系史学会编《中外关系史译丛》第三辑，上海译文出版社 1986 年版。

⑤ 萧致治：《西风拂夕阳：鸦片战争前中西关系》，湖北人民出版社 2005 年版，第 165 页。

即禁基督教活动。在历史上，中国是一个宗教入超大国，佛教、基督教、伊斯兰教等世界主要宗教拥有大量信徒。出于各种原因，多次发生过古代封建王朝统治者们针对某一种宗教实行大规模禁教政策，如佛教历史上有四次被大规模禁止信仰和传播（北魏太武帝时期、北周武帝时期、唐武宗时期、后周世宗时期）。《大明律》和《大清律例》中明文规定禁止邪教传播。

康熙初年，受到"历狱案"的影响，清政府曾颁布过禁教令。随着"历狱案"平反，南怀仁等西方传教士再次受到重用，禁教政策有所松动，"特旨许西洋人在京师者自行其教"①。1692年（康熙三十一年），浙江发生禁教事件，康熙帝获知后，授意大臣奏议，为传教辩护，认定西方传教士在中国传教无违法之事，"反行禁止，实属不宜"②。

康熙帝对基督教传教态度出现转变是在1705年（康熙四十四年）之后。1704年（康熙四十三年），新上任的教皇格勒门德十一世全面否定了自利玛窦以来，西方传教士在华传教本土化的传教方式，规定中国教徒不得祭天、祭祖先，并按教规管理在中国的传教士和中国教徒。1705年，他派遣多罗（Carlo Tommaso Maillard de Tournon）作为使节来华，提出所谓《七条禁约》：

第一，西洋地方称呼天地万物之主用"斗斯"二字，此二字在中国用不成话，所以在中国之西洋人并入天主教之人方用"天主"二字，已经日久。从今以后，总不许用"天"字，亦不许用"上帝"字眼，只称呼"天地万物之主"如"敬天"二字之匾，若未悬挂，即不必悬挂，若已曾悬挂天主堂内，即取下来不许悬挂。

第二，春秋二季祭孔并祭祖宗之大礼，凡入教之人不许做主祭、助祭之事，连入教之人亦不许在此处站立，因为此与异端相同。

第三，凡入天主教之官员或进士、举人、生员等，于每月初一

---

① （清）夏燮：《中西纪事》卷二。
② ［不详］萧若瑟：《天主教传行中国考》卷六，上海书店出版社1989年版，第329页。

日、十五日不许入孔子庙行礼或有新上任之官并新得进士、新得举人、生员者,亦俱不许入孔子庙行礼。

第四,凡入天主教之人,不许入祠堂行一切之礼。

第五,凡入天主教之人,或在家里,或在坟上,或逢吊丧之事,俱不许行礼或犇教与别教之人,若相会时,亦不许行此礼,因为还是异端之事。再,入天主教之人或说"我并不曾行异端之事""我不过要报本的意思""我不求福,亦不求免祸",虽有如此说话者亦不可。

第六,凡遇别教之人行此礼之时,入天主教之人若要讲究,恐生是非,只好在旁边站立,还使得。

第七,凡入天主教之人,不许依中国规矩留牌位在家,因有"灵位""神位"等字眼。文指牌位上边说有灵魂,要立牌位,只许另亡人名字,再牌位作法,若无异端之事,如此留在家里可也,但牌位旁边应写天主教孝敬父母之道理。①

格勒门德十一世还提出其他可行不可行之礼由多罗来决定。

教廷这一政策触怒了康熙帝。康熙帝颁布谕旨,要求传教士在华必须遵守利玛窦的规矩,1706年(康熙四十五年),又颁布谕旨,规定西方传教士在华活动必须领有内务府印票,且表明永不返回西洋。康熙末年这场因"禁约"而产生的仪礼之争成为清朝传教政策转折点,清政府此后在西方传教士在华传教问题上政策日益趋紧,禁教成为常态。

康熙朝所确定的对外立场原则为雍正、乾隆所继承,雍正、乾隆两朝的对外政策基本遵循了康熙朝基本外交理念,既不完全排斥与西方国家交往,但也不积极推动与西方国家关系的发展,希冀隔膜于西方国家的世界体系,正如一位荷兰学者所说:"清朝统治者并不热衷于对外贸易和向外国商人'开放',他们看不到'国际关系'

---

① 沈云龙主编:《康熙与罗马使节关系文书》,文海出版社1974年版,第89—92页。

存在的必要性。"①

但全球化的趋势不可逆转，雍正、乾隆时期，西方国家对华贸易活动增加，来华使团数量不断增多，商队规模不断壮大，人员往来逐渐频繁，在中西交往过程中出现了一些新情况，产生了一些新问题，使得清政府不得不采取措施予以应对。加强对西方国家来华人员活动的管控成为雍正、乾隆时期对外政策的一个重要特征，主要体现在以下几个方面。

第一，实行广州一口通商。随着英国资本主义经济发展，英国人不能满足于广州一口通商。1755年（乾隆二十年），英商喀利生（Samuel Harrison）、洪仁辉（James Flint）等58人前往宁波贸易，在清政府地方官的协助下，贸易进行得非常顺利。英国东印度公司认为在宁波贸易有利可图，于是于1756年（乾隆二十一年）再次派遣商船前往宁波贸易，由于英国商船随行带有大量武器，清政府官员担心英国人来甬日益频繁，宁波可能会成为第二个澳门，为"防微杜渐"，决定采取措施，让英商仍前往广州贸易。1757年（乾隆二十二年），乾隆帝谕令浙江地方官员，"遍谕番商，嗣后口岸定于广东，不得再赴浙省"②，此后，中国与英国等西方国家海上贸易只能在广州进行。③

第二，加强对来华西方人的管理。清政府一口通商政策引起了英国人的不满。1759年（乾隆二十四年），洪仁辉赴天津，通过行贿清朝官员，向乾隆帝递交诉状，投诉其在广州贸易受到的不公正待遇，此事引起乾隆帝的高度重视，在处分了粤海关监督李永标之

---

① ［荷］皮尔·弗里斯：《国家、经济与大分流——17世纪80年代到19世纪50年代的英国和中国》，郭金兴译，中信出版集团2018年版，第337页。

② 《清高宗实录》卷五百五十，乾隆二十二年十一月。

③ 所谓广州一口通商指的是与西方国家进行海上贸易指定地点为广州，与西方国家的贸易还包括与俄罗斯的陆上贸易。实行广州一口通商后，浙海关、江海关和闽海关并没有关闭，继续对日本、朝鲜、琉球商人开放。参见王宏斌《乾隆皇帝从未下令关闭江、浙、闽三海关》，《史学月刊》2011年第6期。

后，乾隆帝对洪仁辉不听浙江地方官员命令，赴天津投诉深为不满，命令将其押回广州，在澳门圈禁三年，刑满后逐出中国。洪仁辉事件发生后，两广总督李侍尧提出了《防范外夷规条》，主要内容包括：不允许西方商人在广州长期居留；地方政府要加强对西方商人的监管力度；禁止中国人为"夷商"工作；禁止向"夷商"传递消息等。针对荷兰商人携带女眷进入广州一事，清政府明令，禁止此类事件再度发生。广东布政使颁布命令称："嗣后有夷船到澳，先令委员查明有无妇女在船，有则立将妇女先行就澳寓居，方准船只入口；若藏匿不遵，即报明押令该夷船另往他处贸易，不许进口，倘委员徇隐不报，任其携带番妇来省，行商故违接待，取悦夷人，除将委员严参、行商重处外，定将夷人船货一并驱回本国，以为违犯禁令者。"① 鸦片战争前，清政府颁布过诸多限制外国人在华活动的禁令，但很多在具体执行过程中并不严格，唯有禁止"番妇"进入广州政策被严格遵守。此后，有关"番妇"进入广州成为中外交往中的敏感问题，多次酿成争端。

第三，加强对澳门的管理。随着中西贸易的发展，居留在澳门的西方人逐渐增多。为了加强对澳门的管理，1744年（乾隆九年），清政府增设海防军民同知，专理澳门事务，加强对进出澳门船舶的管理，并订立了《管理澳夷章程》，其核心内容包括：严密约束西方人的活动范围，西方人投诉、上书必须按照规定程序进行；加强对出入船只的管理督查；严格限制中国百姓与外国人接触，中国人为西方船只做向导，必须由官方正式批准，不得擅自为西洋人修葺船只、寓所等。1749年（乾隆十四年），针对陈辉千被葡萄牙人杀害等涉外案件，清政府制订了《善后事宜》十二条，主要内容是强化中国对澳门的司法主权。

此外，雍正帝在位期间，加强了禁教的力度。1723年（雍正元年），雍正帝批复礼部关于禁教的奏议，规定除了精通历数和有技能

---

① （清）梁廷枏：《粤海关志》卷27。

的西洋人可居留北京外，其他西洋人一概送到澳门，所有天主堂改为公所，严令信教民人改易信仰。① 1724年（雍正二年），全国约三百所教堂纷纷被改为学校、祠堂、庙宇、粮仓或被完全拆毁，50名教士先后被驱逐至广州。②

总的来看，清代中叶，清政府对待西方国家时采取了有限接触的态度和立场，其原因一方面是当时的中国对与国外交流需求有限，另一方面，清朝封建统治者担心西洋人会对其中国政治社会稳定产生威胁，如康熙晚年曾提出，"海外如西洋等国，千百年后中国恐受其累，此朕逆料之言"③。

值得注意的是，清代中叶，中国与俄国的关系发展较快。1727年（雍正五年）和1728年（雍正六年）中俄签订《布连斯奇界约》和《恰克图条约》，进一步明晰了中俄边界，规定了中俄政治、经济、宗教往来准则，为中俄关系稳定发展奠定了基础。两个条约签订后，中俄经贸人员往来逐年增多。恰克图贸易在18世纪30年代初期，每年不过1万卢布至2.5万卢布，80年代中期，贸易额增长最高达700万卢布，到19世纪初，又进一步上升到1100多万卢布。④ 特别需要指出的是，中俄文化交往尤为突出，根据《恰克图条约》相关规定，清政府接收俄国留学生来北京学习满文、汉文，居住在俄罗斯馆，协助在俄罗斯馆内建立东正教教堂，并允许俄国派遣东正教传教士进入北京。从1715年到1840年，共计派出11批传教士来京。这些传教士和留学生搜集了大量中国情报信息文献，如《八旗通志》《大清律例》《理藩院则例》等，将之翻译成俄文在西方出版。有些传教士还撰写了不少关于中国政治、经济、法律、民

---

① 参见中国第一历史档案馆编《清中前期西洋天主教在华活动档案史料》第1册，中华书局2003年版，第42页。

② 陶飞亚：《怀疑远人：清中前期的禁教缘由及影响》，《复旦学报》（社会科学版）2009年第4期。

③ 《清圣祖实录》卷二七十，康熙五十五年十月。

④ 萧致治：《西风拂夕阳：鸦片战争前中西关系》，湖北人民出版社2005年版，第202页。

族、对外关系、地理情况的著作，如第九批传教士团团长俾邱林的《蒙古志》《西藏志》《中亚民族志》等11种有关我国边疆问题的著作。

第二节　清代中叶的外交制度

一　中央管理机构

清朝建国后，中央主要负责有关外交事宜的机构是礼部和理藩院。

礼部初始设置于南北朝时期，隋代以后，成为中央最主要的行政机构之一，清代礼部成立于1631年（天聪五年），其职能和组织结构基本上沿袭明代礼部的建制，设置有典制、祠祭、主客、精膳四个清吏司，后又增设印铸局。

主客清吏司负责朝鲜、琉球、东南亚和西方国家事务。康熙时期，对于礼部主客清吏司的职能规定是，"郎中、员外郎、主事、分掌诸藩朝贡、接待给赐之事，简其译伴，申其禁令，并提督会同馆，凡官员赏赐，及各省土贡，亦隶焉"①，乾隆时期，对其主管职能范围内的宾礼、朝贡事务又做了进一步详化。如规定外国使节来华朝贡需要有官员陪同，保证外国使者来华按照固定路线进入北京，并在觐见清朝皇帝时要符合既定的朝贡程序和礼仪，负责外国使节来京后的接待、供应、食宿、贸易等各类事宜②，还特别规定了，如果朝贡国使节在华病故要妥善安置，外国商民船只在华近海遇险，要给予帮助，对于外国人解救中国遇险船只要给予表彰。

1790年（乾隆五十五年）年，乾隆帝下令："嗣后外藩各国赍表来京贡献方物使臣，其朝鲜国仍照向例，令礼部照料办理外，所

---

① 《康熙朝大清会典·礼部》卷七十二。
② 《康熙朝大清会典·礼部》卷五十六。

有安南、缅甸、暹罗、南掌等国来京使臣、随从人等，应行照料事宜，俱著内务府经理，仍著礼部派委司官二员帮同照应。"① 这一谕令表明，除朝鲜外，其他国家遣使来华的接待任务改由内务府管理，礼部主客司只需委派两名官员协助即可。对于这一制度变化的原因，尚未发现有史籍载明，推测应与乾隆帝八十岁寿辰有关，是年为庆祝乾隆帝寿诞，安南国国王阮光平亲自来华觐见②，暹罗、缅甸、南掌等国也遣使来华朝贡，向乾隆帝祝寿。整个庆祝活动由内务府负责，乾隆帝对内务府安排国外使团觐见活动非常满意，由此改制。此外，内务府属于乾隆帝宠臣和珅管辖，根据史料记载，和珅多年从国内外进献贡品中贪墨财务，数额巨大，不能排除和珅借机运作，将安南等国朝贡事务转隶内务府。

自汉代起，历代中央政府均在京师设有专门的馆舍与机构，来接待入京朝贡的贡使。清初，沿袭明制，设立会同馆，作为专门接待朝鲜、琉球、安南、暹罗、南掌、苏禄、缅甸诸藩属国朝贡使节的馆舍机构，由礼部主客清吏司管理，设主事满、汉各一人提督馆事。有外国使节进京，主客清吏司官员轮班前往会同馆，安排使节的活动，检点贡物，当使节离开北京后，再回礼部当差。

明代随着中外交流日益频繁，口译翻译人才短缺，为了解决翻译问题，明政府决定设立四夷馆，用以专门培养翻译人才。清政府继承了明朝四夷馆的设置，由于清朝是少数民族政权入主中原，忌讳夷字，因此改名为四译馆，隶属于翰林院，由太常寺汉少卿1人提督，分设回回、缅甸、百夷、西番、高昌、西天、八百、暹罗八馆，专门负责翻译朝贡文字与书籍。由于在实际工作中，四译馆工作成效不高，清政府决定裁汰四译馆。1748年（乾隆十三年），乾隆帝谕旨礼部，称："提督四译馆，以今视之，实为废冗闲曹，无所事事，不如裁之为便。如以为应设以备体制，则不宜听冷员虚廪。

---

① 《清高宗实录》卷一三六九，乾隆五十五年十二月。
② 越南史籍称来华朝觐的并非阮光平本人，而是其替身。

其应裁应设，著大学士会同该部议奏。如以为应设，则作何使其名实相副。"① 经礼部议定后，乾隆帝议准裁汰四译馆。他在谕旨中称："四译馆卿率其属，不过传习各国译字，现在入贡诸国，朝鲜、琉球、安南表章，本用汉文，无须翻译，苏禄、南掌文字，馆内原未肄习，与暹罗表章，率由各省督抚，令通事译录具题。至百夷，即川广云贵各省土官，今既改置州府，或仍设土官，皆隶版图，事由本省，以及洮岷、河州、乌斯藏等处番僧，现在入贡，回回、高昌、西番、西天等国，统隶理藩院接待，高昌馆字与蒙古同，西天馆字与唐古特同，是该馆并无承办事务。据理藩院覆称，应将四译馆归并礼部会同馆，原设提督四译馆太常寺少卿一人，典务一人，并应裁汰。"②

随后，四译馆与会同馆合并，组建为会同四译馆，隶属礼部。在职责上，依然是负责安置来京各国使团，承担使团翻译工作。此外，清政府还规定，朝鲜船只如遇到海难事故，漂流中国境内，被送入北京，应安置在会同四译馆内，《清会典》规定："凡外国商民船遭风漂至内洋，……若系朝鲜商民，委员伴送来京，具疏奏闻，将难民安插会同馆，令通事送至朝鲜界，或附该国贡使归国。"③

清代另一个处理对外关系的主要机构是理藩院。理藩院设置的目的是管理中国境内的少数民族事务，但随着形势发展，也负责一部分外交事务。1636年（崇德元年），为了更好地管理蒙古事务，清政府设立"蒙古衙门"。1638年（崇德三年），清政府改"蒙古衙门"为理藩院，起初由礼部尚书兼管院事。顺治时期，理藩院设立录勋司、宾客司、柔远司、理刑司四司，此后，理藩院管事范围不断扩大，机构不断增多。康熙时期，不仅藏、回等族事务归理藩院管辖，而且将俄罗斯及廓尔喀也列为"外藩"，由理藩院负责与这两

---

① 《清高宗实录》卷三一五，乾隆十三年五月。
② 《乾隆朝大清会典事例·礼部》卷九十五。
③ 《嘉庆朝大清会典·礼部》卷三十一。

国交涉事务。乾隆时期，理藩院共设旗籍、王会、典属、柔远、徕远、理刑六司及司务厅、当月处等下属机构，并在乌里雅苏台、科布多、西宁、西藏、库伦以及蒙古地区派驻有大量人员，掌管税收、驿站、蒙古汉民交涉及贸易等事务。

除负责管理边疆、少数民族事务外，理藩院的一项职能是处理对俄国及霍罕、巴达克山等藩属国的各项事务，主要有三个方面工作：一是负责调解两国外交纠纷。1683年（康熙二十二年），康熙帝针对沙俄对侵犯黑龙江中、下游地区和额尔古纳河东岸，谕令理藩院尚书阿穆瑚琅，要求其与俄国进行交涉，谕令指出："鄂罗斯国罗刹等，无端犯我索伦边疆，扰害虞人，肆行抢掠，屡匿根特木尔等逃人，过恶日甚，朕不忍即遣大兵剿灭，屡行晓谕。……前次所差彼使尼过来（即尼果赖），亦经晓谕。但罗刹尚执迷不悟，反遣其部下人于飞牙喀奇勒尔等处，肆行焚杀……尔院即遵旨，明白具文，选招降罗刹内宜番、米海罗莫罗对，执书晓谕，彼有何言，令其回奏"①。1771年（乾隆三十六年），土尔扈特部回归祖国，理藩院发函告知俄国，遭到俄方抗议，俄方提出，土尔扈特部属于匪人，清朝不应收留。对此，理藩院据理复文，回击了俄国的无理要求，在清政府的有力支持下，土尔扈特部历经艰险，回归祖国。

雍正时期，由理藩院牵头与俄国签订《恰克图条约》谈判，中俄双方明确了两国负责边界事务管理机构，中方由理藩院办理，俄方由枢密院办理。按照条约规定，"彼此移送文件，印信最为要紧。中国行俄罗斯之公文，仍照从前用理藩院印信，咨行俄罗斯萨那特衙门，及托勃勒城守尉印信，咨行中国理藩院衙门"②。《喀尔喀会议通商定约》中又规定，犯抢劫罪的重犯，被判死刑，案犯为中国人，报理藩院处斩。条约规定："嗣后凡各卡伦遇有持军械强劫者，无论伤人、未伤人，一经拏获，务将被获之人严究，其由何处出卡

---

① 《清圣祖实录》卷一一二，康熙二十二年九月。
② 王铁崖：《中外旧约章汇编》，生活・读书・新知三联书店1957年版，第11页。

伦，同伙几人，审明暂行看守……强劫属实，无分首从，系中国人，报理藩院斩决，系俄国人，报萨那特衙门斩决。"①

二是负责管理贸易事务。中俄通商初期，清政府对俄国商队的迎来送往、车马食宿一律免费，人数时间也不加限制，随着贸易发展，来华俄国商人增多，理藩院对于俄商来京人数、在北京的停留时间和费用上做出了规定。1693 年（康熙三十二年），理藩院就以上方面做出限制："鄂罗斯国贸易人不得过二百名，隔三年来京一次，在路自备马驼盘费，一应货物不令纳税，犯禁之物不准贸易，到京时安置鄂罗斯馆，不支廪给，限八十日起程。"②

中俄库伦互市通商后，理藩院规定，在库伦进行贸易需将贸易的货物人数上报理藩院，再由理藩院发给执照，才可放行通商。《理藩院则例》规定："凡互市，商给以院票。各商至乌里雅苏台、库伦、恰克图及喀尔喀各部落者，皆给院票。"③

对于两国贸易中出现的一些具体问题，理藩院也积极与俄方进行交涉。1717 年（康熙五十六年）理藩院针对北京市场俄罗斯进口毛皮充斥，无人购买的情况，函告俄国枢密院，要求贸易地点，公文指出："皆由尔方原先所走之尼布楚前往齐齐哈尔地方贸易，如此则边民不至劳苦，而齐齐哈尔等地亦有购买之人，尔方之货物亦可不至延搁。"④ 针对贸易价格问题，理藩院密令中国商人彼此要密切联系，同心协力；应详细打探俄国人的需求，每天在全体大会上讨论收集到的信息；限制己方商品数量，以抬高价格，私人利益服从整体利益，即使某人急欲求购俄国商品也应保持克制，不动声色；不得向俄国人泄露商业秘密；尽可能多学俄语，但绝不鼓励俄国人

---

① 王铁崖：《中外旧约章汇编》，生活·读书·新知三联书店 1957 年版，第 12 页。
② （清）会典馆编，赵云田点校：《乾隆朝内府抄本〈理藩院则例〉》，中国藏学出版社 2006 年版，第 114 页。
③ 同上书，第 355 页。
④ 中国第一历史档案馆编：《清代中俄关系档案史料选编》（第一编）下册，中华书局 1981 年版，第 388 页。

学汉语；如果哪个俄国商人抬高物价，买卖城全体中国商人一致拒绝购买其货物。①

三是管理在北京的俄国人员。1685年（康熙二十四年），雅克萨之战后，清政府将俘虏俄罗斯人百余人安置在北京城东直门内胡家圈胡同的关帝庙内，人们称为"罗刹庙"，后来又称为"罗刹馆"。中俄《尼布楚条约》签订后，中俄往来公文信函增多，俄方提出派人进京学习满语和汉语，得到康熙帝的允许，清政府将位于北京东江米巷南会同馆"高丽馆"划为俄罗斯馆，专供俄国商人、留学生居住。1727年（雍正五年），中俄签订《恰克图条约》，条约规定，"在京之俄馆，嗣后仅只来京之俄人居住"②，设监督1人主管馆务，设领催1人，由理藩院拣派轮班到馆照料，设俄罗斯学提调官1人主持学政。俄罗斯馆的各项开支由理藩院支付。馆内的神职人员和俄国留学生可以按月领取粮食和补贴。根据俄方文献记载，俄国第一届传教士团到达北京后，除按月领取银两和口粮外，清廷还曾发放银两给俄国传教士和教堂辅助人员，让他们购置房产和雇用佣人。理藩院还按季节发给他们所需衣物及各类生活物资，"所有的物品，甚至小到火柴，都是由官家供给的"③。此外，理藩院还要负责俄罗斯馆传教士团换届人员和留学生的接送，当俄方驻北京人员到期需要更替时，理藩院派遣馆领催和笔帖式一人将原驻扎北京俄罗斯馆的俄方人员送往恰克图，将新来人员接入北京。

中俄接壤边境地区多为少数民族聚集地，与俄通商交往很多事务涉及边疆地区治理，清政府将处理对俄关系纳入理藩院管辖具有一定的合理性，更加有利于维护我国国家主权和中俄边界秩序，有利于中国北部、西部边疆的稳定，因此，绝不能简单地认为，清政

---

① 叶柏川：《17—18世纪清朝理藩院对中俄贸易的监督与管理》，《清史研究》2012年第1期。
② 王铁崖：《中外旧约章汇编》，生活·读书·新知三联书店1957年版，第9页。
③ ［俄］尼·伊·维谢洛夫斯基编：《俄国驻北京传道团史料》第一册，北京市第二外国语学院俄语编译组译，商务印书馆1978年版，第35页。

府视俄国为落后于中国的朝贡国，所以才将与之交往的管理纳入理藩院职责管辖范围。

涉及处理对外关系的中央部门还有鸿胪寺。鸿胪寺始设自北齐，其主要职能是负责朝会仪节，此后各个朝代中有时设置，有的朝代则取消设置。明代设置有鸿胪寺，清代延续了明代鸿胪寺建制。顺治时期，鸿胪寺归礼部管辖，此后的隶属关系多有变化，有时为礼部节制管辖，有时又成单独建制。鸿胪寺参与涉外工作，主要是负责教授外来使节至京后，在觐见皇帝、赐宴、颁赏时的朝拜礼节。《大清会典事例》载："凡外国朝贡使臣至京，由礼部先期知会，由鸿胪寺演习朝仪，届期委官引礼，遇庆贺日行礼，鸣赞官由右掖门引入，序于右翼之末，随百官行礼。其颁赏谢恩，俱鸣赞序班赞引。"①

在实际外事工作运行中，除了上述几个部门外，工部、户部、兵部等都会参与工作。兵部设有车驾清吏司，负责管理全国的驿站。来华朝贡的贡使入京和返回，由兵部负责拨兵护送。外国贡使进京入住会同四译馆后，会同四译馆会咨文兵部，由兵部派兵负责贡使的安全保卫工作，同时，负责监视使团的活动，严格禁止使团与中国人接触。1743年（乾隆八年），朝鲜、安南、琉球等国派遣使团前来朝贡，清廷谕令："外国使臣来京，除照例拨八旗官兵看守外，再行文步军统领，增设绿旗官兵，加意防护，并令监督等不时巡视。"② 乾隆后期，监视使团活动的政策有所松动，1788年（乾隆五十三年），缅甸使团来华。乾隆帝提出："该国入贡，向不由盛京派员护送，其使臣人等频至京师，亦久习朝廷体制，更无须另派官兵为之守视。嗣后会同四译馆咨取官兵虚应故事处，著永行停止，以示朕绥辑怀柔遐迩一体至意。"③

---

① 《嘉庆朝大清会典事例》卷八二四。

② 《嘉庆朝大清会典事例》卷四百一。

③ 同上。

兵部还需做好出使朝鲜、琉球等藩属国册封活动保障。按照清制，册封使在出行前，要通知兵部，由兵部提供马匹、马夫，同时负责沿路的安保工作。前往朝鲜的使团，由兵部发放路引。《清会典》载："行兵部预发前行牌，取应用夫马……琉球等国正使跟役二十名，副使十五名，又医生二名及通事人等，均由兵部填给勘合，按站拨兵护送。"①

工部则负责出使册封所需仪仗、朝服等物品的准备工作。当需要派遣使节朝鲜、琉球等国进行册封时，册封使将起程日期呈报礼部，"行工部取节及节衣，及仪从：龙旗二、黄盖一、御仗二，钦差牌、肃静回避等牌各二，前行牌一。……朝鲜正副使均用本任顶戴、朝服，琉球、安南正副使准暂用正一品顶戴，赐正一品蟒缎披领袍各一件、麒麟补褂各一件，均行工部办给，回日缴还。朝鲜正副使跟役，照本任品级应带额数带往"②。此外，会同四译馆馆舍设施的维护及来华贡使所需物品也由工部供给。《清会典》规定："凡贡使来京师，皆授之馆舍，……遇有应行修理添设之处，由馆报部查复，移咨工部办理。"③

户部则是负责供给来华使团和出外册封使节的经费。清政府规定，"凡贡使来京，……查照牲畜数目，咨户部给发草料"④，又规定，"册封琉球等国正副使，照现在品级，行文户部领支二年俸银，回日缴还"⑤。

二 地方涉外管理制度

清代，中央政府严格限制地方官员与外国进行接触，不允许地方各级政府主动与外国政府有任何公务上的交涉活动。1667 年（康

---

① 《嘉庆朝大清会典》卷三十一。
② 同上。
③ 同上。
④ 《康熙朝大清会典》卷一百五。
⑤ 《嘉庆朝大清会典》卷三十一。

熙六年），清廷明确规定："凡督、抚、提、镇等官，不许擅自移文外国。"① 这就是说，清政府各级官吏不能主动与外国人有任何形式的文书往来，更不能擅自签订任何协议。但在实际工作中，各级地方官员，特别是边疆地区的官员不可避免地会遇到一些涉外涉边问题，因此也会承担一些外交职责，清廷对此做出一些规定。根据清政府规定，地方官员参与涉外工作主要有六个方面的任务。

第一是接待、护送来华的外国使团。《清会典》规定："外裔入贡，由部覆准，行文该督抚填给勘合，于该省同知、通判中委派一员伴送来京，应用武弁者，添派守备一员。经过各省，仍预派干员护送趱行，按省更替，各营、汛递遣官兵防护。至伴送之同知通判等官，该督抚出具考语，由部带领引见。如引见未满三年者，该督抚于咨内声明，毋庸带领。至贡使回国，令该省原伴送官护送，行兵部换给勘合，经过各省，仍遴委干员更替护送。由部将起程日期知照各该督抚，仍令该督抚将贡使出境日期题明报部。凡贡使往来，沿途均给予馆舍、廪饩、夫马船只。留边人员，地方官照例给以口粮。贡使回时，同送出境。"② 1676 年（康熙十五年），俄国尼果赖使团来华受到中国官员的盛情接待，根据俄方记载，俄国使团进入中国境内后，中国官员送来了马匹、车辆等物。对此俄方记载道："1 月 21 日，从嫩江来了更多的军官迎接我们，送来猪肉供我们食用，还带来 130 辆双轮牛车和 60 匹马。我们只用了 120 辆就很够用了。军官们告诉我：各位长官随后即来迎接，缺什么东西，届时都会解决。第二天，长官们（又）给我们送来了 60 匹马，我们只用了 50 匹，现在马匹已超过我们的需要了。"③

第二是保障前往朝鲜、琉球等藩属国的册封使顺利出国。《清会

---

① （清）梁廷枏：《海国四说》，中华书局 1993 年版，第 166 页。
② 《嘉庆朝大清会典》卷三十一。
③ ［英］约·弗·巴德利：《俄国·蒙古·中国》下卷第二册，吴持哲、吴有刚译，商务印书馆 1981 年版，第 1393 页。

典》规定："若封琉球,行福建巡抚,预备渡海大舟,委干弁二员,干兵二百名护送,并酌拨修船匠役带往。"① 1808 年(嘉庆十三年),齐鲲等前往琉球册封琉球王,由于东南沿海海盗问题较为严重,出于安全因素考虑,由福建地方派遣军队护送,根据《历代宝案》记载:"因海洋未静,派委游击、都司各一员,千把四员,并于额带兵丁二百名之外,复加派二十名,随船护送前往。"②

第三是负责查验来华使团携带的贡物货品及表文。乾隆帝曾要求黑龙江将军先行查看俄国来华使团的表文,验看合格后,才能转交朝廷。根据《清会典》记载:"鄂罗斯察汉汗奏文,与外国奏文体式不合,将贡物奏文一并发回。但该国地远,不知中国制度,将原奏不合式处,明白晓谕来使,召见时照常恩赐,带来货物仍令贸易。嗣后,鄂罗斯奏文先令黑龙江将军开看,若有不合式处,即自边地驳回,验明合式,方令入奏。"③ 如果遇到琉球、安南等国遣使请封,则由闽浙总督和两广总督代为题奏朝廷。

第四是负责边界进出口贸易及人员来往的管理。地方政府要配合理藩院有关部门,做好边贸工作。根据史料记载,从事中俄贸易的商人要在地方有关衙门领取理藩院"部票",即许可证。《朔方备乘》对此的描述是:"由直隶出口者,在察哈尔都统或多伦诺尔同知衙门领票,由山西出口者,在绥远城将军衙门领票。以该商姓名、货物及所往之地、起程之期书单黏合院票给与;其已至所往之处,又欲他往者,需呈明该处将军、大臣、札萨克,改给执照。所至则令将军若大臣、若札萨克而稽察之,各商至乌里雅苏台者,由定边左副将军、兵部司官稽察。至库伦者,由库伦办事大臣稽察;至恰克图者,出卡伦时,由卡伦上会哨之札萨克稽察;至商集,由恰克

---

① 《嘉庆朝大清会典》卷三十一。
② 吴永宁:《林鸿年册封琉球及其交游考》,《闽江学院学报》2018 年第 6 期。
③ 《乾隆朝大清会典则例》卷一百四十二。

图本院司官稽察。"①

第五是守卫边疆，免受外敌侵犯，这也是边疆地区各级地方政府最为重要的职责。明代中叶以后，中国的东北、浙江、广东等地区经常受到西方列强的侵扰。1652年（顺治九年），俄国人哈巴罗夫等侵入我国黑龙江下游地区，屠杀中国居民，宁古塔章京海色率军予以痛击。1658年（顺治十五年），宁古塔昂帮章京沙尔瑚达率军歼灭了斯捷潘诺夫匪帮。1741年（乾隆六年）和1744年（乾隆九年），英国兵船在广东水域劫掠西班牙和法国船只，并窜入广州附近水域。广东地方官员采取有力措施，迫使英国舰船放弃了劫掠计划。

第六是处理涉外司法纠纷。清代中叶，随着中外接触增多，涉外各类刑事、民事案件增多。最突出的案件类型有两种，一是涉外凶杀案件，如1773年（乾隆三十八年）英国人斯高特（Francis Scott）在澳门故意杀人案，澳门葡萄牙当局有意庇护斯高特，为其开脱罪责，受到广东政府严正警告，不得不将斯高特交给中国政府，后经审理被判处死刑；二是广州十三行行商商欠案件，如1777年（乾隆四十二年）倪宏文商欠案和1780年（乾隆四十五年）严时瑛、张天球商欠案等。

总的来看，清代中叶，在处理涉外事宜方面，从地方到中央已形成了一套较为完备的体系制度，从实践效果来看，基本满足了当时中外交流的实际需求，而且并不落后于西方国家。实际上，欧洲现代外交体系构建始于18世纪末，如英国外交大臣（Secretary of State for Foreign Affairs）一职设于1782年。当时英国政府将北方事务部（Northern Department）和南方事务部（Southern Department）分别改组为内政部（Home Office）和外交部（Foreign Office），荷兰外交部则成立于1813年。法国尽管很早就有专门大臣负责外交事务，但外交部长一职的设立也是在18世纪末。

---

① （清）何秋涛：《朔方备乘》卷三十七。

三 外交礼仪制度

清代中叶，中西外交经常出现的一个矛盾冲突点是觐见礼仪问题，即"礼仪之争"。"觐见"一词，源于中国古代诸侯秋朝天子之称。《仪礼注疏》中称："觐，见也，诸侯秋见天子之礼。春见曰朝，夏见曰宗，秋见曰觐"，《说文》中讲道："诸侯秋朝曰觐，劳王事。"由于历史发展的原因，中国相对于周边国家，在经济、文化发展上处于优势地位，所以，在同周边国家交往过程中，逐步形成了以中国为中心的经济文化圈，中国居于主导地位，在交往体制上，逐渐形成了"朝贡体系"或"朝贡制度"，并得到了周边大多数国家的认可，有外国学者称为"中国的世界秩序"[1]，也有的学者称为"华夷秩序"[2]。事实上，这一制度的构建是建立在名义上的不平等关系上的，中国的封建王朝是君父，周边国家和部族是臣子。由于中国封建王朝在对待周边国家奉行"薄来厚往"态度，不计较在实际交往中获取利益多少，因此，格外地重视中国的礼节问题。

进入16世纪后，西方国家殖民主义者纷纷来华，发展对华贸易，并试图开展殖民活动。[3] 为了收集情报信息，开拓对华贸易，他们开始派使节来华。1517年，葡萄牙派出皮莱资使团来华。此后，又有俄国使团来华。当时的明朝政府并不清楚这些国家位居何方，将他们等同于朝鲜、琉球等藩属国或朝贡国对待，将他们称为贡使。在觐见礼仪上，则要求这些使团按照藩属国贡使的标准，行三跪九叩礼，这与西方国家的风俗礼仪习惯存在差异。

清朝入主中原后，西方国家为稳固和发展在华贸易，很快承认

---

[1] 参见 John K. Fairbank, *The Chinese World Order*, *Traditional China's Foreign Relations*, Harvard University Press, 1968。

[2] 何芳川：《华夷秩序论》，《北京大学学报》1998年第6期。

[3] 很多人认为，西方人来华的动因是为发展对华贸易或传教，实际上，从事殖民活动，将中国变为其殖民地也是其重要的目标。16世纪初，葡萄牙国王唐·曼努埃尔一世就曾经制定过武力占领中国领土、征服中国的计划。参见黄庆华《中葡关系史》，黄山书社2006年版，第87页。

了清政府。更多的西方国家开始派使团前往中国，仅顺治朝就有西班牙、俄国、荷兰三个使团访华，在觐见礼仪问题上，中西分歧与矛盾日益明显，引发了"中西觐见礼仪之争"。

受到历史文化传统的影响，清政府的统治者要求西方国家使团在觐见清帝时，按照中国礼节行跪拜礼，这与欧洲国家的习俗礼仪存在分歧，引起了一系列的争论与冲突，有的使团甚至因不愿向中国皇帝行礼被遣返回国，在中西关系史上产生了消极影响。

1654年（顺治十一年），俄国派出以巴伊科夫为首的使团前往北京觐见顺治帝。1656年（顺治十三年），巴伊科夫使团到达北京。清廷官员要求巴伊科夫按清廷惯例，将国书与俄皇的礼物交由清政府有关部门转交顺治，遭到巴伊科夫拒绝。双方经过谈判，清政府最终做出妥协，同意巴伊科夫亲自递交国书，但要求巴伊科夫按中国礼节觐见顺治，不想再次为巴伊科夫所拒。顺治大怒，认为俄国使节"虽具表文，但行其国礼，立而授表，不跪拜。于是部议来使不谙朝礼，不宜令其朝见"[①]，将其遣返回国，这是清代第一次中西外交礼仪之争。

到了康熙朝，中国经济恢复发展，对外政策比较宽松，中西交往日益密切，来华的西方使团增多，在礼仪问题上，大多数使团能按照清政府的外交礼仪行事，但冲突和争论也不少。1675年，俄国派出以尼果赖为首的使团访华。双方先是在国书递送仪式上产生了矛盾，后来又在觐见礼仪上发生冲突。尽管俄使最终同意遵守中国礼节，但也非常勉强。叩头时，"头不太到地，而且动作迅速"[②]。加之尼果赖言行举止也十分傲慢骄横且反复无常，被康熙帝勒令限期回国。1719年（康熙五十八年），俄国派遣伊兹玛依洛夫使团使华，使团抵达北京后，再次因为国书递送仪式发生矛盾，伊兹玛依

---

① 《清世祖实录》卷一三五，顺治十七年五月。
② 苏联科学院远东研究所编：《十七世纪俄中关系》第一卷第三册，黑龙江大学俄语系翻译组、黑龙江省哲学社会科学研究所第三室译，商务印书馆1978年版，第599页。

洛夫坚持"不能叩头,惟行欧洲大使在王前所行之礼"①,清廷官员做了大量工作,经过再三交涉,他才以中国礼节觐见康熙帝。为了宣泄不满,在觐见过程中,伊兹玛依洛夫未等康熙帝示意,即起身站立,美国学者柔克义认为,伊兹玛依洛夫的做法"为不逊之举"②。

雍正帝继位后,又有俄国及葡萄牙使节来华,这些使团在礼仪问题上没有同清政府发生较大的冲突,均按照中国礼节惯例觐见雍正。雍正帝本人在礼节问题上有时表现得也较为开明。1726年(雍正四年),俄国萨瓦使团来华,在向雍正帝行过三跪九叩礼后,他将携带的国书高举过头,走向雍正帝,雍正帝亲自双手接过国书,随即转交给大臣。据记载,雍正帝在会见西方使节时,还使用过西方礼节行礼,据《清史稿》记载:"雍正间,罗马教皇遣使来京,世宗许行西礼,且与握手。"③

乾隆时期,中国的封建经济发展到了顶峰。中外贸易有新的发展。1730年(雍正八年),全年进入广州的外国商船不过8艘,吨位只有3595吨。到了1790年(乾隆五十五年),来华的西方国家船只已达189艘,总吨位97693吨。④ 西方国家在对华贸易过程中获利颇丰。据有关学者统计,18世纪下半叶,俄国同中国仅在恰克图的贸易额占了俄国同亚洲国家贸易额的68%,关税收入的20%—38%。⑤ 英国在同中国的茶叶贸易每年获利达70余万镑。⑥ 为了寻求进一步扩大对华贸易,俄国、葡萄牙、荷兰等国纷纷遣使来华。这

---

① [俄]卡缅斯基:《俄中两国外交文献汇编》,中国人民大学俄语教研室译,商务印书馆1982年版,第112页。

② 柔克义:《欧洲使节来华考》,载朱杰勤《中外关系史译丛》,海洋出版社1984年版,第178页。

③ 《清史稿》卷九十一,志第六六。

④ 蔡美彪编:《中国通史》第十册,人民出版社1992年版,第421页。

⑤ 韦庆远、叶显恩:《清代全史》第五卷,辽宁人民出版社1991年版,第263页。

⑥ 萧致治、徐方平:《中英通使前的茶叶贸易》,《中英通使两百周年学术讨论会论文集》,中国社会科学出版社1996年版,第160页。

些使团基本上都能遵守中国礼节，向乾隆帝行叩头礼。

实际上，西方国家同样重视外交礼仪。近代西方国家因觐见礼仪问题发生的纷争案例不在少数。1614年，俄国派遣使团出使神圣罗马帝国，正使富明在向神圣罗马帝国转达沙皇敬意时，皇帝没有起身，富明对此表示抗议，坚持"要等到皇帝起身问候沙皇健康后再念"①。1685年，俄国沙皇阿列克塞在会见匈牙利使团时，因在使节转达匈牙利国王对沙皇健康问候的时候，沙皇未摘下自己的王冠，匈牙利国使节为此提出抗议。俄方辩称："沙皇接见使节时，戴的不是帽子，而是王冠。王冠即使他在教堂中做礼拜时也不能摘下。"②

清代中国与西方国家的觐见礼仪之争表面上是外交礼节的矛盾冲突，其背后隐藏着的是不同国家、不同民族对于本国制度、本国发展道路的认知理解与自信。清代封建统治者们故我地认为，自己的国家是最先进的，制度是最合理的，而西方国家的使节们则认为中国的封建制度封闭自大，完全隔离于世界，其制度必须要转变，和平手段办不到，就使用武力。

第三节　清代中叶中外民间交流

一　民间商贸往来

清代中叶，除了朝贡贸易外，中国与其他国家特别是周边国家广泛存在民间贸易。清初，由于受到清政府海禁政策的影响，中国与周边国家贸易往来有所下降。以中国与吕宋贸易为例，1581—1590年，中国赴吕宋进行贸易的船只数量为102艘，1601—1610年增加至290艘，1631—1640年达到高峰，为325艘。康熙时期实施

---

① ［苏］波将金等编：《外交史》第一卷（上），史源等译，生活·读书·新知三联书店1979年版，第488页。

② 同上书，第394页。

海禁政策的1671—1680年，中国前往吕宋贸易的船只数量骤然降至49艘。① 随着海禁政策开禁，尽管清政府对中国与外国民间商贸往来进行限制，但中国与周边国家民间贸易往来依然出现了兴盛的势头，1701—1710年，中国赴吕宋进行贸易的船只数量增至204艘。从事中国与吕宋和苏禄贸易的商船大部分为福建漳州和泉州商船，许多吕宋和苏禄人来华，也是搭乘中国商船。

清代中叶中国与吕宋的贸易，主要是与马尼拉的西班牙人进行贸易。中国货物经马尼拉被运往墨西哥的阿卡普尔科，这种贸易形式被称为大帆船贸易。运往墨西哥的中国货物有生丝、瓷器、工艺品、棉织品、地毯和药材等。从墨西哥流入中国的物品主要是白银。有学者估计，在整个大帆船贸易期间，流入中国的拉美白银达2亿比索。② 清人叶羌镛在《吕宋纪略》中说，西班牙船，"装洋钱及珠宝细货，故唐船遇之辄获厚利"③。1815年之后，大帆船贸易没落，中国与吕宋的贸易也受到了影响。

清代中叶，清政府对于发展民间对外贸易体现出两面性。一方面，清朝的统治者们意识到，发展对外贸易对于解决民生有一定好处。1724年（雍正二年），时任广西提督韩良辅向雍正帝汇报广西各关隘情况时，提出湖南、广东、广西的贫民经常在广西与越南边境地区从事走私贸易，并且越界进入安南，偷挖安南矿产，因此，有必要加大稽查力度，杜绝此类现象的发生，他建议："凡通土司地界之塘汛，概为严紧稽查，嗣后尚有拘私纵放及违禁出隘者，一经盘获，当即交移督抚会疏。题参严法重处，庶几微一儆百，防范可密矣。"④ 但雍正帝对此则持不同意见，他认为，从国内民生角度考虑，应开放边境贸易，给予通关便利，他说："安南向来恭顺，勤修

---

① 陈希育：《清代中国与东南亚的帆船贸易》，《南洋问题研究》1990年第4期。
② 廖大珂：《福建与大帆船贸易时代的中拉交流》，《南洋问题研究》2001年第2期。
③ （清）叶羌镛：《吕宋纪略》，载（清）王锡祺辑《小方壶斋舆地丛钞再补编》。
④ 《广西提督韩良辅奏恭进国界关隘地图陈边境情形折》，载中国第一历史档案馆编《雍正朝汉文朱批奏折汇编》，江苏古籍出版社1991年版，第443页。

职贡，历有年所，自朕视之，莫非臣民，何分中外，况往来贸易，乃商民所便，只须登记档案，稽察其去来，若一概禁止，一者于民不便，二者动外国疑惧，非善政也。"① 乾隆时期，由于自然灾害和人口增长等原因，中国东南地区出现了粮食价格上涨的情况。清政府不得不下令禁从东南亚进口大米。根据史料记载，1757年（乾隆二十二年），由南洋各国，主要是暹罗回到厦门港的船只共计运回大米52000余石，一些商人因运回大米数量多还受到了清政府的奖励。如运米3000石以上的庄文辉被授予九品顶戴，运米4000石以上的方学山被授予八品顶戴。② 从暹罗进口大米有力地缓解了中国东南沿海居民粮食缺乏问题。中国和暹罗双方也给予米船减税的优待措施，中国商船在暹罗港口时不缴纳船只丈量费，常去暹罗的中国商船，只需缴纳3%的进口税，不常去的缴5%。

另一方面，清朝的统治者们对于国内民众发展对外贸易的行为充满忧虑，担心私人跨境贸易和其他活动会带来社会不稳定因素，危及政权，不断地限制民间对外贸易发展，对海上贸易时而实行海禁，时而开禁，对陆上贸易，时而放松往来通关，时而加大稽查力度。1745年（乾隆十年），乾隆帝下令，加强对中国与安南关卡的稽查力度，"择险要者设卡二处，势分犄角，次要者设卡一处严为锁键。或酌派兵勇，或兼任弁委，密为堤防。再，边民嗜利。保无携内地米粮，往易夷盐，虽设保甲编查，近闻有专委头目经管者，有遗漏村寨未编者，应申令汉土各官，实力稽察"③。1744年（乾隆九年），广州将军策楞上奏要求加强广西钦州通往安南的稽查力度，"自东兴街西永乐街起，经罗浮河抵竹山，沿河三十里，令栽霸竹堵

---

① 《广西提督韩良辅奏恭进国界关隘地图陈边境情形折》，载中国第一历史档案馆编《雍正朝汉文朱批奏折汇编》，江苏古籍出版社1991年版，第966页。

② 参见李金明《清代前期厦门与东南亚的贸易》，《厦门大学学报》（哲学社会科学版）1996年第2期。

③ 《清高宗实录》卷二三七，乾隆十年三月。

御私径，设关栅二所，以时启闭，派兵盘查，以严中外之防"①。

清政府边贸、外贸政策的不稳固性直接催生了民间走私贸易的发生。例如，清政府和朝鲜政府多次禁止沿海居民彼此往来和自由通商，惩罚措施非常严厉，重犯一律死罪，使得中朝民间商贸的发展受到很大制约，但中朝民间私贸依然存在。朝鲜政府曾多次将到朝鲜西海岸一带经商的中国人遣返回中国，仅《备边司誊录》中就记录了17—19世纪48件所谓"中国漂流民"事件。② 中国与安南海上走私贸易也十分活跃。1743年（乾隆八年），广州将军策楞在给乾隆帝的奏疏中提道，"臣于二月之间接据各属察报，或夷匪进口招人，或汉奸潜出滋事，共计二十余案。每起多者数十人，少亦十余人。泗城府察报闰四月内，土民以安南土内生金，偷越之人，至今又有数起"③。1744年（乾隆九年），广西巡抚又奏报乾隆帝："交趾万宁州，与内地南宁府地方，只隔土名十万山，沿边之民，贪利赴贩，遇兵役，即恃众相拒。"④

事实上，中国与周边国家之间民间贸易的需求是十分旺盛的。如中国与安南之间的私贸互动中，中国边民"带私货越隘口到彼贸易，牟利甚多"⑤，同样，安南边民、客商走私贸易所获利润也十分可观，越南盐贩只需要向安南缴纳二十文钱，就可任由挑运贩卖到中国边境地区，每斤盐就可得白银一二分至五六分。清人赵翼在《檐曝杂记》中记载了自乾隆时期，内地百姓前往安南从事银矿开采贸易的情况。他在书中写道："粤西边外则有安南之宋星厂，银矿皆极旺。而彼地人不习烹炼法，故听中国人往采，彼特设官收税而已。

---

① （清）朱椿年：《钦州志》卷十《纪事》。
② 刘为：《清代朝鲜使团贸易制度述略——中朝朝贡贸易研究之一》，《中国边疆史地研究》2002年第4期。
③ 《广州将军策楞奏折》，载台湾"中研院"历史语言研究所编《明清史料》（庚编）上册，中华书局1987年版，第137页。
④ 《清高宗实录》卷二一九，乾隆九年六月。
⑤ 黄滨、张斌：《清代广西段的中越贸易》，《东南亚纵横》1992年第4期。

大山厂多江西、湖广人，宋星厂多广东人。……宋星厂距余所守镇安郡仅六日程，镇安土民最懦钝无用矣，然一肩挑针线鞋布诸物往，辄倍获而归。其所得银，皆制镯贯于手，以便携带，故镇安多镯银。"①

中国与安南之间海路私贸交易额更大，所获利润更多，以致于广东、广西沿海一些官员都加入进来，甚至铤而走险，以维修战船为名，将战船交给亲属或租赁给商人，前往安南从事走私贸易。乾隆帝对此十分恼怒，他在谕旨中指出：

> 东南沿海一带，如山东、江南、浙江、福建、广东、广西等省，俱设有战船，以为海防之备。今承平日久，官弁渐觉疏忽。朕闻船只数目，竟有报部之虚名。而十分之中，不无缺少二三者。至于大修小修之时，每因船数太多，难以查核。该防营弁及州县官员，通同作弊，将所领帑银，侵蚀入己。报修十只，其实不过七八只，而又涂饰颜色以为美观。仍不坚固。且更有不肖官弁，令子弟亲属，载贩外省或赁与商人，前往安南、日本贸易取利者。以朕所闻如此，虽未必各省皆然，然亦难保必无其事，可传谕该省督抚提镇等嗣后严行稽查。加意整顿。务令诸弊尽绝，以重海防，倘将来再有风闻，经朕遣大臣前往查出，则虚冒废弛之咎，惟于该管之大臣是问。②

中国与周边国家贸易需求旺盛最主要的动力源泉是民间对相互贸易的内生性需求。由于缺乏详细的史料记载，难以估算中国与周边国家民间贸易（包括走私）的数额、规模，但就贸易物品的种类来看，与官方贸易相比，民间贸易交易的货物大多属于日常生活所需的物资，消费基数大，需求量大，有持续发展的空间，换句话说，

---

① （清）赵翼：《檐曝杂记》卷四《缅甸安南出银》，上海古籍出版社2012年版，第59页。
② 《清高宗实录》卷一二五，乾隆五年八月。

民间私人贸易，更符合市场经济的发展规律，这也就是尽管封建统治者们采取了各种限制自由贸易的措施，但中国与周边国家民间私人贸易从未中断过的根本原因所在。

二　海外移民问题

明清时期，封建统治者们视中国普通百姓向海外移民是一种叛逆行为，清初，由于东南亚华侨直接参与了中国沿海的抗清斗争。清政府严厉禁止普通民众私自从事海上贸易，更是严禁民众与华侨接触。1656年（顺治十三年），顺治帝下诏："凡有商民船只私自下海或资寇通盗者斩，货物充公，家产给讦告之人。该管文武官不能查获，俱革职从重治罪，地方保甲知情不首者处绞。"① 1717年（康熙五十六年），康熙帝下诏："如有出洋之人，留在外国者，该督抚行文外国，将留下之人，令其解回，即行正法。"② 1727年（雍正五年），雍正皇帝颁布谕旨称："圣祖仁皇帝绥靖海疆，且不忍令内地之民，转徙异地，实仁育义正之盛心也。但数年以来附洋船而回者甚少。朕思此辈多系不安本分之人，若听其去来任意，不论年月之久远。伊等益无顾忌轻去其乡，而飘流外国者愈众矣。嗣后应定限期，若逾限不回，是其人甘心流移外方，无可悯惜。朕意不许令其复回内地，如此则贸易欲归之人，不敢稽迟在外矣。"③

尽管清政府制定了各种措施，限制普通百姓出入境，但仍然不能完全阻止中国人出境移民。1743年（乾隆八年），两广总督策奏报乾隆帝，称："粤西南境，地接交夷，土苗错处，各边封禁隘口，时有夷匪汉奸，潜出窜入，屡经设法查禁，而奸民出入如故。盖因商民出口贸易，并佣工觅食，俱乐隘口出入近便。又多娶番妇，留

---

① 颜清湟：《清朝对华侨看法的变化》，《南洋资料译丛》1984年第3期。
② 《雍正朝大清会典》卷一百三十九。
③ 《清世宗实录》卷五十八，雍正五年六月。

恋往来，是以偷度不能禁止。"① 乾隆帝也叹道："私越外境者，不能保其必无，不可不加意防闲，以杜奸弊。"②

关于清代中叶中国人移民出境人数，现在难以统计，但能从一些史料看出，数量应该是十分惊人的。著名西方传教士郭士立夫人在其给友人的一封信中，对居住在暹罗首都的中国人情况有所描述，她在信中写道："半夜，她被噪音吵醒，她来到窗口，向外望去，……整个曼谷好像都在燃烧，（发生火灾的地方）距离我们大约有一英里半左右，风不是很大，我们祈祷一切平安，但还没容得我们开始祈祷，一阵大风吹向我们。曼谷城内外的房子的构造比一堆树木、竹子、茅草强不了多少，一个火星片刻之间就能将之烧成一个大火团，大火扩散得很快，中国人居住的区域似乎没有幸免的希望了，中国人的居住区域位于我们和曼谷城之间。……火团所到之处，所有东西都有被毁灭的危险。我们与一位中国老人一道站在外面，看着火星接近我们的房屋。……在我们周围，有一些中国人驾着船只正在努力灭火。有一些燃烧物顺着河流了下来，当其缓缓经过的时候，我们跪下向上帝祈祷，祈求庇护。大火逐渐离我们越来越远，但城里似乎还在继续疯狂燃烧，似乎在随风扩散。很多可怜的穷人今天一早来找我们寻求医疗帮助，一些人说这个城市中中国人居住的地方至少有七至八条街道被烧毁了，不过基本上没有人员死亡，因为中国人精通游泳。"③

根据当时居留在暹罗首都曼谷的西方人统计，1818年暹罗首都的中国人数量甚至超过了暹罗人，具体数字如下：

中国人（缴纳税金）310000

---

① 《清高宗实录》卷二零二，乾隆八年十月。
② 《清高宗实录》卷八一一，乾隆三十三年五月。
③ Karl Friedrich August Gützlaff, *Journal of Three Voyages along the Coast of China in 1831, 1832, & 1833, Siam, Corea, and the Loo-Choo Islands*, London, 1834, p. XXXIX.

中国人后裔 50000
交趾支那人 1000
柬埔寨人 2500
暹罗人 8000
勃固人 5000
老挝人（后来移民）7000
老挝人（长期居住）9000
缅甸人 2000
图瓦人 3000
马来人 3000
基督教徒 800
总计 401300

另有西方人统计，1811 年暹罗全国人口中，中国人的数量不在少数，具体数字如下：

暹罗人 1260000
老挝人 840000
勃固人 25000
柬埔寨人 25000
马来人 195000
中国人 440000
西印度土著人 3500
葡萄牙人 2000
总人数 2790500[①]

---

① Karl Friedrich August Gützlaff, *Journal of Three Voyages along the Coast of China in 1831, 1832, & 1833, Siam, Corea, and the Loo-Choo Islands*, London, 1834, p. XLI.

清初，在安南中部会安地区，已形成了华人社区，清代僧人释大汕在其《海外纪事》中写道："盖会安各国客货码头，沿直街，长三四里，名大唐街，夹道行肆比栉而居，悉闽人，仍先朝服饰，妇人贸易，凡客此者必娶一妇以便交易。"① 18 世纪中叶，估计会安华侨达 6000 人。②

曾长期在海外游历的清人谢清高在其所著《海录》中记载："（吉兰丹）中国至此者，岁数百。闽人多居埠头，粤人多居山顶。"书中还提到新埠，即马来西亚槟榔屿，谢清高说："新埠海中岛屿也，一名布路槟榔，又名槟榔士，闽粤到此种胡椒者万余人。"③ 清代移民到东南亚国家的人数可见一斑。

中国移民东南亚带去了先进的农业、手工业技术，大大促进了当地社会经济的发展。如安南、缅甸境内有大量银矿，但长期以来，由于技术缺乏，没有得到有效利用。中国人将采矿技术带到了安南、缅甸，并很快得以立足。其中较有代表性的有安南的交趾都龙银矿、兴化的蝎嗡银厂，缅甸的波龙银矿、茂隆银矿等。波龙银矿自明永乐年间由中国人开采，乾隆时期，被华侨宫里雁获取。在宫里雁的主掌下，波龙银矿逐渐发展壮大。据记载，在波龙银矿从事劳动的人员多来自中国的江西、湖广及云南等省份，矿工最多时达 4 万人。④ 茂隆银矿规模则更大，其矿工人数 1746 年（乾隆十一年）仅二三万人，到 1751 年（乾隆十六年）即已达数十万。⑤

清政府对华侨持消极与冷漠态度，实行歧视和抛弃政策。清代中叶，在东南亚各地发生多起西方殖民者屠杀华侨事件。1740 年

---

① （清）释大汕：《海外纪事》。
② 高伟浓：《清代华侨在东南亚——跨国迁移、经济开发、社团沿街与文化传承新探》，暨南大学出版社 2014 年版，第 63 页。
③ （清）谢清高著，钟叔河校：《海录：附三种》，岳麓书社 2016 年版，第 15 页。
④ 高伟浓：《清代华侨在东南亚——跨国迁移、经济开发、社团沿街与文化传承新探》，暨南大学出版社 2014 年版，第 84 页。
⑤ 《清高宗实录》卷二六九，乾隆十一年六月。

(乾隆五年)，荷兰殖民者在巴达维亚屠杀华侨近2万人，城外的红溪河水被华侨的鲜血染红，史称"红溪惨案"，惨案发生后，荷兰殖民者又在中、东爪哇等地继续屠杀华侨。华侨先后被杀达三四万人，有人说"华人被杀十余万众"①。清政府对荷兰殖民者大肆屠杀华侨无动于衷，甚至认为是海外华侨"孽由自取"。

时任福州将军策楞在给乾隆帝的奏折中称："臣等详察此案始末情节，熟加筹画，此等被番戕害汉人，皆久居吧地，当前次禁洋开洋之时，叠荷天恩宽宥，而贪恋不归，自弃化外，按之国法，皆干严宪。今被其戕杀多人，其事堪伤，而实则自作之孽。第噶喇吧以地隔重洋，恃其荒远，辄敢罔知顾忌，肆行戕害，情殊可恶，即蒙圣朝天地为怀，以所被戕害者系悖旨逗留之人，不即加问罪。然番性贪残叵测，倘嗣后扰及贸易商船，则非前次逗留者可比，势必大费周章。臣等再四思维，莫若仍照康熙五十六年之例，奏请禁止南洋商贩，摈绝不通，使知畏惧，候其革心向化，悔过哀求，然后再为请旨施恩，方于抚御外夷之道畏怀并合。"时任两广总督庆复也奏称，遇害华侨"本应正法之人，在外洋生事被害，孽由自取"。他还说："番目本无扰及客商之意，是即噶喇吧一处往来已属相安。我皇上抚绥万方，海隅日出之区无不输诚悦服。臣等仰体圣主怀柔无外之至意。请将南洋照旧贸易，毋庸禁止。即噶喇吧一处在彼国已将夷目诘责，深怀悔惧，尤当示以宽大，应将御史李清芳所奏暂停吧国买卖之处毋庸议。"②

在清政府错误的华侨政策引导下，迟滞了中国向外移民的步伐，海外华侨的生活愈加艰难。自乾隆以后，闽粤地区流民由过去以出洋为主变为向内地省份流动，造成不少新的社会问题，如天地会等秘密结社，而海外华侨也逐渐成为近代以后反清的重要力量。

---

① 韩永福：《清代前期的华侨政策与红溪惨案》，《历史档案》1992年第4期。
② 中国第一历史档案馆：《乾隆年间议禁南洋贸易案史料》，《历史档案》2002年第2期。

值得注意的是，清政府对于寄居海外移民有过特殊关怀的案例，如1712年，康熙帝批准派遣图理琛出使寄居俄罗斯的土尔扈特部。土尔扈特部是卫拉特蒙古四部之一，17世纪初，大部西迁至欧洲伏尔加河下游驻牧①，在那里"置鄂托克，设宰桑"②，建立了政权。土尔扈特部虽远徙异乡，但依然心向祖国，没有断绝与祖国的联系。顺治初年，土尔扈特部开始向清政府进贡，表示他们是清政府的臣民。1704年（康熙四十三年），土尔扈特部首领阿玉奇派遣侄子阿喇布珠尔前往西藏拜谒达赖喇嘛。归途中为准噶尔部所阻，清政府将其安置于嘉峪关外的党色尔腾，封其为"固山贝子"。阿玉奇汗闻知此事后，于1709年（康熙四十八年）派出以萨穆坦为首的使团回国，历尽困苦于1712年（康熙五十一年）抵达北京，受到清政府的热情接待。康熙感念土尔扈特部不忘祖国，多年表贡，为表彰和慰问土尔扈特部部众，③于1712年（康熙五十一年）派出以太子侍读殷札纳、理藩院郎中纳颜及内阁侍读图理琛为首的使团，前往土尔扈特部驻地，表彰和慰问土尔扈特部部众。图理琛任使团中的史官，负责记录出使经过、沿途的风物民俗和水文地理。

图理琛（1667—1740），阿颜觉罗氏，字瑶圃，满洲正黄旗人。

---

① 土尔扈特部西迁具有双重动因，一是卫拉特蒙古诸部矛盾增多，冲突不断。二是土尔扈特部人口增多，畜群增加，牧场日显狭小，无法适应生产的发展。参见［苏］内达金《土尔扈特蒙古西迁及其重返祖国》，马汝珩译，《新疆师范大学学报》（哲学社会科学版）1981年第2期；马大正、成崇德《卫拉特蒙古史纲》第七章，新疆人民出版社2006年版。

② （清）祁韵士：《西陲要略》卷4，《土尔扈特部源流》。

③ 关于清政府遣使出使土尔扈特部的动因，史学界存有不同看法。有学者指出，使团出使的意图一是为抚慰土尔扈特部部众，二是带有秘密使命，即劝诱土尔扈特部归国和结成反准噶尔部联盟。［［俄］兹拉特金：《准噶尔汗国史（1635—1758）》，马曼丽译，商务印书馆1980年版；［法］加恩：《彼得大帝时期的中俄关系史（1689—1730年）》，江载华、郑永泰译，商务印书馆1980年版；马汝珩、马大正：《漂落异域的民族——17至18世纪的土尔扈特蒙古》，中国社会科学出版社1991年版；杨富学：《图理琛西使动因小议》，《新疆师范大学学报》（哲学社会科学版）2007年第1期］。有学者认为，清政府遣使土尔扈特部肩负秘密使命的可能性极小，使团出使的主要意图是抚慰土尔扈特部部众。（参见［日］谷浩一《康熙年间清向土尔扈特的遣使——以所谓秘密使命说的再研究为主》，杨宝山译，《中国边疆史地研究》1997年第4期）。

1686年（康熙二十五年）入国子监学习，后考授内阁撰文中书舍人，1697年（康熙三十六年）后升任内阁侍读。1703年（康熙四十二年），图理琛任礼部牛羊群总管。1705年（康熙四十四年），因被查出牲畜头数短缺，图理琛被革职。1712年（康熙五十一年），图理琛听说康熙准备遣使出使土尔扈特，主动上书请求参加使团，被康熙选中，并被任命为使团中的史官，负责记录出使经过、沿途的风物民俗和水文地理。1712年6月（康熙五十一年五月），使团从北京出发，经张家口、察哈尔蒙古等地，进入俄罗斯境内，于1714年7月（康熙五十三年六月）抵达土尔扈特部驻地。使团向土尔扈特部首领阿玉奇汗等人宣读了康熙帝的敕书，表达了祖国对他们的关怀，顺利完成了使命，于1715年4月（康熙五十四年三月）返回北京。使团出使产生了深远影响，加强了土尔扈特部与清政府之间的联系，激起了土尔扈特部部众的思乡之情，最终促使土尔扈特部于18世纪70年代不远万里东归故土。法国学者加恩指出："……中国浪子土尔扈特人的归来一事，最初提于1714年，……我们设想一下，土尔扈特人若不是中国甘言许诺而长久以来怀有重归故土的想法，怎么可能在1775年突然决定离开他们已经生活了一个世纪的国土，同时又冒着旅途上的种种危险，而且前途未卜，就回到故土去呢？"①

图理琛回国后，将出使情况及沿途道里山川、民风物产等编纂成册，敬呈康熙帝。康熙帝阅后大悦，褒奖再三。不久后，图理琛被擢升为兵部员外郎。1723年（雍正元年），图理琛得到雍正帝的允许，将出使记录刊印成册，分满、汉两种文本，满文本题名"出使绝域所记书"，汉文本题名"异域录"。②

---

① ［法］加恩：《彼得大帝时期的中俄关系史（1689—1730年）》，江载华、郑永泰译，商务印书馆1980年版，第117页。

② 关于《异域录》一书的版本及满、汉两种文本的区别。参见周祚绍《图理琛与〈异域录〉》，《东岳论丛》1994年第5期。

《异域录》问世后,引起各界广泛关注。清朝官修《四库全书》《大清一统志》《皇朝文献通考》等官修大型丛书及《小方壶斋舆地丛钞》《指海》等均收录了此书。《异域录》出版后,图理琛也被清政府视为处理沙俄事务和蒙古部落事务的专门人才,受到重用,历任陕西巡抚、兵部左侍郎、吏部右侍郎等职,数次代表清政府出使俄境,接送俄国使臣。1726年(雍正四年),图理琛参加了中俄《恰克图条约》的谈判,为维护中国的领土主权做出了贡献。[①] 后人将出使土尔扈特部的使团称为图理琛使团。

---

① 参见安双成《图理琛出使俄境小考》,《历史档案》1989年第4期;周祚绍《图理琛与〈恰克图条约〉谈判》,《山东大学学报》(哲学社会科学版)1999年第3期;周祚绍《〈恰克图条约〉谈判中的清朝使臣》,《山东大学学报》(哲学社会科学版)2000年第4期。

第 二 章
小斯当东与马戛尔尼使团使华

第一节　中英早期接触与亚洲三角贸易的形成

一　新航线的开辟和亚洲三角贸易的形成

英国学者格林堡（Michael Greenberg）认为，"近代使东方和西方发生接触的是商业。但事实是西方人出来需求中国的财富，而不是中国人出去寻求西方的财富"[①]。事实确实如此，16世纪前的中国一直是欧洲商人向往的地方。中国的丝绸和瓷器是欧洲贵族的奢侈品，深受欧洲人的喜爱。阿拉伯商人在经营中国货物的贸易中获利丰厚，令欧洲商人羡慕不已。奥斯曼帝国统治时期，中国和欧洲陆路贸易中断，中国输入欧洲的货物骤减，中国货物的价格飙升，使经营中国货物更加有利可图。在巨大商业利润的诱惑下，欧洲商人和探险家开始努力探寻前往东方的海上道路。

1500年前后的航海大发现，为欧洲商人前往中国通商提供了必要条件。欧洲商人纷纷穿越大洋，前往亚洲。他们建立起美洲—亚

---

①　[英]格林堡：《鸦片战争前中英通商史》，康成译，商务印书馆1961年版，第1页。

洲—欧洲三角贸易圈，将美洲搜刮来的金银运到中国，购买中国的丝绸、茶叶和瓷器等货物，贩运至欧洲高价出售。美洲—亚洲—欧洲三角贸易为西方国家和商人带来了巨大的利润，同时也促进了西方资本主义的发展。马克思曾指出："……由于地理上的发现而在商业上发生的并迅速促进了商人资本发展的大革命，是促进封建生产方式向资本主义生产方式过渡的一个主要因素。"①

相对于葡萄牙人、西班牙人和荷兰人，英国人来华时间较晚。16世纪末，英国女王伊丽莎白委派商人约翰·纽伯里（John Newberry）向中国皇帝递交信函，表达英方希望能扩大双边交往，特别是发展商贸关系的意愿。信中写道："我西方诸国君王从相互贸易所获得之利益，陛下及所有臣属陛下之人均可获得。此利益在于输出吾人富有之物及输入吾人所需之物。"② 不过由于纽伯里中途被葡萄牙人劫持，未能抵达中国。

此时的英国，重商主义思想在社会上逐步流行，英国人约翰·劳尔在《英国与英国外交》中评述工业革命前英国的海外贸易时说："……早在工业革命之前，英国就与其美洲殖民地、西印度群岛、西非和印度以及欧洲有着贸易往来。规范这一贸易的目的在于创造贸易超额利润——财富是英国的真正资源，它依赖于该国的商业。"③

重商主义思想对英国的外交政策产生了很大影响。重商主义理论家米塞尔登认为，出口商品在价值上超过进口商品，是一个国家致富的准则。④ 另一位经济学家托马斯·孟更为直接地指出："对外贸易是增加我们的财富和现金的通常手段，在这一点上我们必须时

---

① ［德］马克思：《资本论》第三卷，人民出版社1975年版，第372页。
② 刘鉴唐主编：《中英关系年要录（公元13世纪—1760年）》第一卷，四川省社会科学院出版社1989年版，第58页。
③ ［英］约翰·劳尔：《英国与英国外交》，刘玉霞、龚文启译，上海译文出版社2003年版，第3页。
④ 李新宽：《国家与市场——英国重商主义时代的历史解读》，中央编译出版社2013年版，第45页。

时谨守这一原则：在价值上，给外国人的货物，必须比我们消费他们的为多。"① 该理论的核心理念是通过获取外来价值来实现自己的获利目的，这就注定英国在实行其外贸政策时必然具有侵略性。

由于种种因素，英国发展海外贸易起步较晚，落后于葡萄牙、西班牙、荷兰、法国等欧洲强国。为了击败荷兰等海上强国，英国政府更加强调发挥政府的作用来拓展海外贸易，采取了多种措施。一是通过发动战争，为本国商人打开了通向葡萄牙、西班牙、荷兰、法国等国在美洲、非洲和亚洲殖民地的大门。16 世纪末至 17 世纪中叶，英国先后与西班牙、荷兰进行战争，保持了英国通往世界各地航路的畅通，为海外商业活动的顺利发展提供了安全保障。② 因此，有学者认为，这一时期英国对外战争是商业战争。③

二是实施经济垄断措施，扶植国内商业向海外拓展。英国于 1651 年颁布了著名的《航海条例》，规定凡欧洲商品运送至英国及英国的殖民地，或英国殖民地运输货物至英国或另一殖民地，均须使用英国船只运输，禁止外国商人染指英国与其殖民地间的贸易，只有英国商人和英国船只可以从事相关贸易，1660 年又对《航海条例》进行了修改补充，规定凡经指定的物品，必须首先运送至英国海峡和英属领地，然后方得转销各地。这个法案的实施极大地促进

---

① ［英］托马斯·孟：《英国得自对外贸易的财富》，袁南宇译，商务印书馆 1965 年版，第 4 页。

② 很多人误以为 1588 年英国击败西班牙无敌舰队标志着英国海上霸权确立，实际上，此战并未使得英国取得海上优势，只是阻止了西班牙征服英格兰的图谋。西班牙元气并未受损，此后又多次组织无敌舰队围攻英国，双方互有胜负。直到 1639 年唐斯之战，荷兰人击败西班牙舰队，西班牙再也无力组织大型舰队，才失去了海上霸权。由于唐斯海战发生在英国领海，这大大刺激了英国，为日后英荷战争爆发埋下了祸根。1652—1654 年、1665—1667 年和 1672—1674 年，英荷之间爆发过三次战争。英荷双方各有胜负，但在法国的夹击下，荷兰的海上霸权开始衰落，英国逐渐成为海上世界的中心。总之，英国海上霸权的取得是经历了一个长时间的发展过程，既是其自身努力不懈发展的结果，也有从欧洲大陆国家及政权互斗中渔翁得利的因素。

③ 参见李新宽《国家与市场——英国重商主义时代的历史解读》，中央编译出版社 2013 年版，第 170 页。

了英国国内的造船和航运业的发展，《航海条例》刚出台的时候，英国与殖民地之间的贸易额占英国全部海外贸易额的比重不超过10%。《航海条例》出台后，英国向爱尔兰、北美、西印度殖民地和西非贸易口岸出口贸易额成倍增加，打击了包括荷兰在内欧洲国家对英贸易业务和航运经济，引发了英荷之间的争斗。

三是采取金融等手段，控制贸易流通。由于英国没有金银矿藏，只能通过出口来获得金银，因此，英国人认为，"财富由货币或金银构成"①，这也是早期英国重商主义的核心理论之一，被人们广为接受。16世纪，英国国内就货币政策展开了多次广泛的讨论，英国议会多次颁布禁令，禁止金银出口。这一时期，英国东印度公司由于输出货币曾饱受攻击。但随着时间推移，越来越多的人认识到货币作为特殊商品，其价值在于通过交换来获取利益，货币产生贸易，是增加财富、促进就业的一种手段。托马斯·孟等更是明确地提出："输出我们的货币借以换得商品乃是增加我们财富的一种手段。"②东印度总督托马斯·帕皮隆（Thomas Papillon）提出："想象一下，一个拥有和管理农场的人手里掌握着超过他经营农场事业所需的货币，谁不把他看作一个傻瓜呢，让自己的钱白白地躺在箱柜底……他可以用他的钱在一个价廉的市场购买货物，运到另一个价昂的市场，再加上运输的利益，他的财富大大增加。……设想一下，在一个只能用货币或金银购买商品的国外地方，把10万镑金银运到这里，购买在国外其他地方能卖到20万到25万镑的商品，赚得的钱返回英国，掌握一项如此赢利的贸易，难道不是王国的利益所在？"③正是在这种思想的影响下，1663年，英国不再限制金银和外国货币

---

① ［英］亚当·斯密:《国民财富的性质和原因的研究》下卷，王亚南、郭大力译，商务印书馆1974年版，第1页。

② ［英］托马斯·孟:《英国得自对外贸易的财富》，袁南宇译，商务印书馆1965年版，第13页。

③ 李新宽:《国家与市场——英国重商主义时代的历史解读》，中央编译出版社2013年版，第159页。

的进出口，允许除英国铸币外所有货币自由出口，这实际上促进了货币流通性增加，英国转口贸易不断繁荣，通过向欧洲再出口殖民地产品获得了大量利润。

正是通过上述政策的实施，英国海外贸易得到了快速发展，英国经济得到提振。据英国学者查尔斯·达维南特推算，英国的社会财富在1600年为1700万镑，到1630年增加到2800万镑，1660年比1630年翻了一番，达到5600万镑，到1688年增加到8800万镑，从而为工业革命奠定了坚实的物质基础。[1]

与此同时，伊丽莎白女王授予了商人冒险家公司和东地公司首份特许状，从此，英国海外贸易实行特许制度，海外贸易把持在了特许商人手中，一般公民不能介入。特许公司包括规约公司和合股公司两类。规约公司是一种联盟性质的公司，商人相互订下统一规则，缴纳一定的费用，独立经营，并承担相应风险，凡不属于规约公司人员，经营相关对外贸易业务属于违法。合股公司属于资本联合公司，公司出资人对于贸易利润或损失按照股份分摊，著名的英国东印度公司即属于合股公司。

英国东印度公司成立于1600年，成立初期名为伦敦商人的东印度公司（The Governor and Company of Merchants of London Trading into the East Indian），公司成立的直接目的就是打破葡萄牙、荷兰等国对东方贸易的垄断，稳定英国国内物价。为了支持东印度公司，英国政府给予其一些特殊优惠政策，最重要的有三条：第一，东印度公司经营区域范围内，禁止其余团体从事贸易；第二是特许状即垄断权有效期为15年，"如果对国家有好处且公司也有愿望，特许状将延长15年"[2]；第三是给予金银出口权及税收优惠措施。

1635年（崇祯八年），东印度公司与葡萄牙卧亚总督缔结协定，

---

[1] [英]查尔斯·达维南特：《论英国的公共收入与贸易》，商务印书馆1995年版，第160页。

[2] 何顺果：《特许公司——西方推行"重商政策"的急先锋》，《世界历史》2007年第1期。

葡萄牙允许英国出入澳门进行贸易。同年，英国商船"伦敦号"抵达澳门，英国人不顾葡萄牙人阻拦，自行开展贸易，并许诺中国政府以比葡萄牙人低50%的价格向中国出口药品，引起葡萄牙当局强烈不满。1637年（崇祯十年），英国东印度公司派遣以威德尔为首的船队来到澳门，与葡萄牙人发生冲突。威德尔在澳门登陆不成，闯入广州内河，炮击虎门炮台，并劫掠中国渔船，引发了中英首次武装冲突。由于补给问题，英国船队在葡萄牙人斡旋下，退出广州，并表示"永不再来"①，但威德尔等人向英国政府提议，要占领海南岛，作为对华贸易的基地，有学者由此指出，"英国与中国第一次接触便刀枪相见，而且提议占领海南岛，作为不列颠属地。这在某种程度上表明他们的早期殖民活动比西班牙、葡萄牙更凶残、更野蛮、更富有侵略性"②。

17世纪中期以后，东印度公司越来越受到英国政府重视，获得了包括建立军队、实施司法裁判等多种政治权力，逐渐成为英国殖民主义代理机构。东印度公司在东方贸易中获利颇丰，1660年，东印度公司派发给股东的红利为出资额的20%，1665年这一数字就上升到40%，1685—1689年则达到了50%。③ 公司股票的价格一涨再涨，1669年价格为130英镑的股票，1677年上升为245英镑，1683年再升至360英镑。④

对于拓展与中国的贸易，东印度公司想尽了各种办法。1672年（康熙十一年），东印度公司与台湾郑氏政权签订通商条约，并在台湾、厦门建立了商馆，但由于清廷封锁，东印度公司在与台湾的贸易过程中获利有限。1684年（康熙二十三年）以后，清政府允许英国人在广州设立商馆，中英之间贸易才逐渐展开，但很快遇到了国

---

① 谭树林：《英国东印度公司与澳门》，广东人民出版社2010年版，第92页。
② 萧致治：《西风拂夕阳：鸦片战争前中西关系》，湖北人民出版社2005年版，第96页。
③ Philip Lawson, *The East India Company: A History*, London and New York, Longman, 1993, p.44.
④ 潘毅：《英国东印度公司的起源及性质》，《凯里学院学报》2008年第1期。

内新组建的另一家特许公司——英格兰东印度公司（The English Company Trading to the East Indies）的竞争，新成立的英格兰东印度公司迅速在广州得以立足，1699 年（康熙三十八年），英格兰东印度公司董事会任命卡奇普尔（Allen Catchpoole）为中国贸易委员会的第一任主席，派遣其前往中国。公司给其的训令要求其前往舟山、宁波，并建立站点，训令称："去中国北部的舟山群岛、宁波。我们指令你在那里站住脚。如果可能就在某个合适的港口经过政府批准进行贸易。政府很有可能推荐直接去南京城贸易，或就在南京贸易。"① 1700 年（康熙三十九年），卡奇普尔抵达中国，他试图在康熙帝到普陀山进香时觐见康熙帝，但未获成功。在经过一番考察后，卡奇普尔向公司建议，在昆仑岛建立商站，并且派遣使团前往中国，两者缺一不可。

1709 年，在英国政府的干预下，伦敦商人的东印度公司与英格兰东印度公司正式合并，成立了新的英商东印度贸易联合公司（The United Company of Merchants of England Trading to the East Indies），英国东印度公司进入一个新的发展阶段。英国政府与英国东印度公司紧密配合，加快了向东方扩张的步伐，英国东印度公司从英国政府获得的特权不断增加，逐渐由一个单纯的商业组织演变为一个集商业、政治、军事、司法为一体的殖民扩张工具。

在新的东印度公司的领导下，英国对华贸易进入了稳步发展的阶段，不仅在商业管理体制上更加规范高效，而且同中国政府的关系也取得了显著的进步。1715 年（康熙五十四年），英国东印度公司与广州官员议定了《粤海关通商条约》，主要内容有：自由通商，自由雇用奴仆，粤海关应该保护英商不受平民和官吏的欺侮及勒索

---

① 刘鉴唐主编：《中英关系系年要录（公元 13 世纪—1760 年）》第一卷，四川省社会科学院出版社 1989 年版，第 254 页。

等。① 英国对华贸易也开始出现增长势头，来华贸易船只数量出现增长态势，1738 年之后，英国到中国贸易船只的数量和吨位已经明显超出其他欧洲国家，② 美国人马士对此的评论是，"18 世纪开始，英国人已经把脚跨过中国贸易的门槛"③。

18 世纪中期以后，英国成为世界海外殖民霸主。登上海外殖民霸主之位后，英国几乎垄断了西方对华海上贸易。英国国王承认："在过去相当长的时期内，国王陛下的臣民从事中国贸易的人数，比欧洲人和其他国家都要多。"④

英国在对亚洲进行贸易的时候，建立了一套新的贸易模式。即英国东印度公司与散商互相配合，利用英国银行资本和信用制度，通过英印中之间的三角汇兑，将印度和中国的财富源源不断地输入英国，形成了所谓"亚洲三角贸易"。

"亚洲三角贸易"的支柱起初是茶叶。进入 18 世纪后，茶叶逐渐成为欧洲人生活中不可或缺的日用品。在英国，"从公爵到最卑微的挤奶女工都要饮茶……一些精明的商人们甚至在收获季节向翻晒干草的人出售大碗茶"⑤。当时在欧洲流行着一句话："茶叶是上帝，在它面前其他都可以牺牲。"⑥ 茶叶成为英国商人前往中国的主要动

---

① 参见刘鉴唐主编《中英关系系年要录（公元 13 世纪—1760 年）》第一卷，四川省社会科学院出版社 1989 年版，第 302 页。

② 根据刘鉴唐《中英关系系年要录（公元 13 世纪—1760 年）》统计，1737 年，英国来华贸易船只数量为 5 艘，合计 2160 吨；法国商船为 2 艘，合计 1150 吨；荷兰商船 2 艘，合计为 1190 吨；丹麦、瑞典商船各 1 艘。1738 年，英国来华贸易船只数量为 14 艘，法国仅为 3 艘，荷兰为 2 艘，瑞典和丹麦各为 2 艘。1739 年，英国来华贸易船只数量为 7 艘，法国仅为 3 艘，荷兰为 3 艘，瑞典和丹麦各为 1 艘。

③ ［美］马士：《东印度公司对华贸易编年史》第一、二卷，区宗华译，中山大学出版社 1991 年版，第 98 页。

④ 同上书，第 548 页。

⑤ 郭卫东：《转折——以早期中英关系和〈南京条约〉为考察中心》，河北人民出版社 2003 年版，第 74 页。

⑥ 姚贤镐：《中国近代对外贸易史资料》，中华书局 1962 年版，第 273 页。

力。英国学者西浦·里默写道:"到了 17 世纪末叶,每年运入大英帝国的茶叶平均约为两万磅,茶叶如此迅速地成了大众的消费品,以致到了 1745 年,政府要用限制东印度公司的特许状来威胁它,如果它不能供给伦敦方面以足够数量和合理价格的茶叶。"① 1704 年,东印度公司董事会在给来华贸易的英商的指令中指出:"你们如遇见中国商人们,最好尽早告诉他们,你们需要购买大量的茶叶……你们要视船的装载量而确定购买数量,要尽可能地多购买茶叶,我们希望能从中得到预想的利润。"②

18 世纪中叶以后,英国成为世界茶叶贸易中心之一,茶叶贸易是英国政府 18 世纪最重要经济支柱之一。由于英国征收茶叶进口关税比中国征收出口关税要高很多。对华茶叶贸易给英国政府带来了高额的税收,充实了国库。据学者研究,英国政府通过对华贸易积累了大量财富,仅茶叶贸易一项,就占了英国国库总收入的十分之一,③ 据英国商人自述,1710 年,中国对茶叶征收出口税每担只收 0.2 两,每担折合 $133\frac{1}{3}$ 磅只收 16 便士的税,而英国的进口税为每磅 5 先令,合 120 便士。④ 由此可知,茶叶贸易对英国经济的发展起了非常重要的作用,甚至可以说,"亚洲三角贸易"对于英国财政具有重要意义,直接影响英国的经济发展,对英国资本主义的发展起了非常重要的作用。

英国东印度公司从茶叶贸易中也获利丰厚。1711 年,英国东印度公司茶叶销售量为 156236 磅,此后不断增长,1750 年达 2324912

---

① [英] 西浦·里默:《中国对外贸易》,卿汝揖译,生活·读书·新知三联书店 1959 年版,第 15 页。
② [美] 马士:《东印度公司对华贸易编年史》第一、二卷,区宗华译,中山大学出版社 1991 年版,第 128 页。
③ [英] 格林堡:《鸦片战争前中英通商史》,康成译,商务印书馆 1956 年版,第 3 页。
④ 萧致治、徐方平:《中英早期茶叶贸易——写于马戛尔尼使华 200 周年之际》,《历史研究》1994 年第 3 期。

磅,① 茶叶贸易利润率经常在26%以上,有时甚至高达43%。② 有学者统计,"1704年,东印度公司在中国购买上等好茶或武夷茶每磅价格只2先令,运到英国销售每磅达16先令。1705年,英船'肯特'号在广州购买茶叶470担,价值14000两,平均每担只耗银29.79两,折合起来不到10英镑,而运到英国销售,每磅以16先令计,1担可售得2132.8先令,等于106.64镑"③。茶叶贸易还带动了西方航运业的发展,为英国的殖民统治带来了繁荣,据各种资料综合推算,西方派到中国的茶船有4819条,实际数量起码在5000条以上。④

除东印度公司外,英国从事对华贸易的还有港脚商和私商。港脚商也称散商或自由商,来自英国本土或印度,他们需向东印度公司领取执照后才能从事对华贸易。私商是东印度公司船只的船主和船上人员,东印度公司允许来华贸易商船的船员携带一定数量的金钱和货物开展私人贸易,用于补充薪酬,这属于公司发放给船长及船员的福利,也是一种激励措施,促使船上人员更加注意航行安全和增强来华工作的积极性。如1730年,一艘载货495吨船的船长,允许他们搭载13吨的私货,其他船员依照等级搭载数量不等的货物。⑤

在对华贸易中,散商贸易的重要性仅次于东印度公司。1764—1765年度,散商贸易额占英国在广州贸易额的12%,1775—1776年度占40%,1785—1786年度是30%。⑥ 相对于东印度公司,散商的

---

① William Milburn, *Oriental Commerce*, Vol. II, London: Black Parry&Co., 1813, p.534.
② 严中平等编:《中国近代经济史统计资料选辑》,科学出版社1950年版,第17页。
③ 萧致治、徐方平:《中英早期茶叶贸易——写于马戛尔尼使华200周年之际》,《历史研究》1994年第3期。
④ 陶德臣:《论清代茶叶贸易的社会影响》,《史学月刊》2002年第5期。
⑤ 郭卫东:《转折——以早期中英关系和〈南京条约〉为考察中心》,河北人民出版社2003年版,第145页。
⑥ 朱雍:《不愿打开的中国大门——18世纪的外交与中国命运》,江西人民出版社1989年版,第92页。

灵活性更强，商品更加多样，更加敢于冒险经营东印度公司禁止经营的货品。起初，在对华贸易中，散商出口到中国的货物包括东南亚产的香料、燕窝、鱼翅、阿拉伯产的玛瑙、牛黄，印度产的棉制品、珍珠等，输出中国的货品主要是糖、生丝、茶叶等。总体上来看，散商输入中国的货物总额要超出其从中国进口商品的总额，在对华贸易中处于有利状态。

18世纪中叶之后，散商出口到中国最重要的货物是原棉，1775—1800年，原棉占散商输入中国货物总额的一半。第二位的是鸦片，约占15%。① 早在唐代，鸦片被作为药材输入中国。1729年（雍正七年），清政府颁布禁令，禁止制作销售鸦片。"定兴贩鸦片烟者，照收买违禁货物例，枷号一月，发近边充军；私开鸦片烟馆引诱良家子弟者，照邪教惑众律，拟绞监候，为从，杖一百，流三千里；船户、地保、邻佑人等，俱杖一百，徒三年；兵役人等借端需索，计赃照枉法律治罪；失察之汛口地方文武各官，并不行监察之海关监督，均交部严加议处，尚未及吸食者罪名。"② 18世纪前期，从事鸦片销售的主要是葡萄牙人，销售地点在澳门。清政府颁布禁烟令后，澳门的鸦片贸易陷入低谷。1773年（乾隆三十八年），时任英国驻孟加拉总督的哈斯廷（W. Hastings）向孟加拉参事会提出由东印度公司全面负责鸦片的生产、收购，建立了所谓"收购承包人制"，之后交给散商到中国出售。散商由此成为鸦片这种毒品进入中国的主要推手。由于清政府执行禁烟令力度不够，因此，鸦片在中国依然存在一定市场。1767年鸦片输入超过1000箱，1786年突破2000箱，1790年超过4000箱，而且每箱售价由200元涨至500元。③

私商贸易经营范围比东印度公司和散商更加广泛，基本是小宗

---

① 朱雍：《不愿打开的中国大门——18世纪的外交与中国命运》，江西人民出版社1989年版，第93页。

② （清）李圭：《鸦片事略》卷上。

③ 萧致治主编：《鸦片战争史——中国历史发展中第三次社会大变革研究》（上），福建人民出版社2017年版，第213页。

商品。经营项目中数额最多的是茶叶，其次是丝织品、布匹等。1764—1765 年，私商贸易占中英贸易额的 26%，此后开始下降，随着时间的推移，很多私商加入散商的队伍。

二 英国对华贸易的出超和鸦片贸易的发展

尽管东印度公司通过对华贸易给英国政府带来了丰厚的税收，带动了英国经济的发展，但英国国内对对华贸易的批评一直不断。原因在中英贸易过程中，中国处于入超，英国处于出超，每年英国的白银大量流入中国，英国每年都要向中国输入大量的金银抵充贸易差额。据有关学者统计，在 18 世纪的最初 60 年里，输入中国的物品只有 10% 是货物，其余都是金银货币，而在 1721—1740 年，这个比例更高，英国用来偿付货物的 94.4% 是金银币，只有 5.1% 使用货物来抵充。① 在 1751 年有四艘船载有价值 119000 镑的现银和仅值 10842 镑的货物从英国运往中国。② 英国政府和商人找不出可以平衡对华贸易的方法，以至于东印度公司曾在广州不惜亏本削价销售英国的毛织品，但依然处于亏损状态，有时每年达十几万到二十几万两白银。有学者统计，1635—1753 年，英国东印度公司输入中国的白银总量约计 22498328 两。③ 大量外银流入中国，给中国社会经济也带了诸多负面影响。白银是明清时期主要的货币，由于市场货币流通量非正常增加，在商品数量没有等比增长的情况下，物价大幅上涨，仅与中国南方老百姓生活关系最密切的米的价格在 18 世纪就翻升了四倍多。

英国商品在中国销路不畅的原因很多。中国自然经济体制的抵制是英国商品难以开辟中国市场的根本原因。鸦片战争前，中国社

---

① 参见［美］张馨保《林钦差与鸦片战争》，徐梅芬译，福建人民出版社 1989 年版，第 43 页。
② ［英］格林堡：《鸦片战争前中英通商史》，康成译，商务印书馆 1956 年版，第 6 页。
③ 参见庄国土《鸦片战争前 100 年的广州中西贸易》，《南洋问题研究》1995 年第 2 期。

会的经济形态是以农业为基础的自然经济。这种经济模式最突出的特点就是以一家一户的家庭为生产单位，小农经济与家庭手工业相结合。家庭内部产品基本可以满足家庭成员的日常生活需求，实现自给自足，很少需要从外界购买商品。这种"男耕女织"的封闭型经济模式决定了英国商品在中国很难找到销路。但是，英国人并没有认识到这一点，他们认为是由于中国政府的限制和中国地方官员的勒索，使得英国货物在中国难以找到销路。

史学界认为，18世纪晚期，可供英国商人输入中国的金银日趋紧张，迫使英国人寻求其他出路，弥补对华贸易差额。为了扭转对华贸易逆差，英国人开始向中国输入鸦片，以鸦片贸易利润来弥补双边贸易差额。1773年，英国东印度公司取得了对华鸦片贸易的专卖权，在东印度公司的操纵下，英国对华鸦片贸易发展迅速。1773年，英属印度政府的鸦片收入为白银77894两，到了1780年，迅速上升至145443两，翻了一番。① 鸦片毒害人的身体，腐蚀人的精神。英国人蒙哥马利·马丁写道：

> 不是吗，"奴隶贸易"比起"鸦片贸易"来，都要算是仁慈的，我们没有毁灭非洲人的肉体，……没有败坏他们的品格、腐蚀他们的思想，也没有毁灭他们的灵魂。可是，鸦片贩子在腐蚀、败坏和毁灭了不幸的罪人的精神存在以后，还杀害他们的肉体……②

笔者认为，即使中英之间不存在巨额贸易逆差，英国人依然会不择手段地向中国输入鸦片，这是英国资本主义商人获利天性使然。18世纪后半叶，中英贸易额持续攀升，1784年，英国政府出台了

---

① 参见严中平《中国近代经济史统计资料选辑》，科学出版社1955年版，第24页。
② 中共中央马克思列宁恩格斯斯大林著作编译局编：《马克思恩格斯论中国》，人民出版社1997年版，第60页。

《交换法案》，降低了茶叶税率，使得茶叶零售额大幅增长，法案通过前的1783年，英国东印度公司茶叶零售额为5857882镑，1784年上升到10148251镑，是1783年的1.7倍，1785年继续上升到15081131镑，是1783年的2.6倍。[①] 法案通过后的5年英国对华贸易的年平均净利润增加2.3倍。但英国人对此并不满足，他们选择向中国输入毒品来扩大牟利。对于鸦片的毒害性，英国人有着清醒的认识，印度总督哈斯廷发表声明，他说："鸦片不是生活必需品，而是一种有害的奢侈品。除仅仅为对外贸易的目的外，它是不被容许的。明智的政府，应该严格限制鸦片的国内消耗。"[②] 由此，"亚洲三角贸易"逐渐转化为这样一种模式：印度的鸦片进入中国，中国的茶叶被运往英国并贩卖到欧洲各地，英国通过"亚洲三角贸易"获得巨大财富。这就是"亚洲三角贸易"的实质。

西方人在华从事贩卖鸦片、杀人掠货等违法活动，引起了清政府对西方人的高度警觉，清政府限令他们在广州一口通商，还制定了其他一些详细的规章制度，限制西方人在华活动。清政府官员在执行这些措施时，也存在处处以天朝上国自居，态度傲慢和收受贿赂等问题，但是，一些西方历史学家以此为由，批评中国的行商制度和自保措施，片面强调西方人在华受到的不公正待遇，忽略了早期西方人在华从事的违法活动，特别是有些西方学者在没有认真查阅中国史料的情况下，仅依靠西方史料说话，其得出结论是片面的。清政府采取这些措施，客观上是一种被动的防御，是防范列强入侵，自保求安。但这些措施不能顺应时代发展的要求，在资本主义列强坚船利炮的攻击下和资本主义生产方式的冲击下，最终归于失败。

---

① 朱雍：《不愿打开的中国大门——18世纪的外交与中国命运》，江西人民出版社1989年版，第111页。

② 丁名楠等：《帝国主义侵华史》第一册，人民出版社1961年版，第17页。

第二节 卡斯卡特使团使华

一 19世纪末英帝国国内状况的变化与"亚洲三角贸易"地位的提升

1754年，欧洲爆发了七年战争，英国是参战方。由于战争军费开支巨大，英国国内国家负债猛增，从1755年的7228967英镑上升到1764年的1295867890英镑，[①] 北美殖民地成为财政支撑点。七年战争最为激烈的1756—1763年，英国对北美殖民地的进口额年度平均值为754806.625英镑，出口额年度平均值为1788983.12英镑。[②] 英国还在北美殖民地征收印花税，激起北美殖民地的强烈反抗，发动了独立战争，迫使英国在1783年正式承认北美殖民地独立，英国由此进入了所谓"第二英帝国"时期。北美殖民地的独立对英国的对外政策产生了巨大影响，英国丧失了一个重要原料供应地和商品销售市场。因此，英国的发展方向开始由西方向东方转移，更加关注印度殖民地，与印度有密切联系的对华贸易受到前所未有的重视。英国学者文森特·哈罗对此评价道："在18世纪晚期，英国在亚洲的贸易开支大幅度上涨。政策倾向东方表明了殖民领土统治原则的突变，殖民地统治会更注重商业贸易渗透到市场和寻求新资源的能力。在东方，英国如同先前进入太平洋和东南亚一样，开始将中国视为其国家政策的头等目标。"[③] 北美殖民地的丧失对英国对外政策产生的另一个重要影响是传统的重商主义理论受到质疑，自由贸易

---

① John L. Bullion, *A Great and Necessary Measure: George Grenville and The Genesis of The Stamp Act, 1763-1765*, Columbia&London: University of Missouri Press, 1982, p.18.

② U. S. Department of Commerce, *Bureau of Census. Historical Statistics of the United States, Colonial Time to 1970*, Washington, D. C., 1975, p.1176.

③ Harlow Vincent T., *The Founding of the Second British Empire, 1763-1793*, London: Longman, 1952, p.64.

的主张逐渐流行。所谓"自由贸易"就是废除垄断,"全面""自由""开放"地进行海外贸易,这实际上反映了工业革命爆发后,英国新兴工业资产阶级的要求。总之,到18世纪晚期,英国远东政策特别是对华政策有了一些变化,"亚洲三角贸易"对英国的经济发展变得越来越重要了。特别是18世纪80年代后,英国的对华贸易无论在进口上还是在出口上出现了大幅度上升的趋势。

与东印度公司和散商、私商相比,英国新兴工业资产阶级更加急切地希望打开中国市场,学者朱雍对马戛尔尼访华之前,影响英国政府对华政策的势力集团有过分析,他认为,"影响英国政府改变对华政策的力量来自几个方面,首先是英国政府的内阁成员,其次是东印度公司,第三是散商和私商,第四是国内新兴工商业利益集团。……就东印度公司成员来说,他们在对华贸易中受惠最大,他们虽然对广州单口通商制度和乾隆的限关政策有种种不满,但由于能够基本上垄断对华贸易的利益,因此宁愿在维持现存贸易体制的前提下对影响贸易发展的障碍稍作调整,也不愿为了全面清除贸易障碍而打破其垄断地位和垄断体制。就散商和私商来说,他们既不满于东印度公司的垄断特权,但又为能凭借东印度公司的帮助而获得某些贸易利益而自慰。因此他们虽然坚决主张清除中英贸易的所有障碍,但又不敢彻底地提出取消公司垄断特权的要求。就英国国内新兴工商业利益集团来说,他们完全被排除在贸易行列之外,因此他们坚决要求获得自由贸易权,至少要通过东印度公司、散商和私商获得更大的中国市场"①。这段分析是非常准确的。

英国人急切打开中国市场的政策同清政府不发展海外贸易的政策发生了冲突。广州一口通商制度是当时英国东印度公司、散商及新兴工业资产阶级各派势力最为诟病、最希望转变的制度。英商企图在广州以北开辟更多商埠,掀起所谓"北部开港运动",目的就是

---

① 朱雍:《不愿打开的中国大门——18世纪的外交与中国命运》,江西人民出版社1989年版,第115页。

在广州以北开辟新的贸易集散点。广州一口通商制度的实行是清政府经过深入讨论和广泛论证后提出的，"一口通商"政策实行之前，闽海关、浙海关和江海关长期很少有外国贸易船只到关，因此外贸税很少，而主要征收国内贸易税。从 1664 年（康熙三年）到 1753 年（乾隆十八年）的 90 年时间里，英国东印度公司来华贸易的船只共有 199 艘，其中前往广州贸易的商船为 153 艘，占总数的 76.88%，到福建贸易的有 26 艘，占总数的 13.07%，到浙江的有 17 艘，占总数的 8.54%，而上海的仅为 1 艘，① 由此可见，英国商船更愿意前往广州进行贸易。从法理的角度看，任何主权国家都有权制定自己的对外贸易政策，有权决定开放哪些港口或关闭哪些港口，而且根据当时中西贸易的情况来看，粤海关的 70 多个关口完全能够满足西方各国进口的商品通关需求和贸易需求，因此，广州一口通商制度对中英贸易发展产生了根本性不利影响这一观点是不正确的。

英国商人对中英通商严重不满的另一个制度是税收制度，他们认为，清政府关税政策不透明，而且官员营私舞弊、贪污勒索，英国商人感到，"不能从政府获得任何确定的关税税则，实在是广州贸易制度中多年来最显著的弊害之一"②。实际上，清政府关税税率并不高，但关税项目及征收办法烦琐多样，税制也较为混乱，很多官员为图私利，借机勒索行商、外商的事件屡有发生，乾隆时期曾爆发多起海关官员腐败案，如 1768 年（乾隆三十三年）的德魁案和 1786 年（乾隆五十一年）的富勒浑案等。美国人马士提出："另一个可靠性也并不逊色的当时记载，指出棉花的帝国关税是 0.298 两，而征收的实数却是 1.740 两……茶的帝国关税是每担 1.279 两银子，

---

① 廖声丰：《乾隆实施"一口通商"政策的原因——以清代前期海关税收的考察为中心》，《江西财经大学学报》2007 年第 3 期。

② John Phipps, *A Practical Treatise on the China and Eastern Trade Comprising the Commerce of Great Britain and India, Particularly Bengal and Singapore, with China and the Eastern Islands*, London W. H. Allen, 1836, p. 140.

而实际征收是 6.000 两银子。"① 这种说法尽管数字的可靠性值得怀疑，但其所表达的按关税税率征收的税金与实际征收税金数额存在差距这一现象是存在的。

英国商人对广州公行垄断对英贸易也存在不满，认为公行垄断贸易，使得英国在华贸易中失去了公平竞争的机会。清政府设置行商制度的目的是使政府更好地管控对外贸易，不是通过贸易获取高额利润，甚至在中西贸易纠纷中，清政府官员往往更加照顾外方利益，为了保障中外贸易稳妥开展，清政府还颁布了一系列规章，建立承商制度、揽商制度、保商制度、总商制度，清政府规定总商的职责是："总理洋行事务，率领众商，与夷人交易。货物务照时价，一律公平办理，不得任意高下，私向争揽，倘有阳奉阴违，总商据实禀究。"② 特别是总商制度不只是在粤海关中存在，清政府垄断的商业活动中，如盐商、海商中均设有总商。严格意义而言，公行不属于政府行为，是行商为了避免行业恶性竞争自发组织的行会组织，加入公行的行商在财务上和经营上都是独自经营，并不具有强制的法律约束力。从实践效果来看，对英国商人而言，公行制度的实施确立强化了中方在行业专营、价格、物流方面的垄断地位，但同时也为中英贸易正常运行提供了一定保障。乾隆时期，商欠屡有发生，清政府在调查商欠问题产生原因时，发现行商为招揽生意对于成本和利润额计算出现严重失误，以致自身亏本，又违规向外商借用高利贷，导致债台高筑，无力还债，只能破产。清政府据此认为，对外商和行商进行统一管理和统一定价更加有利于中英贸易的稳定发展，正因为如此，公行制度在一定程度上还获得了散商的支持。

---

① ［美］马士：《中华帝国对外关系史》第二册，张汇文译，上海书店出版社 2006 年版，第 89 页。

② 郭卫东：《转折——以早期中英关系和〈南京条约〉为考察中心》，河北人民出版社 2003 年版，第 352 页。

中英贸易中一个突出的问题是商欠问题。对于这一问题产生的原因，存在不同的解释。清政府将其归根于行商经营不善和外商奸诈图利，外商则认为清政府对行商的勒索是引发商欠的主要原因。学者梁嘉彬认为，行商破产的原因，主要由于清政府勒令行商采办贡物并多方勒索，行商只图多作交易，欠下货款，外商翻利作本，历年滚积，中国与西方利率不同，外商乐于贷出，行商愿意借入，行商对破产行商需负连带责任，一行倒闭，连累通行。① 实际上，商欠问题是政治、经济多方面因素条件共同作用的结果。清政府非常重视行商债务清偿问题，破产行商债务赔偿主要通过估变破产行商家产及行用基金代为偿还，对于一些特殊案例，会动用政府资金，由地方官养廉银先为垫付，如1776年（乾隆四十一年）的倪宏文商欠案中规定，如果变卖破产行商家产后仍然不敷，先由广东省督抚司道及承审此案之府州县官员养廉银中摊赔。1791年（乾隆五十六年）吴昭平商欠案中，乾隆帝命令将关税盈余银两用于清偿商欠，再令各商分期缴还归款，这是直接使用国库资金代赔。英国学者格林堡（Michael Greenberg）对于商欠对英国商人的影响有一段评价，他提出商欠导致中国行商破产在几个方面实际上有利于外国商人，他列举的理由是：第一，清政府规定行商所有拖欠外商的债务需用"行用"偿清。第二，临近破产的行商由于急于换取周转资金，在同外商贸易过程中，往往不计成本。同时他也提出商欠经常发生的原因在于行商制度的落后性，他说："在国内工业和资本积累都处于低级状态的中国经济水平同一般所谓工业革命这个时代中急速发展着的英国经济水平之间的悬殊"② 是中国对外贸易制度落后的重要原因。

由于商欠主要发生在散商中，一部分散商认为，广东地方政府不能彻底解决债务问题，因此，必须与清朝中央政府直接进行外交

---

① 梁嘉彬：《广东十三行考》，广东人民出版社1999年版，第140—141页。
② ［英］格林堡：《鸦片战争前中英通商史》，康成译，商务印书馆1961年版，第65页。

交涉。此时的英国东印度公司对于广州一口通商制度和公行制度非常不满,也认为有必要派遣使团前往北京,同清政府建立直接联系,以获取更多利益。

二 卡斯卡特使团的组建

自17世纪中英通商后,英国没有派遣过使团访问中国。1777年,查尔斯·克罗梅林(Charles Crommelin)等四名英国散商上书英国议会和东印度公司,提议应派遣使团来华就中英通商过程中的商欠、一口通商等问题进行沟通,他们在联合请愿书中提出:"经过充分的考虑和仔细的斟酌,我们觉得不可能从中国地方当局的审判中获得赔偿,除非我们能以适当的方式把怨情上达给北京朝廷"①,但英国政府对此未做出回应。随着形势变化,英国国内各派势力均认为要扩大对华贸易,需要派遣使团前往北京与清朝最高统治者进行会谈。

关于何人的提议对英国首次遣使来华起了决定性作用,目前史学界尚无定论。美国学者普理查德推测,首先提出建议的是亨利·邓达斯(Henry Dundas),②并得到了东印度公司的支持。③ 1783年,邓达斯的好友散商乔治·史密斯(George Smith)在给邓达斯的信中提出,英国商人在中国遭遇不公正待遇,建议由英国东印度公司出资,政府派遣使团赴华,访问的目的应该包括:签订友好商业条约,允许英国商人在厦门和宁波进行贸易;扩大英国制造品在中国的销售量;清政府明确规定贸易税额;与中国政府建立反法反俄的联盟等。1786年,史密斯再次致信邓达斯,详述了扩大英国对华贸易的

---

① 江滢河:《18世纪中英关系中的澳门因素——以1793年马戛尔尼使团为中心的探讨》,《中山大学学报》(社会科学版)2010年第6期。

② 亨利·邓达斯(1742—1811),苏格兰人,英国政客,老牌殖民主义者,有子爵爵位。曾在老皮特、小皮特父子执政时期担任要职。1791年,他又亲自策划了马戛尔尼使团使华。

③ 参见 Earl H. Pritchard, *The Crucial Years of Early Anglo-Chinese Relations, 1750–1800*, Noble offset printers, Inc. New York, 1970, pp. 236–237。

可能性，并提出没有比派遣一支使节团更好的方式来消除中英贸易顺利发展的障碍了。①邓达斯还调阅了东印度公司有关中国事务的报告文件，进行了专门研究，发现当时东印度公司大班及散商们对于遣使前往中国有着强烈要求。在各种利益集团的推动下，邓达斯向英国政府提议，派遣使团前往中国，并得到了时任英国首相威廉·皮特的支持。

英国政府和东印度公司对遣使来华十分重视，在使团正使人选问题上非常慎重。不少英国高级政府官员和显贵人士出于各种目的，极为看重首位访华特使这个位置，他们通过各种途径，向英政府表示愿意充当正使出使中国。英国政府在经过反复斟酌后，最终选定查尔斯·卡斯卡特（Charles Cathcart）作为使团正使。卡斯卡特是英国议会议员，他曾长期在驻北美殖民地军队中服役，1781年前往印度，担任过英国驻孟加拉军队的总军需官，为英国在印度的殖民统治立下过汗马功劳。1784年，卡斯卡特当选为议员，曾因在议会发表关于印度的演讲而受到时任英国首相威廉·皮特和邓达斯的赏识。

正使竞争者之一是乔治·伦纳德·斯当东（George Leonard Staunton，1737.4.10—1801.1.14），他是英国陆军上校，伦敦皇家学会会员，东方学家，有医学博士和法学荣誉博士学位，通常称老斯当东。斯当东家族的祖先发迹于爱尔兰西部港口城市戈尔韦（Galway）。小斯当东说，1688年的光荣革命后，他的斯当东家族曾是戈尔韦四大家族之一。1764年，斯当东家族中，有六人在戈尔韦地方议会任职，其中一人还是爱尔兰议会的议员，一名为当地民兵部队的上校。

老斯当东出生于戈尔韦，16岁时由于身体健康原因前往欧洲大陆，先后在图卢兹、蒙德利埃学习。1760年老斯当东回到英国，在伦敦居住了一段时间后，1762年，他前往西印度群岛。在西印度群

---

① 参见朱雍《不愿打开的中国大门——18世纪的外交与中国命运》，江西人民出版社1989年版，第115—116页。

岛期间，他做过医生，担任过多米尼加总督的秘书。由于与其他英国人不和，1770年年底他回到英国，次年与简·柯林斯（Jane Collins）结婚。简·柯林斯的父亲本杰明·柯林斯（Benjamin Collins）是索尔兹伯利（Salisbury）一位有实力的银行家。两人新婚不久，老斯当东与夫人于1772年又回到西印度群岛的格林纳达，老斯当东在那里从事司法工作，后被任命为格林纳达的总检察长。1774年，马戛尔尼①被任命为格林纳达总督，老斯当东就此与之相识，并结成了终身友谊。巴罗在其著述《马戛尔尼勋爵的一生》中，曾讲到马戛尔尼抵达格林纳达（Grenada）后，发现那里的人（指英国殖民者）拉帮结派，分成苏格兰派和法兰西派，②他们互相仇视，彼此掣肘。老斯当东以其仁义的品德，协助马戛尔尼开展工作，妥善处理两派的关系，最终使得双方避免"走向可耻的极端"③。

1779年，法国海军进攻格林纳达。根据老斯当东的记述，法军由26艘战列舰、12艘三桅战舰和约8000名陆军组成，而英军只有数百人，由于双方兵力悬殊，马戛尔尼所率领的英军很快败北，他与老斯当东都成了法国人的俘虏，老斯当东在格林纳达所有的资产也被法国人所掠。幸好赶上英法两国交换战俘，马戛尔尼和老斯当

---

① 马戛尔尼（George Macartney，1737—1806），英国政治家、外交家、殖民主义者。出生于一个英国贵族家庭。1764年他曾奉命出使俄国，与俄国签订商贸条约。1769年，出任爱尔兰议会议员，并担任爱尔兰事务大臣。1775年，他出任格林纳达总督，1776年被封为"马戛尔尼男爵"，属爱尔兰贵族。1780年，出任印度马德拉斯总督。1786年，他拒绝出任印度总督，返回英国，1792年被封为伯爵。国内学术界经常译为马戛尔尼勋爵，按照英国的贵族制度，爵位共分为五等，依次为公爵（Duke）、侯爵（Marquess）、伯爵（Earl）、子爵（Viscount）和男爵（Baron）。除公爵外，被授予爵位的男性在公众场合被称为"勋爵"，英文为Lord。

② 格林纳达原住民为印第安人。1498年，哥伦布途经格林纳达。1650年，法国侵入格林纳达。1762年被英国占领。七年战争后，1763年根据《巴黎条约》，法国将格林纳达转让给英国。美国独立战争爆发后，西班牙、法国等欧洲国家群起攻击英国，法国于1779年重新夺回了格林纳达。

③ George Thomas Staunton, *Memoir of the Life and Family of the Late Sir George Leonard Staunton, bart*, London: Havant Press, 1823, p. 20.

东先后被法国人释放，回到了英国。

1781年，马戛尔尼被任命为马德拉斯总督后，老斯当东被任命为他的秘书一同前往印度。在印度期间，老斯当东协助马戛尔尼处理了很多棘手问题，包括协调与法国的关系，参与了英国同印度蒂普苏丹（Tippoo Sultaun）①的缔约谈判，为英国获取了巨大利益，②因功于1785年被授予爱尔兰准男爵爵位，可以说有着丰富的海外殖民经验。1787年4月，老斯当东当选为英国皇家学会会员。

在得知英国要派遣使团使华时，老斯当东向邓达斯主动请缨，愿意充任大使出使中国。老斯当东对自己落选非常失落，他在给好友的信中对此有所记载。他说："今年有几件事很不顺利，……（我）给邓达斯先生带去信息，但是，卡斯卡特更受青睐。"③ 由老斯当东的落选可见卡斯卡特在英国的地位、能力、从事殖民活动的经验，特别是在远东问题上有着过人之处。

卡斯卡特在接到任命后非常兴奋，立即着手准备出使工作。他同在伦敦的英国东印度公司大班们进行了商讨，很快拟定了一个详细的出使计划，并将这个计划呈交邓达斯审议。这份计划涉及出使的目的、向中方所提的要求及其他一些细节问题。

卡斯卡特认为，使团出使的主要目的是扩展在华贸易，并努力在华寻求割占一处地方或岛屿作为商站。他在计划书中写道："使命的目的是要求在中国政府的保护下扩展我们的商业；所以最大的努力是避免或最低限度不要施加压力而引起猜忌。按照这一原则，似

---

① 蒂普苏丹（1750—1799），印度抗英英雄，印度南部邦国迈索尔的军事首领。参加和领导过两次英国—迈索尔战争。其间，1782年，他所率领的军队曾在波利留尔击败英军。1783年，他又率军围困英军据点曼加洛尔，迫使英军于1784年3月签订《曼加洛尔条约》，双方同意归还占领对方的领土，交换战俘。1789年，英国殖民者拉拢印度的马拉塔和海得拉巴王公，结成同盟于1790年发动了第三次迈索尔战争。迈索尔战败，于1792年签订《塞林伽巴丹条约》。1799年，英国发动第四次迈索尔战争，迈索尔都城塞林伽巴丹被攻占，蒂普苏丹阵亡。

② 参见 George Thomas Staunton, *Memoir of the Life and Family of the Late Sir George Leonard Staunton, bart*, London: Havant Press, 1823, pp. 35 – 38。

③ Ibid., p. 315.

乎最好的政策是让中国人选择提出商站的处所——我们只向他们说明，我们需要一个合适于船运安全和往来，便于推销我们产品和购买茶叶、瓷器及其他东部省份的回航货物的一个地方；假如他们不愿让与一个便利的特许商站，则我们一定尽力改善当前的种种缺点。"① 卡斯卡特强调，割占的地方要尽量靠近茶叶产地，最好是一个岛屿，这样方便英国人同中国进行贸易。卡斯卡特建议，厦门地理位置很好，应当是首选。他说："假如单从接近制造业和茶叶产地，以及作为销售不列颠商品中心地来加以考虑，则厦门拥有良好的港口，可能是一个最合适的地方。但是假如由于中国人的嫉妒，不准我们在他们的帝国有一个根据地，但并不反对将我们的货物输入该国；则我们的商业仍有保证，我们的大商站就可以在帝国以外的一个地方，使整个海岸的中国帆船都可以到达，因此，我们的商业就可以收到我们在中国的大班和中国商人的双重利益；——假如在中国各个口岸的不列颠船队不能奉行严格的纪律，这样，商站不设在他们的口岸比较妥当；因为我们从早期贸易者的特权来考察，中国政府原则上对扩展商业并无敌意，而中国之所以不断限制和避免与欧洲人交易，其责任可以说是由于欧洲人自己的放纵。"②

　　卡斯卡特在建议中还提到了他对使团组成人选的一些看法及详细名单。他提议，船长由高厄（Erasmus Gower）担任，他曾两度环行世界，第二指挥官由海军上尉路德福（Rutherford）担任，使团秘书由上尉杨（Young）担任，私人秘书由阿格纽（Patrick Alexander Agnew）船长担任。他认为，使团人员的组成既应包括具有海外殖民经验的人员，也要有自然科学家，并提议著名经济学家法布里修（Herr Fabricius）教授随团出使。值得注意的是，在名单中，担任翻

---

　　① ［美］马士：《东印度公司对华贸易编年史》第一、二卷，区宗华译，中山大学出版社1991年版，第475页。

　　② 同上书，第476页。

译的是一名法国人，名叫加尔伯特（Galbert），由此可见，当时英国国内通晓汉语的人实属寥寥。

卡斯卡特的这份建议反映了当时英国政府对华政策的出发点和中心政策，一是稳定和扩大对华贸易，获取更多利益；二是努力割占一块中国领土，作为侵华前哨站。这份建议明显具有殖民主义色彩。邓达斯对卡斯卡特的建议非常满意。他在给卡斯卡特的回复意见中补充道："如果一个新的居留地能获得中国政府的承认，那么就要努力为所有国家的船只获得自由进出口的权利。"随后，邓达斯在这份建议的基础上，着手拟定政府给卡斯卡特使华的训令。

在训令拟定过程中，一些散商代表找到邓达斯和卡斯卡特，希望使团就商欠问题同清中央政府进行协商，要求清政府允许行商向英国人借款，按时归还欠款。乾隆末年，广州行商的商欠问题已较为严重。商欠发生的原因多样，这固然与清政府的对外贸易政策有关，但主要原因还是英国人大肆向行商放债牟利引起的，因此，清政府为避免商欠发生，颁布法令，禁止行商向英人借债，对违禁者予以重罚，这直接影响了英国人的利益。邓达斯和卡斯卡特在经过审慎考虑后，拒绝了散商的此项要求。邓达斯在给散商代表的信中写道："在经过全面考虑后，给使团下达有关商欠问题相关的训令是不合适的。"[①]

训令初稿完成后，部分内容遭到英国东印度公司董事会的反对。训令初稿中拟定，英国人以英国国王的名义，要求清政府割出一座岛屿或一处地方作为英国人的商站，如果此项要求获许，只要各国商人支付租金，就可自由出入商站。英国东印度公司对此项要求非常不满，要求政府取消此项要求，商站应由东印度公司独占。卡斯卡特自觉此事重大，找到首相皮特从中斡旋。皮特向东印度公司解释到，以英国国王的名义同清政府交涉以及允许各国船只进出自由

---

① Earl H. Pritchard, *The Crucial Years of Early Anglo-Chinese Relations*, 1750–1800, New York: Noble offset printers, Inc, 1970, p. 241.

只是与清政府交涉时的权宜之计，不会妨碍东印度公司在华利益，政府会继续维护东印度公司对华贸易的垄断权，会更有利于英国在华获得权益，这才消除了东印度公司的疑虑。一份训令的起草引起如此多势力集团的关注和干预，一方面反映出英国各势力集团在对华问题上不同的态度和不同利益；另一方面也说明了此次出使的重要性。

在经过慎重考虑并综合各方面要求后，英国政府形成了给卡斯卡特的训令，即政府下达给使团出使的任务及注意事项。

训令首先指出，对英国来说，中英贸易正在变得越来越重要，但英国人在华经商的环境却不尽如人意。因此，使团的第一个任务是，查明清政府的政策是中央政府的既定政策，还是地方官员所为。"这些弊害是否由于帝国政府的既定政策，或由于对我们国家力量所产生的猜忌而起，或者只不过是由于地方官的腐败和滥用职权而产生的，这些是你必须要设法确知的事情，因为这是迫切要求你努力将其解决的主要任务。"① 训令上还说："最近政府从其他欧洲国家手中夺回茶叶贸易的措施，已经收到预期的良好效果，这种商品合法输入大不列颠的增加额，虽然没有三倍，最低限度有两倍；……大不列颠的代理人长期被迫在最沮丧、危险和冒种种利益风险的情况下进行这种贸易。……该市场的公平竞争已被中国人的联合所破坏，我们的大班不能进该地的法庭，受法律的公正保护，他们处于大专横和残酷导致的沮丧状态下而从事非常重要的事业是不相宜的，很难想象在任何自称文明的国家有这样的事情。"②

训令指出，根据曾经前往中国的欧洲使节的记录，中国政府是可以接近的。因此，有理由认为使团不会受到阻拦，并可以公开

---

① ［美］马士：《东印度公司对华贸易编年史》第一、二卷，区宗华译，中山大学出版社1991年版，第475页。

② 同上书，第478页。

向清政府提出一些要求。训令称：

> 有一种普遍流行的偏见，说中国人务求避免与欧洲人发生任何亲密的接触与往来，而北京的帝国政府也执行同样的政策。虽然由于商业上的猜忌，加上管理的专横与腐败，在暴君统治和居民普遍邪恶的影响下，以致在遥远的广东省会有这种现象，但从各种旅行家的叙述可以有理由相信：皇帝本人是可以接近的。北京接待外国人是有礼的，该处对于鼓舞对外贸易的政策是有认识的。①

训令要求使团向清政府提出以下请求：

第一，希望中国政府给予一处居留地，便于存放货物，开展贸易。

第二，要求中国政府给予英国人在华警察管理权与独立的司法权，使英国人不受中国刑法的处罚。

第三，扩大在广州的中英贸易。

第四，中英两国互派公使进驻彼此的首都。

在谈到鸦片贸易问题时，训令指出：

> 如果讨论到这个问题，必须极度小心。无疑，我们印度领地出产的鸦片，有相当的部分流入中国，而该处人们的嗜好，使对这种有害麻醉品的需要日益增加。但是，假如提出强硬要求，要在商约中规定不得运鸦片入中国一条；你必须答应，而不要冒着丧失其他重大利益的危险，来抗争这方面的自由。至于我们在孟加拉售出的鸦片，只有任其在公开市场碰机会，或

---

① [美] 马士：《东印度公司对华贸易编年史》第一、二卷，区宗华译，中山大学出版社1991年版，第479页。

在东部海面分散曲折的贸易上寻找销路。①

训令还要求使团查明，英国对"中国的输出品是否能增加，或者在经常运送的各种货物之外，是否还有其他大不列颠产品或制品，更适合中国人的需要"②。此外，训令要求使团在华居留期间，应该尽量注意观察帝国的实力、政策和政府的各项问题，"同时，要查明近年来中国皇帝与欧洲各国之间有无接触，或已进行的情况实际如何"。

这是一份典型的具有殖民主义色彩的训令，其所提出的要求明显有不平等之处，割让领土、让渡司法权更是严重违反了近代国际法。这些要求在19世纪中期英国对中国发动的两次鸦片战争后所签订的《南京条约》《北京条约》这两个不平等条约中——得以实现。

在政府训令起草的同时，卡斯卡特也在着手使团出使的其他准备工作。主要包括筹措经费、确定使团的组成人员和撰写英国国王给中国皇帝的信件。

此次出使的经费由英国东印度公司承担。根据卡斯卡特的预算，出使的日常费用开支应在7500—8000英镑，东印度公司却不同意这个数目。在经过一番讨价还价后，最终确定使团的活动经费为6000英镑。值得注意的是，除使团本身的活动所需经费外，卡斯卡特还建议，开列一项专用经费，用以购置赠送中国皇帝及大臣的礼品，此项费用应在4000—5000镑，东印度公司毫不犹豫地答应了下来。值得注意的是，在礼品中，不仅包括钟表、餐具，而且有大炮。无论古今中外，将大炮作为礼品赠送给一个尚未建立正式官方外交关系的国家，在各国交往历史中都是不常见的，

---

① ［美］马士：《东印度公司对华贸易编年史》第一、二卷，区宗华译，中山大学出版社1991年版，第483页。

② 同上书，第484页。

蕴含着特殊的意味,这实际上是英国向中国炫耀武力的一种表现,极具挑衅意味。

英国使团来华,路途遥远,行程数万公里(当时苏伊士运河尚未开通,使团要绕道南非好望角),人员众多,费时数年,其人员的薪酬、补给及日常支出费用为6000镑,而所携带礼品价值高达4000镑,其用意显而易见,就是为了讨好中国皇帝,贿赂中国官员,目的是获取更多利益。马克思对此有精辟的分析:

> ……和私贩鸦片有关的贪污从精神方面使中国南方各省的国家官吏完全腐化。就像皇帝通常被尊为全国的君父一样,皇帝的每一个官吏也都在他所管辖的地区被看作是这种父权的代表。可是,那些纵容鸦片走私、聚敛私财的官吏的贪污行为,却逐渐腐蚀着这个家长制的权力,腐蚀着这个广大的国家机器的各部分间的唯一的精神联系。①

使团出发前所做的另一项重要准备工作就是撰写英国国王致中国皇帝的信件。在这封信中,英王表示,派遣使节出使是"为了建立我等心中热望增进之友谊,使能迅速改善两国臣民在频繁商业交易中所产生的各种不便与误会问题"②,希望清政府能保护英国人在华财产和既得商业利益。此外,使团还就使团组成人员做了一些调整。

在一切准备妥当之后,使团于1787年12月21日从斯皮特黑德(Spithead)出发,前往中国。

---

① 中共中央马克思列宁恩格斯斯大林著作编译局编:《马克思恩格斯论中国》,人民出版社1997年版,第2页。
② [美]马士:《东印度公司对华贸易编年史》第一、二卷,区宗华译,中山大学出版社1991年版,第485页。

三 卡斯卡特使团的出使与夭折

使团出发后,不到两天,就遇到很大的海上风暴,使团乘坐的军舰"贞女号"受损严重。困扰使团的还不只是天气,痢疾等一些其他传染疾病也开始在使团中蔓延,使团有半数人病倒。卡斯卡特在离开英国前已患有肺结核,海上长途旅行来华奔波加剧了他的病情。卡斯卡特自己也说:"我咳嗽得越来越厉害,我不能够摆脱它"①。但是,他还是很希望能够恢复健康,决心完成出使使命,他在给时任内政副大臣的埃文·内皮恩(Evan Nepean)②的报告中写道:"没有什么可以比海上不断改善的空气能够更加有助于我的健康的了。"③ 船长斯特罗恩(Richard Strachan)在 1788 年 3 月 28 日给友人的信中写道:"我恐怕他(指卡斯卡特)活不了多久了,他非常虚弱,所有的外在症状表明,他已经到了肺结核晚期。"④

正如斯特罗恩所料,1788 年 6 月 10 日,使团航行至印度尼西亚西部的邦加海峡时,卡斯卡特因病情恶化而去世。按照英国政府给斯特罗恩的训令要求,卡斯卡特去世后,使团转头返回英国。至此,英国派往中国的第一个使团以中途夭折而告终。

四 卡斯卡特使团使华的地位、作用与影响

尽管卡斯卡特使团使华以夭折而告终,但其地位、作用与影响仍然不能小觑。首先,卡斯卡特使团使华不仅标志着英国通使中国

---

① Earl H. Pritchard, *The Crucial Years of Early Anglo-Chinese Relations*, *1750 – 1800*, New York: Noble offset printers, Inc, 1970, p. 261.

② 埃文·内皮恩是英国 18 世纪政治家、殖民主义者,曾在英国海军任职,参加过美国独立战争,后曾担任过陆军副大臣、内政副大臣、孟买总督等职。死于 1822 年。

③ Earl H. Pritchard, *The Crucial Years of Early Anglo-Chinese Relations*, *1750 – 1800*, New York: Noble offset printers, Inc, 1970, p. 261.

④ Ibid..

的开端，而且标志着英国向发展成为全球性帝国迈出了重要一步。在卡斯卡特使团访华之前，中英双方的往来交涉主要是通过东印度公司驻华商馆。卡斯卡特使团访华是英国首次以政府的名义派遣使团来华，这标志着中英往来此后上升到政府最高层直接接触的开端。从此，中英关系发展进入了一个新的发展阶段。卡斯卡特使团具有开创性意义的出使在中英关系史上有重要历史地位。相对于葡萄牙、荷兰、俄国等国，英国人来华时间较晚，其原因是17世纪到18世纪中叶英国还不是一个全球性大国，只是欧洲后起的强国，其主要外交力量投入依然是在欧洲大陆和北美，对于东方世界的经营有印度这一巨大殖民地，对华关系居于次要地位，但进入18世纪后，英国国内新兴工业资产阶级的崛起和对华贸易不断增加，使得英国政府开始重视中国问题。中国作为东方世界大国，在东亚和东南亚具有重大影响力，与中国建立联系，开拓中国市场不仅是一个经济问题，更是一个政治问题，卡斯卡特使团筹划的过程完全可以体现这一点。

其次，卡斯卡特使团使华设立的目标开创了日后中英交涉的基本内容。卡斯卡特使团提出的增开商埠、司法裁判权、相互派遣常驻大使等要求成为此后中英交涉的主要内容，围绕着这些问题，中英双方进行了多轮博弈，英国人的上述要求最终在第一次和第二次鸦片战争后逐一实现，而中国也逐步沦为半殖民地。

最后，卡斯卡特使团使华为1792年（乾隆五十七年）马戛尔尼使团使华提供了重要的参考经验。卡斯卡特使团对马戛尔尼使团使华的影响很大，甚至可以说，没有卡斯卡特使团的铺垫，就没有马戛尔尼使团成功抵华。如马戛尔尼在制订出使计划时就受到了卡斯卡特的建议书的影响。他在给邓达斯的信中写道："正如您希望我做的，我应当自主地加入我对训令的一些观点，但是，目前的情况是，我没有什么可以对您给我的已故卡斯卡特中校的建议进行添加的了，除了因环境变化所需的必要调整。"① 同卡斯卡特使团相同，马戛尔尼使团随团也携带有大量礼品与英王致乾隆的信件，礼品和信件都是在卡斯卡特使团来华时所制定的礼品清单和信件基础上修订调整而成，其中包括24门大炮。

第三节　小斯当东在马戛尔尼使团中的活动与作用

一　马戛尔尼使团的派出

卡斯卡特使团夭折后，英国政府没有放弃与清朝政府建立外交关系的努力。1788年，英国国内棉纺织业出现了生产过剩的危机，引发全国物价暴跌，许多企业面临破产，英国资产阶级更加迫切地希望打开中国市场，派遣新的使团前往中国成为英国政府和东印度公司的共识，英国政府和东印度公司开始围绕着使团组建进行讨论。时任英国军队主计长（Paymaster of the Forces）的威廉·格伦威尔②致函东印度公司，建议派遣新的外交使团访问中国。他的建议获得了首相威廉·皮特的赞同。英国政府起初计划由孟加拉总督康沃利斯（Earl Cornwallis）勋爵来指派特使人选。英国政府在给康沃利斯的信中说，新的特使的任务除了完成卡斯卡特使团的使命外，还要扩大英国制造品在中国的市场，因为，英国东印度公司发现，俄国商人将大量英国制造的毛纺织品、玻璃和金属品等通过中俄陆路口岸运往中国售卖，而英国产品在广州却滞销，所以必须尽一切努力将北方口岸变成英国产品的通道。信中还指出，在必要时需向中国

---

① Earl H. Pritchard, *The Crucial Years of Early Anglo-Chinese Relations*, 1750–1800, New York: Noble offset printers, Inc, 1970, p. 299.

② 威廉·格伦威尔（William Grenville, 1st Baron Grenville, 1759—1834）是英国政治家，出身于英国名门望族，其父乔治·格伦威尔（George Grenville）曾任英国首相。威廉·格伦威尔曾担任英国下议院发言人。1789年，接替托马斯·汤森（Thomas Townshend）出任英国内政大臣。

政府表明会禁止向中国出口鸦片，但这个禁令不适用于印度的土著居民。

时任英属殖民地格林纳达总督马戛尔尼（George Macartney）获悉英国政府将派遣使团出使中国后，致信英国首相威廉·皮特，推荐乔治·伦纳德·斯当东出任特使。他在信中提出："我深信您的公正坦率和美德，请原谅我冒昧写信打扰您，我郑重向您推荐几个月前提到的我信任的名为乔治·伦纳德·斯当东的先生，这不仅是基于我对公共事务的关心，而且是基于对我的朋友良好的品行的认识。当时前往中国使团出了变故，我认为关于卡斯卡特中校离世的消息曾被反复热议过，由于当时没有安排临时性接替（特使）的人选，使团的使命没有完成。如果说在过去二十四年里，我担任过多种职位锤炼了我判断人品质的能力，我一刻也不会犹豫地推荐斯当东先生，他懂经济，具备良好的判断力，具有坚毅的品质，口才好。他的各种才能在1784年同蒂普苏丹的条约谈判中展露得淋漓尽致。那次谈判使印度获得了和平。在过去的五年时间里，那片土地的宁静应该归功于条约的签署，您是知道的，我那时在那里任职，我在这里不想妨碍您，更不是恳求您做出判断，希望您能理解这封信是出自于最为良好的动机，完全是出自于对国王陛下所掌控的事业获得成功的一种热忱期望。可以肯定的是，没有人比您更明白，事业的成功取决于用人要德才兼备。"①

不过，这次遣使计划并未付诸实施。英国人为何取消了此次出使中国的计划，原因尚不清楚。根据目前史料，康沃利斯对遣使访华持反对态度，他认为派遣使团前往中国不会取得任何实质性的利益。

根据美国学者马士研究，1789 年，两广总督福康安和粤海关监督额而登布向东印度公司驻广州商馆的英国大班建议，英国可以派

---

① George Thomas Staunton, *Memoir of the Life and Family of the Late Sir George Leonard Staunton, bart*, London: Havant Press, 1823, pp. 320–321.

出两名代表前往北京祝贺乾隆皇帝八十寿辰，但鉴于洪仁辉事件的教训，居留在广州商馆的东印度公司的英国人未敢擅自前往。英国东印度公司高层在获知这一消息后，向英国政府做了汇报，认为这是一次与清朝中央政府进行直接对话的绝好机会，而且认为粤海关监督提出此建议表明清朝政府愿意迎接英国使节团。

强烈要求遣使的是英国工商业资产阶级。当时，英国国内的棉纺织品市场严重供过于求，棉纺织业的资本家纷纷向政府请愿，要求打破东印度公司在对华贸易中的垄断，禁止从中国和印度进口制成品。英国政府不得不对扩大英国对外贸易问题开始进行调研，了解扩大出口的可能性。在经过一番论证后，英国政府认为，扩大对华贸易是有可能的，但需要经过谈判，签订一个有利于英国的条约才行。

1791年，英国政府正式开始筹划派遣使节前往中国。有趣的是，对于此次遣使活动，东印度公司表现得较为消极，东印度公司担心使团活动可能会给英国东印度公司在广州的贸易带来麻烦。时任东印度公司驻广州商馆的大班马修·雷珀在给印度事务部的信中写道："关于派遣使节的事，我必须坦率地说，现在不是时候，皇帝八十岁（1790年）生日的庆祝活动已经结束了，那时可能是一个好时机，我建议派遣使节可以等到新皇帝即位后再进行，……考虑到他的年龄和所有表现，他时日不多。他的继位者将会在他四个幸存的儿子中产生，……那将会是一个派遣一位有经验、有能力的使节最佳的机会。"① 但东印度公司也认为，出使活动对调查中国市场需求能起到作用，"判断中国人对随团而来的各种制成品的反应方面，使团可能会有一些实际用处"②。

---

① E. H. Pritchard, *Letters from Missionaries at Peking Relating to the Macartney Embassy* (1793–1803), T'oung Pao, Second Series, Vol. 31, No. 1/2 (1934), p. 5.

② ［美］何亚伟：《怀柔远人：马戛尔尼使华的中英礼仪冲突》，邓素春译，社会科学文献出版社2002年版，第59页。

1791 年（乾隆五十六年），英国政府正式决定再次派遣使团出使中国。10 月，英国政府正式告知马戛尔尼，希望由他来担任特使出使中国，12 月，时任内政大臣的邓达斯会见了马戛尔尼，要求马戛尔尼对如何圆满完成出使任务进行充分的调查和论证。马戛尔尼在充分借鉴卡斯卡特使团制订的出使计划基础上，又做了充分调研，他提出使团的目标应该是"对这个地球上最文明、最古老、最著名的国家进行访问，观察她的辉煌的组织结构，同她交流或者接受她的各种利益。从该国和英国的不受约束的友好交往中一定会产生各种利益"。在商业目标方面，马戛尔尼提出的方案与卡斯卡特使团基本一致，核心要求是废除广州一口通商，开辟新的贸易口岸，促进对华商品特别是工业制成品的出口等，同时，他在中英司法纠纷、互派常驻使节等问题上也提出了一些意见。

在使团的人事问题方面，马戛尔尼提出，使团人员除了正副使外，应包括哲学家、机械专家、医生、画家、乐师、军事情报专家等，能够为英国政府制定下一步对华政策提供依据。还应组建一支卫队，包括步兵、炮兵，这样有助于向中国皇帝及官员展示英国的实力，有助于谈判进行。此外，使团还需配备翻译人员。在副使问题上，马戛尔尼希望任用老斯当东为副使，但格伦威尔推荐了一名卡斯卡特使团成员，最终邓达斯决定尊重马戛尔尼的意见，实践证明马戛尔尼任用老斯当东为副使是非常明智的。

由于英国本土缺乏懂中文的人，马戛尔尼委托老斯当东前往欧洲大陆寻觅合格的翻译人才。老斯当东先是到了法国，在法国未寻找到合适的人选，于是又辗转到意大利。实际上，对于使团翻译人员安排，英国国内很多人试图通过疏通各种关系，说服马戛尔尼以翻译身份随团来华，但被马戛尔尼拒绝了，马戛尔尼给当时正在欧洲寻找翻译人才的老斯当东的信中写道："我毫不怀疑，我们自己找人比在北京寻找翻译要可靠得多。在这件事上，我已经遇到了很多不愉快的事，虽然我们前往中国使团的人数还有空额，但我还是一律拒绝了，这样做可能会得罪人。……我相信，您在那不勒斯会取得成功，情况会比在巴黎要好很多。杜登斯（Dutens）告诉我，可能比较准确，他说，学院里有很多年轻的中国人，……如果是这样，您可以带回至少两个有发展前景的人，……如果您失败了，我怀疑我们在这个半球（西半球——著者注）不会找到合适的人，在哥德堡、哥本哈根或者里斯本，没有听说有合适的人选。"①

最终老斯当东在意大利那不勒斯中国学院（Chinese College）②发现了两位留学生，柯宗孝（Paulo Cho，1758—1825）和李自标（Jacous Li，1760—1828），二人正在中国学院学习，他们精通意大利文、拉丁文和中文，老斯当东认为，使团中需要有人懂意大利文、拉丁文，遂聘请二人担任汉文翻译，许以他们 150 英镑的丰厚报酬。③ 老斯当东对此记录道："有一个绝对必要的，但是难以物色人选的职务，那就是中文翻译，在英国全国找不到一个懂中文的人。……在广州当地物色翻译也不恰当，少数广州人懂得葡萄牙语或英文，但他们的外文知识只能为外国商人翻译一些买卖交易事情，任何关于其他事项的谈话，他们就难于应付了。此外，广州方言在北京也无人懂。经验证明他们既没有外文知识而且又不可靠。因此必须设法在欧洲大陆物色过去曾到过中国，学会了中国语文，后来又回国的人，或者极少数的出国之后学会了任何一种欧洲语言的中国人。我们知道，在中国皇帝直接监督之下公开住在北京的欧洲传教士不许再离开中国，但也有些私自进入北京的欧洲人偶尔可能设法回国。有少数中国文人来到罗马在梵蒂冈校订中国书籍。在意大

---

① George Thomas Staunton, *Memoir of the Life and Family of the Late Sir George Leonard Staunton, bart*, London: Havant Press, 1823, p. 339.

② 该学院由意大利籍神父马国贤为培养中国籍教士于 1732 年在意大利那不勒斯创办。马国贤（Matteo Ripa，1682—1746）是意大利那不勒斯人，传教士，1710 年（康熙四十九年）来到中国，后长期在宫中供职。马国贤擅长铜版雕刻，共镌刻《皇舆全览图》等中国地图 44 幅，他还将雕刻铜版技术传授给中国人。马国贤于 1723 年回国。

③ E. H. Pritchard, *The Crucial Years of Anglo-Chinese Relations, 1750–1800*, New York: Octagon Books, 1970.

利的那不勒斯建立了一个专门训练欧洲传教士从中国携带出来的中国青年的学院。在这些人中是否可以找到合适的人并不肯定，但无论如何这是比较可靠的翻译来源。"①

马戛尔尼有关使团人事的意见受到英国政府的赞同。英国政府对于此次遣使来华十分重视。从特使到普通卫队士兵，都进行了严格的筛选。使团的构成人员可以称得上是"精英荟萃"。使团外科医生为海军军医斯科特博士，东印度公司董事长百灵的儿子培林和约翰·巴罗②任使团副秘书，苏格兰的哲学家、电器和汽球实验专家丁维提任使团机械师，此外，使团成员还有物理学家、化学家和哲学家吉兰博士等成员。值得关注的是使团卫队指挥官本松（Benson），他是少校军衔，马戛尔尼希望越级晋升其为上校，但遭到军队的反对。于是马戛尔尼写信给邓达斯，请他向英王乔治三世报告，为了凸显出使中国使团的重要地位，有必要晋升本松为上校军衔，在英国国王的直接干预下，本松后来终于获得荣誉上校军衔。对于使团人事安排，老斯当东在他的著述中这样描述："马戛尔尼勋爵的才能、品质和工作能力是尽人皆知的。很少有人像他那样受到多种多样工作的考验；当他结束在印度的重要职务回国的时候，是受到执政党和在野党一致称赞的唯一候选人物③……卫队人数虽然不多，但每个人都是步兵和炮兵中精选出来的头等人才。"④

马戛尔尼还向邓达斯提出为了保证出使能够获得成功，应提前通知中国人使团出使的情况。邓达斯将马戛尔尼的信件交给了时任英国东印度公司董事长弗朗西斯·百灵（Francis Baring），百灵认为，新组建的英国东印度公司秘密监督委员会（Secret and Superin-

---

① ［英］斯当东：《英使谒见乾隆纪事》，叶笃义译，群言出版社2014年版，第23页。

② 约翰·巴罗（John Barrow，1764—1848），英国作家，准男爵，他曾是小斯当东的家庭教师，被老斯当东推荐给马戛尔尼，后追随马戛尔尼前往南非殖民地。1804年回到英国后，他长期在海军任职。他是皇家学会成员，英国皇家地理学会的发起人之一。

③ ［英］斯当东：《英使谒见乾隆纪事》，叶笃义译，群言出版社2014年版，第17页。

④ 同上书，第20页。

tending Committee）的人员可以承担此项任务，1792 年 3 月 17 日，马戛尔尼向邓达斯呈交了他拟定的给密监会委员的指令以及致两广总督的信件。在经过邓达斯的审阅后，指令和信件被正式下发至东印度公司。指令主要内容是要求秘密监督委员会通知在广州的英国商人要配合使团出使工作，为使团在华出使任务获取成功营造氛围，尽力使中国人认为英国使团使华的主要任务是向乾隆帝贺寿，而不是为英国争取商业利益。信件的主要内容是："（英国国王）听闻，（中国官员）希望在中华帝国广东的他的臣民派出一名代表前往北京朝廷，向中国皇帝陛下八十大寿表示祝贺，但据说英国商人未派出代表团贺寿，英国国王由此十分遗憾。由于非常希望能够发展与中国皇帝的友谊，加强伦敦朝廷与北京的联系，促进交流对话，拓展双边贸易，（英王）决定派遣他的亲戚、顾问，尊贵的马戛尔尼勋爵……作为特命全权大使前往中国，代表英王本人，用他觉得最满意的方式来表达英王对两国关系的关注，而且完全可充分地代表英王（向中国皇帝）表明英王有诚意且急切期望能够推动英国和中国两国互惠互利关系，建立永久的和谐和联盟。"① 信中还提到，马戛尔尼使团会马上启程，携带大量礼品，鉴于礼品较多，而且有些礼品制作较为精密、价值较高，广州到北京路途遥远，由陆路前往恐怕会招致损伤，因此，希望两广总督大人奏请清廷，允许英使团走海路，从天津或附近港口上岸，并请中方安排相关接待。

邓达斯随后又进一步就马戛尔尼出使任务谈了自己的意见。他提出，使团出使的任务分为一般任务和特殊使命。一般任务是尽一切可能搜集有关中国的政治、经济、军事、文化、社会等各方面的情报信息，增强中国人对英国人的了解，不要让中国人认为英国人对其领土存在要求，搜集中国与其他国家关系情况的情报，尤其是

---

① E. H. Pritchard, "The instructions of the east India company to Lord Macartney on his embassy to China and his reports to the company, 1792 – 1794", *The Journal of the Royal Asiatic Society of Great Britain and Ireland*, No. 3（Jul., 1938），pp. 375 – 377.

与俄国的关系发展的情况。

出使的特殊任务有：

第一，摆脱广州官吏强加于该口岸贸易的限制和勒索，相信其未受责罚，是因为从来没有向上控诉的渠道。

第二，为了获得比较便宜的中国出口货物，要求准许到靠近商品产地的口岸贸易，从各个市场的竞争中采购。

第三，废除进出口货物关税，或降低至初期贸易的征税水平，特别是后来征收作为偿还中国人欠外商债款的出口货税，最低限度要使这种税限定为欠债额，或以即期偿还额为限。

第四，使英国商人最低限度获得与葡萄牙人同等待遇，特别要准许他们在中国大陆某个邻近岛屿上有一个便利的商站，以便商人或公司代理人、船只、水手及商品得以暂住度季，获得与葡萄牙人在澳门同样的特权。

第五，请中国皇帝颁发特别法令，通知有英国人常到的各个口岸的总督及地方官吏，禁止强迫公司代理人或其他人等负别人行为的连带责任，并禁止以后要交出无辜者代替在逃犯人受罪的办法；而公司代理人不应帮助这种逃犯。相反，要提供各种帮助以便将其查获。

第六，为了增加大不列颠输入中国的货物，不仅在各个口岸贸易，而且要废除足以妨碍购买不列颠货物的种种规条。同时，还要在北京试用该处前时未有的英国工场生产的各种产品，以资鼓励。……这样增加本国货对中国的输入，又鼓励毛皮贸易及不列颠在印度的各种产品的输入，就会很快改变对中国贸易的逆差，转为有利于大不列颠。①

由于中英贸易由东印度公司垄断，所以，东印度公司是马戛尔尼使团出使不能逾越的。英国政府在经过一番协调后，做出马戛尔

---

① [美] 马士：《东印度公司对华贸易编年史》第一、二卷，区宗华译，中山大学出版社1991年版，第533—534页。

尼需同时接受东印度公司的指令的决定。英国东印度公司在给马戛尔尼的指令中提出，马戛尔尼需要谨慎行事，不要给公司对华贸易带来负面影响。东印度公司正副董事长百灵和柏吉斯（Smith Burges）给马戛尔尼的信中提出：

第一，英国商人在中国所受的"不平之待遇，固属真确，奈权非己操。以皇帝之聪明正直，亦可望其毅然下旨改革积弊，以遂吾人之愿。但宜以审慎出之"。

第二，"使华人对使团、英国及其商业有极佳之印象，……在广州必产生最美效果，在他处或能获得一居留地"。

第三，"获取在广州以北各埠贸易之特权"。但是不要离北京太近，因为"接近于京师，而对中国政府见闻较近，亦不无冒险之处"。

第四，"废除公行之专利权"，但是，"究竟用何种方式始为妥善，废除之后，又用何种办法或方式代之，均应切切考虑。吾人绝对需要一种关税制度，指明每项货品应纳税若干。但既不能预知并确定后果，则宁愿保留旧制度，亦因公司在华每次有所变动，从未见有利焉"。

第五，"获得中国及邻近各岛之贸易、制造业及商务之最佳消息"。

第六，为英国水手和商人获得像澳门一样的地方，以供居住，"但无论如何，彼等须有其长官监视与约束"。

第七，"要获取中国产丝及织造丝品之方法之详细情报；……又中国制造棉布之性质及范围，如能得其情报，正合吾人所望。……注意中国所出产或制造之新货，而适合于此市场或其他欧洲市场者"。

第八，在赠送礼品时，不仅要注意"检查各物品是否与华人之趣味、礼俗或偏见相冲突"，而且要注意"该品是否值得接受"，以为"传英国新制造品入中国"而服务。

第九，"驻于北京之传教士，对于其所属之国有利与否，对于吾人亦有害与否,均请特为报导"。

第十,"对清廷声明,其他各国亦有操吾人之语(美国人在内),而举止大为相同,且亦航行于中国海者"。

第十一,如果在北京不能驻留英国大使,设法安排"传教士若干于北京,为本公司利益计,担任传达消息,并有时给予吾等管货人以助力"。①

1792年5月,马戛尔尼在英国王宫被正式任命为英国派往中国的特使,老斯当东被任命为使团秘书,即副使。为避免类似卡斯卡特使团流产的情况发生,英国政府决定,马戛尔尼使团秘书兼任特使缺席时的全权代理,实际上,就是在正使马戛尔尼意外死亡时,由使团秘书替补担任特使。6月28日,马戛尔尼被晋升为子爵爵位。9月8日,邓达斯代表英国政府向马戛尔尼下达了正式训令。训令指出,英国同中国的贸易超过了欧洲其他国家,"最近政府采取关于茶叶贸易的措施,使这种商品合法输入大不列颠比从前增加了三倍,因此,特别需要培养这一友谊并增进与中国的来往"②。

在面见中国皇帝时,要提出以下要求:③

第一,两国间贸易所产生的利益是对双方有利的,在贸易的过程中,除其他货物外,我们收购数达2000万磅重的中国草(Chinese herb,指中国茶叶),这些东西是难以销售的,因为欧洲和亚洲的其他各国都不会这样大量饮用,为了购买它,我们交回毛织品、棉花及其他对中国人有用的货物,但一大部分,实际上是以银元支付的。

第二,我们在中国广大的商业,需要一个安全的地方作为

---

① [美]普里查德编:《英东印度公司与来华大使马卡特尼通讯录》,载朱杰勤《中外关系史译丛》,海洋出版社1984年版,第191—247页。

② [美]马士:《东印度公司对华贸易编年史》第一、二卷,区宗华译,中山大学出版社1991年版,第549页。

③ 同上书,第552页。

商站，以便存放未出售的货物，或者在淡季时，可以将其装到我们来往的船上；因此，我们希望给予一块比广州的地位更为便利的小地方或邻近的小岛，我们在广州的堆栈离船只很远，所以，我们无法防止公司的船只及商船的水手等发生的不法行为。

第三，我们的目的纯粹是商业的，毫无领土意图，所以我们不企图设防或防卫，只是希望中国政府保护我们的商人或他们的代理人在内地贸易或旅行，以及保证我们不受那些企图扰乱我们贸易的其他各国的侵害。但关于这一点，你必须准备消除各种由于讨论我们现在的印度领地而产生的偏见，应该申明我们在这方面的地位，不是我们要这样做的，我们必须保卫自己，抵抗那些与欧洲各国狼狈为奸和不遵守各个皇帝所给予我们权利的叛乱王公的压迫，或者用你自己关于这个问题所想到的论点来答辩。

邓达斯还对改变中英贸易现状提出意见，他说："如果阁下碰到任何有利的机会，则你应该提出我们在广州贸易长期所受的困苦，但你申述时，必须设法使皇帝相信，陛下无意将这种过失归咎于中国政府任用的哪一个人，只不过告知皇帝陛下，相信由于他的明智与公正，这种困苦今后将不会再出现。"① "如果准许设立新的据点，你要以大不列颠国王的名义接受——你必须努力在最有利的条件下获取督察管理权及对我们自己臣民的司法管理权，有了这种合法的权力，才能有效地防止或惩罚我国臣民的违法行为，……假如皇帝倾向于准许设立一个商站，应该以极大注意力，去确定它的位置，

---

① ［美］马士：《东印度公司对华贸易编年史》第一、二卷，区宗华译，中山大学出版社1991年版，第553页。

即它会使我们的航运更为安全便利，易于销售我们输入的商品。"①邓达斯要求马戛尔尼"在你居留中国期间，值得高度留意及努力的，是设法增加我们对中国的输出，以及经常运送其他为中国人所喜爱的大不列颠及我们印度领地的产品和制造品"②。

邓达斯在训令中特别强调，使团要搜集中国政治、经济、外交、社会各类情报，特别是近年来中国与欧洲国家往来的情况。

邓达斯还提出，如果便利，马戛尔尼使团可以访问日本，英国政府会交给马戛尔尼一封给日本皇帝的信。日本也出产茶叶，这样通过竞争可以使茶叶价格降下来。使团也可以出使交趾支那，访问事宜，使团可见机行事。

在经过精心筹划后，1792年9月26日，马戛尔尼使团从英国出发前往中国。

马戛尔尼使团出发的时候，先期前往中国的英国东印度公司秘密监督委员会一行已抵达中国，他们通过广州行商约见了清政府地方官员，由于时任两广总督的福康安正奉命在西藏镇压叛乱，所以，他们将东印度公司董事长百灵的信件交给了署理两广总督、广东巡抚郭世勋，郭世勋迅速向乾隆帝报告了英国使团来华的消息，并向乾隆帝递交了百灵致他的信函。③

乾隆帝对此非常重视，亲自批复同意英国使团来华，并拟定了接待使团的具体措施。他在给郭世勋的谕旨中指出："阅其情词，极为恭顺恳挚，自应准其所请。以遂其航海向化之诚，即在天津进口

---

① [美]马士：《东印度公司对华贸易编年史》第一、二卷，区宗华译，中山大学出版社1991年版，第554页。

② 同上书，第555页。

③ 客观地说，这封信函用语十分客气，但也潜移默化地表露出英国是一个强盛的大国。广东政府官员在翻译这份国书时，并未忠实于原作，而是使用了惯常的朝贡国"表文"的格式和语气，应该说是改变了文意。参见刘黎《中英首次正式外交中百灵致两广总督信件的翻译问题》，《重庆交通大学学报》（社会科学版）2016年第2期；计秋枫《马戛尔尼使华事件中的英吉利"表文"考》，《史学月刊》2008年第8期等。

赴京。但海洋风帆无定，或于浙闽、江苏、山东等处近海口岸收泊，亦未可知。该督抚等如遇该国贡船到口，即将该贡使及贡物等项，派委妥员，迅速护送进京，毋得稍有迟误。至该国贡船，虽据该夷人禀称，约于明年二三月可到天津，但洋船行走，风信靡常，或迟到数月，或早到数月，难以预定，该督抚等应饬属随时禀报，遵照妥办。再该贡船到天津时，若大船难于进口，着穆腾额豫备小船，即将贡物拨运起岸，并派员同贡使先行进京。不可因大船难以进口。守候需时，致有耽延也。"① 由这份谕旨可见，乾隆帝对于英国使团来华为他祝寿是非常欢迎的。

随后，乾隆帝又不断下旨，要求地方官员做好各项准备工作，应对英国使团。首先，他要求各地地方官员要展现中国的实力，使英国人对中国有所敬畏。他指示："如遇该国贡船进口时，务先期派委大员，多带员弁兵丁，列营站队，务须旗帜鲜明，甲仗精淬。"② 其次，要冷静观察，严密监视英国使团的活动，他提出："该督抚等，于该国贡使到口时，总须不动声色，密加查察防范，以肃观瞻而昭体制。"③ 最后，特许英国使团可以在闽浙等地交易。"该国遣使赴京，或于贡船之便，携带货物，前来贸易，亦事之所有。若在福建、江浙等省口岸收泊，该处非若澳门地方，向有洋行承揽之人，可为议价交易，且该国来使，与内地民人语言不通，碍难办理。……令郭世勋将该处行头、通事人等，拣派数人豫备。如该国贡船于该三省进口时带有贸易货物，即飞速行知广东，令将豫备之人，派员送到，以便为之说合交易。若该贡船在山东、直隶进口，该二省距京甚近，毋庸调取澳门之人，即可来京交易。"④

1793年6月，乾隆帝在离开北京前往热河前还特别指示："若

---

① 《清高宗实录》卷一四一五，乾隆五十七年十月。
② 《清高宗实录》卷一四二一，乾隆五十八年正月。
③ 《清高宗实录》卷一四二三，乾隆五十八年二月。
④ 同上。

该贡使等，于六七月内始到，维时带往热河，与蒙古王公及缅甸贡使等，一体宴赉观剧。"①

二　小斯当东在出使过程中的作用

马戛尔尼使团于1793年6月抵达中国广东海域。老斯当东等人乘船登陆澳门，与英国东印度公司秘密监督委员会及西班牙商人进行了短暂会晤，了解了中方对使团访华的态度。随后，使团前往天津。使团所经之地，中国官员都予以妥善接待。

使团成员中年龄最小的是小斯当东，老斯当东一生育有两个儿子、一个女儿。女儿玛格丽特（Margaret）生于1772年，长子乔治·斯当东（George）生于1775年，早年夭折。小斯当东是老斯当东唯一幸存下来的孩子。小斯当东于1781年5月26日出生在位于索尔兹伯里（Salisbury）附近米尔福德（Milford）的外祖父家中。小斯当东出生时，老斯当东已经随马戛尔尼前往印度，直到1785年，老斯当东回到英国才第一次见到了小斯当东。由于此时，老斯当东其他两名子女均已夭折，他视小斯当东为掌上明珠，对小斯当东的健康问题给予了极大关注。小斯当东对此记述道："祖母去世后，我被送回英格兰，父亲从印度回国后，在米尔福德同母亲和我团聚，我这时三四岁的样子，父亲第一次见到我。我一定要深情地写出这句话：从这一天起直到他生命的最后时刻止，萦绕在父亲脑际的始终是我的教育和安康两大首要问题。"②

对小斯当东的教育，老斯当东采取了有别于常规的教育方式。小斯当东对此回忆道："关于他对待学识的态度以及他所奉行的那种脱离教育之常规路径做法的适宜性，也许人们会有不同的看法；但鉴于他的目的是追求卓越，这样的做法也就无可非议，所以我

---

① 《清高宗实录》卷一四二八，乾隆五十八年五月。
② ［英］乔治·托马斯·斯当东：《小斯当东回忆录》，屈文生译，上海人民出版社2015年版，第2—3页。

要说,我的幸福源于我的父亲和母亲,他们是天下最好的、爱得最为深沉的父母亲,倘若不承认这一点,我便是个最忘恩负义的儿子。"①

老斯当东对小斯当东教育的总体目标是,希望将其教育成为一个德才兼备的人。他在一篇日记中写道:"昨天我的儿子八岁了。我打算写一篇日记,以便他将来能看到。他出生的时候我在印度。我见到他的时候,他已经三岁半了。从那时起,我对他的教育开始采用一些特别的方式,希望能让他成长为智慧、健康和博学之人;'智慧'这项希望中包含着美德,毫无瑕疵的美德。"②

他还特别强调,诚实是个人最重要的美德,尤其是儿童绝对不能说谎。他说:"我最在乎的就是要他不说谎。说谎是儿童的一个最大的缺点,而且各个年龄段的人一般都会有这一弱点,因为这是做了强者所禁止的事情后,逃避惩罚最简单的办法。对于我来说,让他保持诚实并不是那么困难,一般来说,如果犯了小过错就会招致责备,这会使儿童变得冒失,而我从来都不会太留意他的小错,因此他对我也并不惧怕。"③ 英国贵族教育自中世纪之后就非常重视品德教育,由此可见,老斯当东是一个恪守传统的人。

在基础教育问题上,老斯当东为小斯当东聘请了家庭教师。小斯当东说:"父亲没有打算把我送到公学读书。他在写好上述日记后不久便请了一位家庭教师住在家里,教我经典文学,其他分支的知识则由别的先生在固定时间到我家教授。我十岁到十六岁期间的家庭教师是来自莱比锡大学(University of Leipsic)的德裔学者伊登勒先生,他如今仍住在英国,多年来一直任外交部翻译官一职,历来

---

① [英]乔治·托马斯·斯当东:《小斯当东回忆录》,屈文生译,上海人民出版社2015年版,第3页。
② 同上书,第4页。
③ 同上。

颇受褒扬。"①

在中世纪，英国的贵族教育的主要模式是家庭教育，从 16 世纪开始，这种教育模式开始发生变化，在启蒙教育阶段，即 13 岁之前，大多依然采用家庭教育模式。此后，他们会进入公学，开始接受正规的学校教育，接受公共教育。公共教育一般分为三个阶段：第一阶段是公学教育阶段，即基础教育阶段。公学一般为私立寄宿制高级中等学校，学生的入学年龄大致是十二三岁，在学校学习 5—6 年，18 岁毕业，最著名的有伊顿公学、威斯敏斯特公学、温彻斯特公学和哈罗公学等，教学内容以拉丁文、希腊文和宗教经典文论、文史典籍等人文学科为主。有学者统计，18 世纪末接受学校教育的 517 名贵族中，有 438 人接受过公学教育，占接受教育的贵族人数的 84.7%，② 接受公学教育已经成为贵族的时尚，甚至成为贵族身份的明显标志之一。

第二阶段是大学教育阶段，即高等教育阶段。主要学习古典文学、逻辑、修辞、伦理学等课程。③ 18 世纪末，约有三分之二的英国贵族青年会接受大学教育。④

第三阶段为"大陆游学"阶段，英国的贵族子弟会在接受过高等教育后，前往欧洲大陆游历以丰富见识。"大陆游学"的主要内容包括：学习语言、参观访学、参加社交活动等。学习语言主要是学习法语和意大利语，特别是法语当时是法国、荷兰、意大利、俄国、瑞典等国通用语言，也是英国贵族社会生活和交际必备的语言，老斯当东就精通法语，他写给家人及朋友的书信有很多是使用法语。

---

① [英]乔治·托马斯·斯当东：《小斯当东回忆录》，屈文生译，上海人民出版社 2015 年版，第 5 页。

② J. Cannon, *Aristocratic Century*: *The Peerage of Eighteenth Century England*, Cambridge University Press, 1984, p. 40.

③ 参见阎照祥《英国贵族史》，人民教育出版社 2000 年版，第 266 页。

④ 参见 J. Cannon, *Aristocratic Century*: *The Peerage of Eighteenth Century England*, Cambridge University Press, 1984, p. 4。

参观访学主要是参观一些名胜古迹、图书馆和访问名人等。这些游历经历对青年贵族很有好处，如著名英国历史学家爱德华·吉本（Edward Gibbon，1737—1794）在欧洲游历期间，对罗马产生了很大兴趣，创作了鸿篇巨著《罗马帝国衰亡史》。

由此可见，老斯当东未将小斯当东送入公学读书在当时已属于非常少数了。老斯当东这样做的原因尚不清楚，但并不意味着老斯当东放松了对小斯当东的教育，相反，他对小斯当东教育的投入超出了同龄人，尤其是重视对小斯当东的素质教育，主要表现在两个方面。

一是竭尽可能带他四处游历，扩大视野，增加见识。小斯当东回忆说："1791 年，父亲带我遍访整个英格兰，还有苏格兰的部分地方，他的目的很明确，就是要我通过游览来了解英国各地不同的艺术、制造业和自然奇观。他希望我的思维因此可以存储新的理念，同时我的体质也可借这样的锻炼而得到加强。"① 马戛尔尼使团出使前，老斯当东带领小斯当东前往欧洲寻找翻译期间，带他游历了法国、意大利和德国，在法国谒见了法国国王，参观了议会辩论，小斯当东认为，他的这次旅行对他一生影响巨大，他说："此前，我还曾于 1792 年春参加了父亲的那不勒斯（Naples）之行，这次出访的目的是到传信学院（College of the Propaganda，一译'文华书院'）寻找中文翻译。这次旅行，特别是在法国、意大利、德国期间发生的若干趣事，给我留下十分难忘的印象，尽管那时我年龄尚小。我还记得，法国王室一家那天在杜乐丽宫的卡佩尔桥（chapel of the Tuileries）不愉快的样子；我目睹法国第一届国民议会（First National-al Assembly）以及雅各宾俱乐部（Jacobin Club）上演的混乱论战。我日后曾多次访问上述国家，但没有一次访问留给我如此深刻的印象，并让我发生如此浓厚的兴趣，虽然后来访问有的亦十分惬意或

---

① ［英］乔治·托马斯·斯当东：《小斯当东回忆录》，屈文生译，上海人民出版社 2015 年版，第 6 页。

富有启发性。1792年欧洲之行，正是在那不勒斯，我第一次见到了中国人；正是在那不勒斯返航回国的途中，还有接下来出使中国的航海途中，我的耳朵第一次听到并逐渐熟悉了一门语言的声音，一门在接下来的25年中我曾努力练习、学习的语言。"①

二是老斯当东经常带领小斯当东参加不同领域的研究专家讲座，对小斯当东进行超前教育，拓展其知识结构。小斯当东在其回忆录中写道："让我能在幼年时期就可基本体察各学科的基本原理，这是父亲热衷的目标之一，但这些知识通常恐要到年龄再大些才可学习。因此在我孩提时代，父亲就带我去听西布索普博士论植物学（Dr. Sibthorpe on Botany）、希金斯博士论化学（Dr. Higgins on Chemistry）、汤普森博士论矿物学（Dr. Thompson on Mineralogy）等讲座；我们偶尔还会旁听皇家学会的会议。"②

与一般家长不同，老斯当东从不让小斯当东接触童话等儿童故事。小斯当东说："父亲坚持认为，儿童天生就有的好奇心不应被童话故事和其他形式的过度想象所浪费或玷污，而最宜被引导到对于大自然奇妙现实的关注之上，这样才更为有益。"③

老斯当东十分重视小斯当东拉丁文和希腊文的学习，积极引导小斯当东学习拉丁文。英国人强调拉丁文的学习有着悠久传统，在中世纪，阅读和学习拉丁文著作是成为一名绅士的必要基础知识，由此可见，老斯当东是一个非常讲究传统的人。

老斯当东对小斯当东的教育模式是否妥当尚有待讨论，但可见其对小斯当东充满了父爱，对小斯当东未来发展充满了期望。从实践效果来看，小斯当东的教育在某些方面是成功的。

---

① ［英］乔治·托马斯·斯当东：《小斯当东回忆录》，屈文生译，上海人民出版社2015年版，第10页。
② 同上书，第5—6页。
③ 同上书，第6页。

英国著名植物学家詹姆斯·史密斯爵士①在其回忆录中，记录了其好友约翰·西蒙斯先生（John Symmons）写给他的一封信，他在信中对小斯当东及其在这一时期所受教育的描述读来非常有趣。"我终于见到了久想谋面的乔治·（老）斯当东爵士，但他与我期望中的并不大一样。此晤唯知道他在中国首都访问期间所作的观察十分细致有趣；想到将来我们两人都能较现在多一些闲暇可得到更多快乐与见闻，我不禁有些洋洋自得。他家的小公子每天都和家庭教师到我的花园，并沿着花草树木边上的一条固定路线走走，手上时常拿着林奈（Linnaeus）的书和一本《皇家植物园邱园植物编目》（Honus Kewensis）。他的记忆力超群，领悟能力迅速又精准，所以他学起植物学来进步很快，凡他用心学的，进步都很快。但我有些担心他的健康状况，他的身体不够结实，在我看来，长期将精力放在准男爵（老斯当东）一直以来灌输给他的多门语言和自然科学上，也是有可能过早地被用坏的。"②

1792年9月（乾隆五十七年七月），马戛尔尼使团离开英国时，小斯当东作为马戛尔尼的见习侍童③随团来华。根据马戛尔尼记载，使团从欧洲出发时，除了上文提到的柯宗孝、李自标外，另外两名中国人严宽仁（1757—1794）与王英（1759—1843）一同来到中国，均参与了使团的翻译工作。④ 柯宗孝和李自标在伦敦时，参与将英王乔治三世致乾隆皇帝的国书译成中文，严宽仁则在来华途中从事翻译和书写文件的工作。小斯当东在来华途中师从他们学习中文，

---

① 詹姆斯·爱德华·史密斯爵士（Sir James Edward Smith, 1759.12.2—1828.3.17）为英国植物学家，是伦敦林奈学会的创始人。1786年当选为英国皇家学会会员，1792年当选为瑞典科学院院士。

② Lady Smith, *Memoir and Correspondence of the Late Sir James Edward Smith*, 1832, p. 303.

③ 按照当时英国贵族子弟的教育习惯，通常贵族子弟中的男孩长到七八岁后，按照自己出身的等级到高一级封建主的官邸中学习锻炼，直到十四五岁，被称为"侍童"。

④ 谭树林：《英国东印度公司对华贸易中的"外籍翻译"问题探究》，《安徽史学》2018年第6期。

他与李自标关系最为密切，甚至经常拿李自标的姓氏开玩笑，小斯当东经常称李自标为 Mr. Plum，即英文李子。马戛尔尼使团来华途中共经 9 个月，在这一段时间里，小斯当东花了很大功夫学习中文，加之他年少聪慧，进步很快。1793 年（乾隆五十八年），当马戛尔尼使团抵达中国时，小斯当东不仅能读写中文，而且已经初步具备了口译的能力，成为使团中唯一懂中文的英国人，在日后使团在华开展工作时起了很重要的作用，这也出乎所有人的意料。

乾隆时期，清政府严禁中国人私自为西方人提供翻译服务，否则将被视为汉奸处以极刑。两广总督李侍尧将洪仁辉事件的原因归结为中国人教授英国人汉语，他在给乾隆的奏折中提出："细察根源，纵由内地奸民教唆引诱，行商通事不加管束稽查所致。查夷人远处海外，本与中国语言不同，向之来广贸贩，唯借谙晓夷语之行商通事为之交易，近如夷商洪仁辉于内地土音官话，无不通晓，甚至汉文字义，亦能明晰，此夷商中如洪仁辉之通晓语文言义者，亦尚有数人，设非汉奸潜滋教诱，何能熟悉？如奸民刘亚扁始则教授夷人读书，图谋财物，继则主谋唆讼，代作控辞，由此类推，将无在不可以勾结教诱，实于地方大有关系。"① 刘亚扁因教授外国人中文，被视为汉奸处决。

清政府随后颁布了《防范外夷条规》，规定："严禁外夷雇人传递信息积弊"②，并规定只有指定的广州十三行的行商才能为外国人代写和转递书信。清廷在《管理番舶及澳夷章程》中规定："澳门夷目，遇有恩恳上宪之事，每次上禀，混熟识商人，赴辕投递，殊为亵越。请饬该夷目，凡有具禀，应由澳门县丞申报海防衙门，据词通禀。如有应具详者，具体请示，用昭体统。"③

鉴于面临严重的刑罚，使团到达澳门后，除李自标外，其他三

---

① 郭廷以：《近代中国史》，商务印书馆 1947 年版，第 381 页。
② 《清高宗实录》卷六零二，乾隆二十四年十二月。
③ （清）梁廷枏：《粤海关志》，北京文殿阁 1935 年版，卷二十八。

名中国人离开了使团,为避免被清廷官员认出,李自标改装易名,以马戛尔尼随从人员的身份随使团进京。

1793年7月(乾隆五十八年六月)底,马戛尔尼使团经广州、浙江抵达天津白河口外,清政府派遣天津道乔人杰、通州协副将王文雄先行登上英舰,接待英国使团,并负责同英国使节商讨将船上货物移运到中国船只上的具体事宜。在这次会谈中,小斯当东首次充当翻译,并顺利完成任务,令人刮目相看。老斯当东著述中对此有所记载:"使节团中两位成员(指斯当东父子——笔者注)过去一年以来一直向我们从意大利那不勒斯带来的中国翻译学习中国语言。这次谈话参加的人多,需要的翻译也多,他们两个人也试着进行翻译,这对他们确实是一个不小的考验。其中一位成年人,虽然努力学了一年的中文,但他对客人们所讲的话似乎一句也听不懂,而他所讲的话,客人们似乎也一句不懂。另一位幼年人虽然学习不如那位成年人努力,但他的感觉敏锐,器官机能灵敏,这次证明他还能够得上一位差能胜任的舌人。中国的语言非常复杂,往往发言上一点轻重不同而其意义就相差万里,年幼人容易找到关键,正确运用,成年以后就很难学到。"①

1793年8月底(乾隆五十八年七月),马戛尔尼使团到达北京后,小斯当东又接到一个任务,为特使马戛尔尼誊抄已译为中文的信件。根据清政府的安排,葡萄牙籍传教士索德超(Joseph-Bernard d'Almeida)被委派为"通事带领"即首席翻译,负责使团的接待翻译工作,马戛尔尼在从法籍教士梁栋材(Joseph de Grammont)处获悉索德超对英国使团访华怀有敌意,因此他对索德超高度戒备,甚至直接谢绝了他提供翻译服务。② 所以,马戛尔尼写给中国皇帝及

---

① [英]乔治·托马斯·斯当东:《小斯当东回忆录》,屈文生译,上海人民出版社2015年版,第247页。

② 刘黎:《何止译者:马戛尔尼使团访华活动之译员考析》,《重庆理工大学学报》(社会科学)2015年第3期。

朝臣的信和其他函件，只好先由使团内中国籍传教士翻译并改写成合乎中国规范要求的信件后，再由小斯当东誊抄一遍。在文件上，还要特别注明"此呈系咃株士多吗嘶噹东亲手写"字样。

老斯当东对此有详细的记述："整个手续过程是非常麻烦的，首先英文原件由哈特诺先生译成拉丁文，因为使节团的中国翻译只懂拉丁文，不懂英文；然后由这位翻译将拉丁文翻给这位帮忙的人；这个人将它按照中国官方文件格式写成中文；最后由这个童子重抄一遍作为正式信件。一切完毕之后，将帮忙人写的中文原稿当着他的面撕毁，使他放心。"①

小斯当东还参与了英国政府赠送乾隆帝礼品单的翻译工作。马戛尔尼对礼品单进行了精心设计，为凸显礼物的贵重，对各项礼物做了详细说明，使得这项看似简单的翻译任务变得颇费苦心。

马戛尔尼对此也有记载："乔治·斯当东爵士的儿子，那时还是一位 12 岁大的小男孩，他在我们从英国到中国的航程期间，聚精会神地从一位脾气很大的老师处学了几篇支离破碎的课文，在抵达中国后，不仅可以用丰富的词汇和用语将自己的意思表达清楚，明白别人的意思，而且还掌握了一项书写汉字的技能，他为我们誊写递给中国政府的外交公文（中国人害怕他们的笔迹被认出），他抄写工整，反应敏捷，常常让政府中的人感到吃惊。我在此确认我说过的话，这位年轻人已经掌握了五门语言，分别是英文、拉丁文、希腊文、法文和中文，这项本领在他的同龄人大概很难企及。"②

清政府在中外文书交往方面制定一系列管制措施，根本目的在于防范西方人，尽力减少中外接触，维持清政府的封建统治秩序，这些措施起到一定效用，以至于中英通商一百多年后，英国政府派往中国的使团尚需从意大利聘请中文翻译。但是，这也限制了中国

---

① ［英］乔治·托马斯·斯当东：《小斯当东回忆录》，屈文生译，上海人民出版社 2015 年版，第 324 页。

② 同上书，第 14 页。

人了解世界，起到了消极作用。

值得注意的是，中外文献中并没有小斯当东翻译英国国王给乾隆帝国书的记录。有学者认为，"小斯当东也不会参与国书的翻译。……国书是在使团出发后不久就着手翻译的，那时小斯当东的中文程度还达不到翻译文书的水平，因为小斯当东在参加使团从英国出发时还不懂中文"。①

马戛尔尼使团到达北京时，乾隆正在承德避暑。9月8日（八月四日），使团前往承德觐见乾隆。9月14日（八月初十）晨，乾隆在避暑山庄万树园大幄次正式召见了英国特使，随同觐见的有斯当东父子和翻译柏仑。这次觐见气氛非常友好，副使老斯当东称："自始至终皇帝看来非常愉快自如，绝不像外间描写的那样阴郁沉闷。他的态度很开朗，眼睛光亮有神。"

中方对此的记载是："乾隆五十八年八月初十日，上御万树园大幄次，英吉利正使马戛尔尼、副使斯当东及副使之子多马斯斯当东等入觐召见，上各加温语慰问。赐英吉利国王玉如意并赐正副使臣如意，命同随。"②

觐见过程中，双方遇到了语言障碍，乾隆询问使团中是否有人通晓汉语，马戛尔尼回答小斯当东会讲汉语。乾隆闻后大悦，遂令人将小斯当东带至御座前问话。乾隆在同小斯当东对话后，非常高兴，随即将自己随身携带的荷包赐予小斯当东。

老斯当东在《英使谒见乾隆纪实》中称："往来有几道语言翻译，非常麻烦。皇帝有鉴于此，向和中堂询问使节团中有无能直接讲中国话的人。特使回答，有一见习童子，今年十三岁，能略讲几句。皇帝听了非常高兴，立刻命令将该童带至御座前试讲中国话。或者由于这个童子的讲话使皇帝满意，或者见他活泼可爱，皇帝欣

---

① 参见计秋枫《马戛尔尼使华事件中的英吉利"表文"考》，《史学月刊》2008年第8期。
② 中国第一历史档案馆编：《英使马戛尔尼访华档案史料汇编》，国际文化出版公司1996年版，第552页。

然从自己腰带上解下一个槟榔荷包亲自赐予该童。"①

使团随员爱尼斯·安德逊对此也有记载："我们所能知道的确凿无疑的事是皇帝见到斯当东爵士的儿子斯当东公子。他表示对这年轻人的富有生气和优秀的风采深有所感。他对这青年人能说六国语言表示赞美。这位皇帝为了表达他当时的嘉许，不但亲手赠送给他一把很美丽的扇子和几个小的绣花荷包，而且命令翻译员表示他对他的才能和仪容甚为赏识。"② 年幼的小斯当东博得了乾隆的欢心。

在此后几天为乾隆举行的庆祝寿辰的活动中，乾隆又多次召见了英国特使，小斯当东也随同觐见。据《清实录》记载："（八月）十三日，万寿圣节，上御澹泊敬诚殿，皇子王公，文武大臣蒙古王贝勒贝子公，额附、台吉等，青海郡王那罕达而济，贝勒特里巴勒珠而头等，台吉垂忠扎布等三人，都尔伯特公鄂哲依鄂，罗什乎公德格勤及英吉利国正使马戛尔尼、副使斯当东及副使之子多马斯当东，缅甸国正使密渺莽那牙他、副使密渺南达觉苏，细于南达梅济苏等三人，行庆贺礼毕，是日驻跸避暑山庄。"③

"十四日，上御卷阿胜境，赐随驾王公大臣蒙古王公贝勒额附台吉等及英吉利国正使马戛尔尼、副使斯当东及副使之子多马斯当东三人并都尔伯特公鄂哲依鄂，罗什乎公德格勤二人，青海郡王那罕达而济，贝勒特里巴勒珠而头等，台吉垂忠扎布等三人小食。晚，上御万树园大幄次观火戏，赐随驾王公大臣蒙古王公贝勒额附台吉等及都尔伯特公鄂哲依鄂，罗什乎公德格勤二人，并英吉利国正使马戛尔尼、副使斯当东及副使之子多马斯当东三人及缅甸国正使

---

① ［英］乔治·托马斯·斯当东：《小斯当东回忆录》，屈文生译，上海人民出版社2015年版，第368页。
② ［英］爱尼斯·安德逊：《英国人眼中的大清王朝》，费振东译，群言出版社2002年版，第121页。
③ 中国第一历史档案馆编：《英使马戛尔尼访华档案史料汇编》，国际文化出版公司1996年版，第2页。

密渺莽那牙他、副使密渺南达觉苏,细于南达梅济苏等三人,青海郡王那罕达而济,贝勒特里巴勒珠而头等,台吉垂忠扎布等三人小食。"①

乾隆十分喜欢小斯当东,老斯当东在他的书中写道:"在几天的庆祝中,有一天特使和几位主要的随员被邀请至行宫内女眷部分的一个剧场里去看哑剧。这个漂亮而又不大的剧场共有几层座位。剧台共三层,一层比一层高。客人坐在最低一层厢位,女眷的厢座在上面。她们的厢座用纱帘遮起,使她们能看到任何台上表演,而不会被别人看到。她们大概只能看到台上而看不到最低一层的厢位。皇帝陛下特意令一个小太监把特使的见习童子带到台上,使她们有机会看到这个外国小孩。"② "皇帝认为使节团见习童子的中国字写得还不错。他说,这个小孩既能用中国笔写字,也一定能用中国笔绘画。这个小孩从来不会绘画,这件事可真的为难他了。他只得勉强画了几朵莲花和皇帝前天赐他的荷包图样奉上。皇帝看了非常喜悦,又给了他几样礼品。"③

马戛尔尼使团即将返回英国时,乾隆又赠送给小斯当东一些礼品。乾隆喜爱小斯当东的原因,一是因为小斯当东乖巧伶俐,会讲汉语,乾隆感到十分新奇;二是由于乾隆借此表达他对英国使团友好的态度。

从总体上考察马戛尔尼使团使华的全过程,乾隆对待英国人严加防范,但也非一些西方人形容的那样,充满厌恶和憎恨。中英双方会见的气氛十分友好。像中英这样两个距离遥远,互相生疏,政治、经济、文化差异巨大的主权大国,要想一下子就政治和经济等问题达成共识是不可能的。如果保持联系,通过对话,逐步加强接

---

① 中国第一历史档案馆编:《英使马戛尔尼访华档案史料汇编》,国际文化出版公司1996年版,第553页。

② [英]乔治·托马斯·斯当东:《小斯当东回忆录》,屈文生译,上海人民出版社2015年版,第380页。

③ 同上书,第381页。

触,增进了解,随着中国自身情况的发展变化,中英双方是可以就一些问题达成协议的。

三 随同马戛尔尼使团使华对小斯当东一生的影响

马戛尔尼使团使华最终并没有达到预想的目的,但随同马戛尔尼使团使华对小斯当东的成长产生了很大影响。小斯当东自己说:"这件事不仅极大影响了我日后全部重要事件,而且成为我在世界取得各种声誉(不管是在文化界还是在政界)的主要来源,也成为我在日后一直要实现的目标。虽然我的父亲在这之前早已在政坛确立了名誉与声望,但即便是对他而言,后人知晓他,或许更多也是因为他是英国第一个出使中国使节团的历史记录者,而不是因为他是与蒂普苏丹(Tippoo Sultan)签订条约的谈判代表,尽管那个条约为印度带来了和平,亦为父亲赢得了准男爵爵位。"① 他还说:"我在后来的岁月中确实没少沾少年时期参加这次使华团的光。"② 客观上说,随马戛尔尼使团来华对小斯当东产生的影响主要有三个方面。

首先,随同一个由各行各业精英组成的团队旅行,使小斯当东从中获益匪浅,对他的成长影响很大。据当时随团使华的"狮子号"第一大副爱尼斯·安德逊的日记记载,使团在途经一些岛屿或城市时,都要对当地自然环境、民风政情进行考察,每次小斯当东都要随行,这使他开阔了视野,增长了见识。

其次,小斯当东首次来华,即接触到清朝皇帝和清朝政府的最高层领导者,这是与他同时代的英国人难以企及的,尽管他还是一个儿童,他对中国社会的了解程度远远超过与他同时代的其他西方人。马戛尔尼收集了大量有关中国经济、军事社会和文化的情报。

---

① [英]乔治·托马斯·斯当东:《小斯当东回忆录》,屈文生译,上海人民出版社2015年版,第9页。
② 同上书,第15页。

马戛尔尼使团返回英国后，一些使团成员将自己访华的见闻编撰成书，如马戛尔尼所著的《1793 乾隆英使觐见记》、老斯当东的《英使谒见乾隆纪实》、爱尼斯·安德逊的《英国人眼中的大清王朝》，至今仍是研究 18 世纪末中英关系非常重要的资料。

最后，小斯当东成为最早懂中文的英国人，为他成为英国首屈一指的中国问题专家奠定了坚实的基础。有人曾将其与 13 世纪意大利著名商人、旅行家马可·波罗做对比。小斯当东在其回忆录中记载："我已故的朋友，令人尊敬的马斯登先生（Mr. Marsden）在其译著《马可·波罗传》的一则译者注中也提到过这件事。马可·波罗还是孩子时，他的父亲曾向北京朝廷引荐过他。对于那些曾读过马戛尔尼使节团纪实的读者来说，他们一定会惊叹于这一幕与 1793 年热河之间的相似性，当时的乔治·斯当东爵士（即老斯当东）也向年迈的乾隆引见今日的乔治·斯当东爵士（即小斯当东）。"① 日后，他著书立说，内容涉及中国各个方面的情况，为英国人了解中国和英国政府制定侵华政策提供了极为有价值的参考依据。

不过，对于老斯当东而言，随同马戛尔尼使团使华似乎并没有达到预期目的。马戛尔尼使团出发前，老斯当东一度被英国政府任命为英国驻北京公使，但由于身体问题，他未能成行。小斯当东说："但是这一时期对我的父亲而言，却是一段失意和烦闷期。由于他已获得接替马戛尔尼勋爵担任英国驻京大臣（Resident Minister）的任命，所以便婉拒了回报显然更为丰厚的东印度公司广州管货人特选委员会主席（Chief of the Select Committee of the East India Company's Supercargoes at Canton）的任职，然而，不巧的是，出使北京期间发生的一系列出人意料的公共事件，使他无法在马戛尔尼勋爵离开后仍留在北京担任大使这一公职，尽管英国政府此后

---

① ［英］乔治·托马斯·斯当东：《小斯当东回忆录》，屈文生译，上海人民出版社 2015 年版，第 13 页。

曾有意将他再次派往中国，担任全权大使，1796年更是收到中国政府发出的明确邀请，但他却因突然罹患瘫痪症，遗憾不能再继续从事公事。"①

---

① ［英］乔治·托马斯·斯当东：《小斯当东回忆录》，屈文生译，上海人民出版社2015年版，第15页。

第 三 章
小斯当东在广州的主要活动

第一节　初入东印度公司驻华商馆

一　使馆得力的中文翻译

小斯当东在马戛尔尼使团访华时的突出表现使老斯当东对其子寄予了更大的期望。1797 年，小斯当东不满 16 周岁时，老斯当东将其送入剑桥大学三一学院学习，该学院创始人哈维·斯当东（Harvey Staunton）是斯当东家族成员，根据小斯当东的说法，三一学院大堂里每天饭前祷告都会念到哈维·斯当东的名字以示纪念，所以，老斯当东认为，小斯当东在三一学院学习可能会受到照顾，然而事与愿违，三一学院只是同意小斯当东以自费学生身份进入三一学院，在大学一年级的考试中，因小斯当东拉丁诗歌考核未达到要求而被列为乙等生，小斯当东认为，他未能达到甲类生的要求属于正常现象，因为他的年龄较其他人都要小，而且三个学期的课程，他只修了两个学期，但老斯当东对此非常不满，他立即让小斯当东退学。小斯当东对此感到非常遗憾，认为这样做使他错失了很多结识名人的机会。

从三一学院退学后，老斯当东决定送小斯当东前往中国。由于当时英国对华贸易由东印度公司垄断，因此，老斯当东向东印度公司提出申请，希望东印度公司能聘用小斯当东，让他前往广州的英国商馆工作，他向东印度公司推荐小斯当东的理由是小斯当东通晓汉语。此时的英国东印度公司正值巅峰状态，成为英国殖民印度的实际统治者，已发展成为一个殖民帝国，东印度公司机构十分庞杂，人事关系也十分复杂。由于有着可观的经济利益的诱惑，公司职员贪污贿赂，中饱私囊的情况成为常态，据英国议会的一项报告表明，1757—1766 年，东印度公司职员收到的礼物高达 2169665 英镑。[①] 有西方学者对此评论道："公司曾经彬彬有礼的职员，如今都变得极为狂暴、贪婪；股东之间相互勾结，贿赂竞选；董事会也完全成为没有领导能力、无法实现有效统治的纷争不断的机构。"[②]

特别是东印度公司作为对华贸易的垄断者获得了大量利润，进入 19 世纪后，更是呈现逐年上升的趋势，前往东印度公司驻广州商馆工作是一份肥差。由于复杂的利益关系原因，小斯当东前往广州的申请没有立即获得批准，直至 1798 年 4 月 10 日，小斯当东才被任命为英国东印度公司驻广州商馆特选委员会（Selected Committee）书记员前往广州。1799 年 6 月 18 日，小斯当东踏上前往中国的客船，由此开始了他在中国的活动生涯。

对于小斯当东的离开，老斯当东心里百味杂陈，一方面，他认为，小斯当东前往中国工作是完全有利于其未来发展的，另一方面，他对于自己唯一的儿子充满了依恋之情。此时的老斯当东身体已经出现了问题，他自觉已经不久于人世，英国与中国路途遥远，何时能再次相聚实属难测。老斯当东在给小斯当东的信中写道："我必须告诉你，我亲爱的乔治，你昨天离开后，我和你亲爱的妈妈过得非

[①] 郭家宏：《从旧帝国到新帝国——1783—1815 年英帝国史纲要》，商务印书馆 2007 年版，第 116 页。

[②] L. S. Sutherland, The Last India Company in Eighteenth Century Politics, *The Economic Review*, Vol. 17, No. 1, 1947, 转引自何文华《论 18 世纪后期英国政府对东印度公司的调控》，《西南民族大学学报》（人文社会科学版）2012 年第 4 期。

常煎熬，……我亲爱的乔治，在你离开我们之前，我和你的母亲两人都衷心地、真挚地认为，哪一天你对自己在中国的情况感到厌倦了哪一天你就离开中国马上回到我们的身边，然而我却没能让你深切地体会到这点，我不会原谅我自己。"

老斯当东还不忘教导小斯当东做事做人，他说："任何规则都有例外，工作太累或太忙时可暂停下来。我对你的建议只有，如果不去做一件事，一定要有不做的充足理由，当然如果你真没有去做，我永远会认为你是正确的，我会感到满足。一个人不可能去干所有有意义的事情，所以要学会舍弃。"

对于小斯当东学习中文，老斯当东的态度是："提高中文将是件很好的事，对你在中国的日子有利，即在今后也会给你带来很多好处和声誉；但我不是在给你立下必须完成一件事的规矩，因为你良好的判断力和审慎会帮助你做到最好。"

老斯当东对于小斯当东获取财富收入并没有很多要求，相反他认为小斯当东事业上获得成功的标志是是否能够获得令人生辉煌的知识。他说："亨利·布朗先生（Mr. Henry Browne）最近购买了赫特福德郡北米姆斯（North Mires in Hertfordshire）的一处宅子。我亲爱的乔治，你在中国不会收获他那么多财富，但我希望你最终回到英格兰时，自己积攒了相当的财富，并已获得了能够给你带来辉煌成就的丰富知识。我平生添置的家产会归你，并将在你那里更加发扬光大，你能获得的还有贵族头衔及世家身份。"①

1800年1月13日（嘉庆四年十二月十九日），时年19岁的小斯当东第二次来到中国。这次，他在中国先后工作居留了十几年。

小斯当东到达中国之前，在英国东印度公司驻广州商馆的工作人员之中，无人通晓汉语。商馆人员及英国商人在与中国政府官员和行商联系时，主要使用的是"广州英语"（"pidgin English"或

---

① ［英］乔治·托马斯·斯当东：《小斯当东回忆录》，屈文生译，上海人民出版社2015年版，第22页。

"pigeon English")。所谓"广州英语",是在中英贸易及日常生活交往过程中,由中国人发明的一种交际口语。它将汉语同英语甚至葡萄牙语在发音、语法等方面糅合在一起,逐渐形成了一种变种的英语。英国人和美国人也逐渐接受和适应了这种语言。美国人威廉·亨特称"广州英语":"……专指在广州的中国人与'西洋人'之间用作进行商业交易和往来媒介的独特语言。"①

尽管广州英语在中英交流过程中起了重要作用,但毕竟是一种不规范的语言,在使用过程中,常常出现表意不够精准、语义存在偏差等诸多问题。随着中英贸易往来和交流的增多,双方在官方交往时,语言问题日益突出,东印度公司急需精通汉语的人才,广州商馆中如有通晓汉语的职员必然会给英国东印度公司带来最大化利益。②

小斯当东来华后,发挥懂中文的优势,首次将中国政府的公文函件准确翻译成英文呈现在英国驻华工作人员面前,给商馆的工作带来了很大的便利。

小斯当东到广州后不久,发生了"朴维顿事件"(也称"天佑号事件")。1800年2月10日(嘉庆五年一月十七日)夜,英国兵船"朴维顿"号(Providence)的水手向中国渔民开枪,打伤一人,造成另一名搭船的中国人落水而死。清政府要求英方彻查此事,并交出凶手。英国方面则提出请求,希望英方官员出席案件审理过程,获得中方应允。3月12日(二月十七日),英国兵船"朴维顿"号船长狄克斯(Dikes)偕证人进入广州城。广东按察使、广州知府、

---

① [美]亨特:《广州番鬼录》,冯书铁译,广东人民出版社1993年版,第44页。
② 在华英人不懂汉语的主要原因有:第一,汉语是一种比较复杂的语言,英汉两种语言差异很大,英国人学习汉语十分困难。第二,中国政府颁布一些政策,限制英国人学习汉语。如禁止中国人教授外国人汉语。第三,英国商人在同行商进行贸易时,可以使用广东英语,有些英国人认为学习汉语是没有必要的。美国外交家何天爵说,外国人与当地人之间进行的巨额贸易的十分之九是通过广州英语完成的。(参见[美]何天爵《真正的中国佬》,鞠方安译,光明日报出版社1998年版,第52—53页。)

南海县令、番禺县令会同审理此案。在审理的最初阶段，中国政府官员态度较为强硬，要求严惩凶手，给英人造成了很大的压力，但后来突然改变了态度，主动取消审讯，这一命案不了了之。① 值得注意的是，狄克斯参与审理英人在中国杀害中国人案件，开了中英共同审理案件的恶例，严重损害了中国司法主权。有学者认为这是英国侵略者直接插手中国司法审判、干涉中国司法的开始。这一说法是较为客观的。②

在案件处理过程中，小斯当东参与了案件审理工作，并担任了翻译，起到了很重要的作用。小斯当东对此记录道："我工作的性质，是最早让我感到不适应的原因之一。商馆里年纪轻的职员承担的主要是诸如监督货物称重及抄写商务文件等工作，算不上惬意，也谈不上与脑力有关，但是我却经常被叫去做一些高级工作。1800年1月，在我抵达广州数日之后，英国当局正巧和清朝地方政府发生了严重的纠纷。在这种情形下，英国人拥有一名本国心腹译者的优势立刻体现了出来，而在此之前，翻译只能一股脑全部托付给懂英语的中国人，但这些人可能会受到中国官员的贿赂或者恐吓。"③

东印度公司驻广州商馆主席理查德·霍尔先生（Richard Hall）注意到，中国政府审理这桩案件时，依据的是《大清律例》的有关条款。案件审理结束后，他向中方提出请求，希望中国政府能够准许英国人获得一份中国印行的法律条文，以便他们了解和查询。中国政府官员摘录了《大清律例》中的六条，印制了一百份，交给英国人。这六条的内容是：

---

① 详见许地山《达衷集》，商务印书馆1925年版，第185—193页；[美]马士《中华帝国对外关系史》第一卷，张汇文译，上海书店出版社2000年版，第118页。

② 关于中方主动取消审讯的原因，萧致治教授认为，是英方向中国官员行贿及向受害者家属赔偿的结果，此说很有道理。参见萧致治、杨卫东《西风拂夕阳——鸦片战争前中西关系》，湖北人民出版社2005年版，第266—268页。

③ [英]乔治·托马斯·斯当东：《小斯当东回忆录》，屈文生译，上海人民出版社2015年版，第25—26页。

第一，疑窃杀人，即照斗杀论，拟绞。

第二，将鸟枪施放杀人者，以故杀论，斩；杀（伤）人者，充军。

第三，罪人已就拘执，及不拒捕而杀之，以斗杀论，绞。

第四，诬良为窃，除实犯死罪外，其余不分首从，充军。

第五，误伤人者，以斗殴伤论，验伤之轻重，坐罪。

第六，酗酒生事者，该发遣者，具发烟瘴地方为奴。①

霍尔将这六条交给小斯当东，请小斯当东翻译成英文。这次翻译任务完成后，小斯当东对研究中国法律产生了浓厚的兴趣。也许是为了全面了解中国法律，以便在中英之间出现冲突时，服务于本国利益。小斯当东设法找到了嘉庆四年（1799）和嘉庆六年（1801）两个不同版本的《大清律例》，② 在经过比较后，他开始翻译《大清律例》。

小斯当东通晓汉语，机敏过人，很快适应了在商馆的工作，并受到上司的重视。此后在中英之间很多重大事件的交涉场合中，都能看到他的身影。

小斯当东的亲友对他的表现也评价甚高，马戛尔尼在给小斯当东的信中提出，"你的父亲很慷慨地给我看了你写给他的信，特别是最近的信函，信中有关广东事件的细节，你的表现十分突出，充分展现出了你的能力，我毫不怀疑，你会在将来凭借你的汉语知识为我们的国家更好地服务，你也会觉得你付出辛苦，学习汉语是值得的。实际上，你的这一优势在英国人是独有的，必然会对你以后的

---

① 《粤督抚海关因英船命案下行商谕》，转引自许地山《达衷集》，商务印书馆 1925 年版，第 193 页。

② 美国学者马士认为，两广总督吉庆不愿将《大清律例》全文交给英国人。理由是它有关国体，没有皇帝的批准，不敢擅自让外国人查看。小斯当东后来如何得到《大清律例》，待考。

发展有好处。"①

小斯当东离开英国后，老斯当东的身体每况愈下。1801 年 1 月 14 日，老斯当东在家中病逝。小斯当东是家中的独子，老斯当东将全部遗产留给了他，他向东印度公司申请返回英国料理父亲的后事，马戛尔尼也给英国东印度公司写信，请求让小斯当东回到欧洲，东印度公司董事会很快就同意了小斯当东的申请，他于 1802 年 1 月离开了中国。尽管小斯当东在广州只工作了两年时间，但东印度公司董事会广州特选委员会对小斯当东的工作做出了高度评价，特选委员会认为：

> 我们对斯当东先生在中文上的优异表现完全认可，已经发生的与今后发生的任何一场与中国政府的交涉都需要他；要明白这一点，我们只需注意到，在上次 4 月 9 日的会议上，中方官员很不愿意看到有任何商行商人参加。我们还知道，他有望获得法国人在《中国回忆录》这部书中高度赞颂的那部中国著名法典，倘若他能及时提供文献中一些我们想要了解的内容，那么荣誉注定会留给他。②

东印度公司驻华商馆的主席詹姆斯·德拉蒙德（James Drummond）在给东印度公司董事会发送的一份快讯中，提到小斯当东离开广州对于东印度公司驻华商馆而言是非常遗憾的事，他说："这个节骨眼上，乔治·斯当东爵士的缺席实在令人痛惜，因为以他的知识和能力，我们本可获得最不可或缺的有利条件。"③

实际上，进入 19 世纪后，有关汉语研究和学习在英国已经引起

---

① George Thomas Staunton, *Memoir of the Life and Family of the Late Sir George Leonard Staunton, bart*, London: Havant Press, 1823, pp. 385–386.

② ［英］乔治·托马斯·斯当东：《小斯当东回忆录》，屈文生译，上海人民出版社 2015 年版，第 27 页。

③ 同上书，第 29 页。

了更多人的关注。小斯当东在英期间发现在英国工作的两位意大利籍中国学家蒙突奇和哈盖尔①就汉语研究问题发生了争执。1801年,哈盖尔在英国出版了《边画译》(*An Explanation of the Elementary Characters of the Chinese*,也被翻译为《对汉语的基本解释》)一书,此书出版后受到各界的重视与好评,哈盖尔还准备编辑出版一部汉英词典。但蒙突奇则认为哈盖尔所做工作极不专业,并指出哈盖尔著作中的多处错误,认为他的汉语水平根本无法主持汉语字典的编撰工作。值得注意的是,蒙突奇在批判哈盖尔的时候,将其与小斯当东进行了比较,他说:"让真正有学识的君子敬而远之的厚颜无耻,他甚至在斯当东不在的时候在伦敦沽名钓誉。"② 由此可见,小斯当东的汉语水平在当时的英国已经是标杆了。蒙突奇还在《中国语言的特征》(*Characteristic Merits of the Chinese Language*)一书中抨击哈盖尔作品,同时提出了自己编撰英汉字典的规划。在蒙突奇的影响下,哈盖尔最终放弃在英国寻求赞助的计划,于1804年离开英国。1808年,蒙突奇向法国内阁总理自荐编撰汉语字典,但法国人认为由一位外国人来完成并出版欧洲历史上第一部汉语大字典,将有损法兰西民族的声誉,蒙突奇目标未能实现。由于蒙突奇批判哈盖尔的文章都刊登在著名杂志《文献评论》(*Critical Review*)上,很多人由此了解到了小斯当东精通中文。

约翰·巴罗对蒙突奇编撰字典的想法产生了浓厚的兴趣,并与

---

① 蒙突奇(Antonio Montucci,1762—1829)是意大利中国学家,马戛尔尼使团出使中国期间,他曾协助老斯当东在意大利寻找中文翻译,并发挥了关键性作用。蒙突奇与李自标等人关系密切,李自标等人推荐由蒙突奇来翻译英国国王乔治三世写给乾隆帝的信件。哈盖尔(Joseph George Hager,1759—1819)是德裔意大利人,他自学汉语并精通多国语言。18世纪末,西人学习和研究汉语面临的主要问题之一是缺少合适的工具书和教材。哈盖尔立志要改变这种状况。在德国期间,他潜心研究《正字通》和《字汇》两部汉语字典,进入英国后,他又在大英博物馆、皇家学会等机构查找资料,于1801年出版了《边画译》一书,该书是19世纪欧洲学者出版的第一部汉语研究的专著,内容丰富,对汉语的讲解深入浅出,吸引了众多欧洲读者。

② [英]苏珊·里德·斯蒂夫勒:《英国东印度公司广州商馆的汉语学生》,刘美华、杨慧玲译,《国际汉学》2016年第1期。

小斯当东进行了讨论，巴罗认为，"如果东印度公司的董事们明文规定，所有赴中国出任书记员的人选必须认识 500 或 1000 个汉字，我敢说，胜任这一职位的人屈指可数（不超过 20 个），而这一职位的薪金又非常丰厚，像目前这种通过家族关系内定职缺的情况就不大可能发生了。"① 除了讨论语言问题外，两人还就再次派遣使节访华等问题进行了讨论。巴罗认为，小斯当东在中国任职期间是英国派遣第二个使团的最佳时机。

在处理完父亲的丧事后，小斯当东多数时间用来走亲访友，与他的母亲、其他近亲属以及老斯当东的众多故友在一起。老斯当东的众多故友中最看中小斯当东及对小斯当东未来发展起到重要作用的是马戛尔尼，马戛尔尼特别希望小斯当东能够继承老斯当东的地位和影响力，他在给小斯当东的一封信中写道："亲爱的乔治爵士，……我定会尽我所能，使你替代令尊的地位，并受到最大程度的尊敬与尊重。"② 1802 年 12 月，马戛尔尼带着小斯当东一道前往圣詹姆斯宫觐见英王乔治三世（George Ⅲ）。不久，马戛尔尼勋爵又积极推荐小斯当东加入了文人俱乐部（Literary Club），该俱乐部由约翰逊博士（Dr. Johnson）创建于 1746 年，在当时很有社会影响力。

二 擢升大班

由于小斯当东的突出表现和独一无二的中文才能，1804 年 6 月，小斯当东被东印度公司再次派遣前往东印度公司驻广州商馆工作，但其工作职位有了提升，担任大班。

"大班"一词是明清时期对西方人来华贸易商船的商务代理人的

---

① ［英］苏珊·里德·斯蒂夫勒：《英国东印度公司广州商馆的汉语学生》，刘美华、杨慧玲译，《国际汉学》2016 年第 1 期。

② ［英］乔治·托马斯·斯当东：《小斯当东回忆录》，屈文生译，上海人民出版社 2015 年版，第 29 页。

称谓，英文为 supercargo。17 世纪后，英国东印度公司派往中国的贸易商船上配备有公司大班，每条船上都有一个大班管理会，一般是由 3—4 名大班组成，负责整个航程公司贸易管理工作。东印度公司选拔的大班都是非常精明的商人，这一点在同中国行商的贸易过程中有着非常明显的体现。从 18 世纪到 19 世纪广州十三行的行商经常出现破产和欠债现象，但广东从事对华贸易的东印度公司和散商基本都处于盈利状态，从未出现过破产危机。东印度公司的大班们为了实现利益最大化，他们对广州十三行不同实力背景的行商进行区别对待，采取不同的贸易方式与政策，始终占据着中西贸易的主导权，对此，有学者认为，大班"完全体现了商业资本主义逐利的政策灵活性与效益的高度性，真实反映了商业资本主义的效率"①。

"大班"的收入也十分可观。19 世纪初的英国，工业资产阶级力量不断增长，积极要求拓展海外市场，对东印度公司形成很大竞争压力，为了维护对东方贸易的垄断和高额利润，英国东印度公司选拔海外职工的标准很高，为了保证人才不流失，采取了类似于"高薪养廉""鼓励员工入股"等方式，激发了员工为公司服务的积极性。小斯当东对此的记述是："到 1804 年 6 月，我最终还是得动身返回我所供职的中国东印度公司——那个我之前只体会过艰辛和不便而从未收获任何利润的地方。但是，就在这一年，我由文书擢升为了大班（supercargo）。大班这一称谓实际上根本不能贴切地表达出这一职务所担负的职责，然而这一职位对我来说却颇为重要，因为它能保证我可以一年赚到 2000 英镑到 100000 英镑的薪水（因资历而定）。"②

---

① 潘毅：《清代前期英国东印度公司对华贸易大班与行商的关系》，《凯里学院学报》2015 年第 2 期。
② ［英］乔治·托马斯·斯当东：《小斯当东回忆录》，屈文生译，上海人民出版社 2015 年版，第 31 页。

这一时期英国基层劳动者的工资水平是比较低的，有学者统计，1794年，北安普顿郡（Northampton）从事犁夫行业的人货币工资为每周6先令，犁夫们通常住在农场主家里，早餐和午餐通常有凉肉、面包、奶酪，晚餐有烤肉或炖肉。1796年肯特郡（Kent）工人日工时为10小时，工资在1先令6便士至2先令。1807年米德塞克斯郡（Middlesex）的平均工资是：每英亩作物收割，大麦和燕麦3先令，首稽3先令，草稽4先令。每英亩作物打包装袋，小麦和黑麦12先令，豆子7先令。每夸脱作物脱粒，燕麦和大麦2先令，豆子和豌豆、小麦和黑麦4先令。1812年，多塞特郡（Dorset）的短工日工资为2先令到2先令6便士（周工资合12—15先令），如果是长工，每周只有7—9先令，但农场主提供小屋、谷物、燃料等（折算在一起也差不多12—15先令），实物工资比例占到25%—50%。① 由此可见，小斯当东出任东印度公司大班的收入是很高的。

小斯当东抵达广州后，尽管其已升任大班，但还经常会充任翻译，承担广州商馆与中国政府官员会谈的翻译和口译工作。广州商馆还特别委任他为特选委员会的秘书，这对于一个年岁仅二十出头，且只有两三年工作经验的年轻人来说，是非常具有挑战意义的，这也体现出小斯当东受到东印度公司高层的重视。通过这个职位，小斯当东得到了更多的锻炼，使得自己对中英贸易的认识更加深刻了，小斯当东自己也认为："这一职位要我完成大量的工作，也让我有机会熟悉公司最为重要和最为核心的业务。"② 应该说，小斯当东的工作表现达到了其父老斯当东对其的期待目标。

---

① 徐滨：《工业革命时代英国农业工人的工资与生活水平》，《首都师范大学学报》（社会科学版）2011年第3期。

② ［英］乔治·托马斯·斯当东：《小斯当东回忆录》，屈文生译，上海人民出版社2015年版，第31页。

第二节 《英吉利国新出种痘奇书》的翻译与影响

一 天花的危害及对中国社会发展的影响

东西方相互学习先进医学技术有着悠久的历史。汉唐时期，中国人就注意学习引进印度的医学技术。宋元时期，阿拉伯一些先进医学技术被引入中国，产生了巨大社会影响。到了明清时期，随着欧洲人来华日增，中欧交流日益频繁，欧洲的医学技术也随之传入中国。英国牛痘接种术传入中国是一个典例。英国牛痘接种术传入中国，挽救了无数中国人的生命，是中英关系史上的一段佳话。对英国牛痘接种术在华传播起到关键性推动作用的是一本名为"英吉利国新出种痘奇书"的译作，译者正是小斯当东。这本书使中国人开始了解并接受英国牛痘接种术，使之在中国广大地区传播推广。《英吉利国新出种痘奇书》还传入朝鲜、日本，对牛痘接种术在这些地区的传播起到了重要作用。英国牛痘接种术和《英吉利国新出种痘奇书》在华传播是时代的产物，也为中西方医疗科学技术交流与互动，推动人类社会发展进步树立了典范。

天花，古称"虏疮"，中医学称为"痘疮"，民间称为"出疹"或"出痘"，是由天花病毒引起的接触性传染病。人感染了天花病毒后，轻者出现头痛、高热、皮疹等症状，愈后脸部留有疤痕，形成麻脸。重者会诱发一些并发症，如败血症、骨髓炎、脑炎等，导致患者死亡。天花病毒主要通过飞沫吸入或直接接触传播，有高度传染性，且生存力很强，能对抗干燥和低温，在痂皮、尘土和被服上，可生存数月至一年半之久，没有患过天花或接种过天花疫苗的人，不分男女老幼，均有可能感染天花。天花无特效药治疗，患者只有依靠自身免疫力抵御天花病毒，死亡率高达30%。患过天花的人即具备了抵抗天花病毒的能力，以后不会再犯。

天花在被彻底根除前，在全世界范围内共夺走了数亿人的生命。① 天花的泛滥，在人类历史上留下了痛苦的回忆。美国总统托马斯·杰斐逊（Thomas Jefferson）曾讲过："后世通过历史可以看到，天花留下来的只有可恶的东西。"②

在中国，早在晋代，著名药学家葛洪在他所著的《肘后备急方》中就对天花有所记载，他说："比岁有病时行，仍发疮头面及身，须臾周匝，状如火疮，皆戴白浆，随决随生"，"剧者多死"。③ 同时，他对"天花"的起源进行了追溯。他指出：此病起自东汉光武帝建武年间。这是目前我国，也是世界最早关于天花的记载。书中还说："永徽四年，此疮从西流东，遍及海中。"这是目前世界上发现的最早关于天花流行的记载。此后，历朝历代，天花都曾肆虐，造成大量人口死亡和社会恐慌，严重影响了社会经济的稳定和发展。

值得注意的是，天花作为一种长期存在和流行的疫病，对中国的政治走向及民族关系也产生了一定影响。特别是在清代，表现尤为突出。根据《满文老档》记载，后金时期，皇太极曾因担心部队感染天花，数次取消或缩小对明朝的军事活动的规模。④ 1631—1632年，后金天花流行，一些正常的国事活动也被取消。清军入关后，在北京等地实行的满汉强行隔离和迁居等政策，很重要的一个因素便是满洲贵族惧怕天花传染，被迫采取隔离措施。天花还影响到了

---

① 天花可能最初起源于古印度或埃及。公元6世纪，天花在中东地区流行，有的国家死亡人口占总人口数的10%—15%。15世纪，天花在欧洲大陆流行，以致每五个人中就有一个因得病而留下痘斑麻点。甚至法、英、德、俄国的一些君主也难逃厄运。到了18世纪，全欧死于天花的总人数高达1.5亿人。1518年，天花传入墨西哥和南美洲，继而传到北美洲，由于当地居民对天花病毒完全没有免疫力，无数民众被夺去了生命，2000万人口的阿兹台克帝国在不到100年间就有92%的人口死去。参见朱建平《天花的世界流行》，《中华医药杂志》2003年第3期。

② Donald R. Hopkins, *The Greatest Killer: Smallpox in History*, Chicago, University of Chicago Press, 2002, p. XI.

③ 郭振球：《中国医学百科全书》，上海科技出版社1983年版，第42页。

④ 中国第一历史档案馆、中国社会科学院历史研究所译注：《满文老档》下册，中华书局1990年版，第810页。

清代皇位的继承，给清初政治带来重大影响。据《清实录》记载，顺治帝年幼时，曾"避痘塞外"①。1661年，他因天花去世，年仅24岁。顺治帝死后，康熙帝即位，康熙帝之所以被选为皇位继承人，一个很重要的原因就是康熙帝幼年时已出过天花。清代很多政治人物的沉浮也与天花有关。嘉庆初年，和珅被处死，嘉庆给和珅开列的十大罪状中，最后一条为"皇考升遐后，朕谕蒙古王公未出痘者不必来京，和珅擅令已、未出痘者俱不必来"②。1875年，同治因天花去世，成为清代历史上第二个因患天花死亡的皇帝。天花作为一种烈性传染性疾病，尽管一直为医学界所重视，却没有根治的办法。从普通民众到皇宫贵族，都饱受天花的困扰。

二 中国人痘接种术的发明及不足

天花虽无特效药医治，但可通过种痘的方法来预防天花的发生。据清代医学家朱纯嘏在《痘疹定论》中记载，宋真宗年间，四川峨眉山有一医者能种痘，曾为宰相王旦之子王素种痘获得成功。到了明代，随着对传染性疾病的认识加深和治疗痘疹经验的丰富，人痘接种术开始应用普及。清代医家俞茂鲲在《痘科金镜赋集解》中说："种痘法起于明隆庆年间（公元1567—1572年），宁国府太平县，姓氏失考，得之异人丹徒之家，由此蔓延天下，至今种花者，宁国人居多。"③清初医家张璐在他的著作《医通》中综述了痘浆、旱苗、痘衣等多种预防接种方法。

人痘接种术的发明为人类预防天花提供了比较成功的方法，取得了一定的效果。清代医学家张琰在他的《种痘新书》中写道："种痘者八、九千人，其莫救者，二、三十耳。"清代名医徐灵胎对

---

① 《清世祖实录》卷六十三，顺治九年二月。
② 《清史稿》卷三一九，列传一零六，《和珅传》。
③ 杨小明：《〈天花仁术·序〉中有关人痘接种术的新史料》，《中华医史杂志》2000年第3期。

人痘接种术也称赞有加,他说:"痘疮无人可免,自种痘之法起,而小儿方有避险之路。……然往以种痘仍有死者,疑而不敢种,不知乃苗之不善,非法之不善也。况即有死者,不过百中不一,较之天行恶痘十死八九者,其安危相去何如也。"①

由于人痘接种术效果显著,因此也受到了日本、朝鲜、俄国、英国等国的重视。17世纪末,俄国政府乘中俄《尼布楚条约》(1689)签订之机,派遣留学生来华,学习中国的人痘术。1764年,俄国女皇叶卡捷琳娜二世带头接种了人痘。到18世纪中叶,我国所发明的人痘接种术已传遍亚欧各国。我国发明人痘接种术,是对人工特异性免疫法的一项重大贡献。人痘接种术在世界各地的传播拯救了数以千万计的生命。18世纪法国启蒙思想家、哲学家伏尔泰曾在《哲学通讯》中写道:"我听说一百多年来,中国人一直就有这种习惯,这是被认为全世界最聪明最讲礼貌的一个民族的伟大先例和榜样。"②

尽管人痘接种术在预防天花发生方面取得了显著成效,但是也存在不足之处。一是即使是在最理想的医疗条件下,依然有较高的死亡率。更为重要的是人种痘苗的毒性很强,可能会导致接种者患天花死亡,使接种者成为传染源。

三 英国人改进种痘术及向中国的推介

天花是英国最为严重的传染病,对英国的政治、经济、社会发展带来了诸多负面影响。与清朝类似,天花曾导致英国王位继承出现问题,从而严重影响了英国政治生活。1700年,英国女王安妮的儿子,也是斯图亚特王朝唯一的继承人威廉王子死于天花,斯图亚特王朝就此绝嗣。安妮女王死后,王位由其远亲德意志汉诺威选帝侯乔治一世继承,英国进入汉诺威王朝时期。这引起了斯图亚特家

---

① 刘学礼:《种痘术及其中外交流》,《自然辩证法通讯》1993年第4期。
② 阎守诚:《传教士与法国早期汉学》,大象出版社2003年版,第85页。

族一些后裔的不满，詹姆斯·爱德华（"老王位觊觎者"）和查理·爱德华（"小王位觊觎者"）父子在苏格兰两度掀起叛乱，企图以武力夺取王位，虽然叛乱均告失败，但对英国国内民族统一、经济发展造成了很大损害。

18世纪初，英国人已经注意到土耳其、希腊等国家种植人痘。在英国驻土耳其公使夫人蒙塔古（Mary Wortley Montagu）的推动下，英国人开始试验人痘术，1754年，英国皇家医师学会认可了人痘术的可行性。在实验过程中，有人使用过中国的鼻痘法。1795年，英国皇家医师学会正式宣布人痘术对于防治天花是有价值的。① 但人痘术存在技术隐患。有学者估算，1721—1728年，接受过人痘接种手术的897人中，有17人的意外死亡很可能与人痘接种直接相关。②

1796年，英国乡村医生琴纳（Edward. Jenner）在中国人痘接种术的基础上，发明了牛痘接种术。琴纳经过长期观察，发现农场的挤奶女工患天花的比例很低。经过进一步研究，他发现，牛也会得一种类似天花的"牛痘"，但病情会比人得天花平稳很多。挤奶女工很容易被传染上牛痘，得过牛痘后就不会再生天花。1796年5月14日，琴纳首次为一名八岁男孩接种牛痘并获得成功。牛痘术后经不断完善发展，得以推广运用，并传播到世界各地，效果非常理想。琴纳发明的牛痘法在天花的预防和治疗史上具有重要意义，挽救了成千上万人的生命。以瑞典为例，1816年，瑞典政府强制公民种植牛痘。瑞典天花患者的死亡数1800年为12000人，到了1822年下降到只有11人。③ 琴纳由此被称为天花的征服者（Conqueror of Small-

---

① 参见［美］Alieia Grant、马伯英《伏尔泰〈谈种痘〉及蒙塔古夫人传种人痘于英国史料辨误》，《中华医史杂志》2009年第3期。

② P. E. Razzell, "Population Change in Eighteenth-Century England. A Reinterpretation", *The Economic History Review*, New Series, Vol. 18, No. 2, 1965, p. 482.

③ J. N. Hays, *Epidemics and Pandemics：Their Impacts on Human History*, Colombia：ABC-CLIO, 2005, p. 289.

pox)。① 因此，可以说在天花预防方面，取得真正意义上突破的是英国人。

英国牛痘接种术的发明引起了英国政府和英国东印度公司的高度重视。此时英国的对华贸易额在西方国家中已占据绝对主导地位。英国政府从对华贸易中获利颇丰，博得中国政府的重视与好感，扩大英国在华影响，是这一时期英国政府对华政策的主导性措施。英国牛痘接种术的发明和显著疗效为英国政府提供了一次在华扩大影响力的好机会。因此，在牛痘接种术试种成功后不久，英国人就开始向中国传播牛痘接种术。有学者考证，1803 年 6 月，时任英国印度总督的庞贝（Bombay）曾给东印度公司驻华商馆写信，希望将在印度已推广的牛痘种植术传入中国，并寄送了一批疫苗。由于路途遥远，这些疫苗未能成活。② 但英国人向中国输入牛痘种植术的努力并未就此停止。此后不久，英国东印度公司医生亚历山大·皮尔逊（Alexander Pearson，1780—1874）在公司大班多林文（J. Drummond）的支持下，在华为中国人试种牛痘并取得了成功。为了在中国推广这项医疗技术，皮尔逊还编写了一本小册子，专门介绍牛痘种痘术的种植方法。

四 小斯当东翻译《英吉利国新出种痘奇书》与英国牛痘接种术传入中国

皮尔逊所编的小册子很快引起了小斯当东的注意，他意识到这本小册子对于英国扩大在华影响极具价值，立即着手翻译成中文。1805 年，由小斯当东翻译的皮尔逊介绍种植牛痘的小册子正式出版，定名为"新订种痘奇法详悉"，封面为"英吉利国新出种痘奇

---

① 参见 Ana Maria Rodriguez, *Edward Jenner: Conqueror of Smallpox*, New Jersey: Enslow Publishers, 2006。

② Wong Chimin K., Wu Lien—Ten, *History of Chinese Medicine*, Shanghai: National Quarantine Service, 1936, p. 276.

书",第一版刊印了 200 余册。

《英吉利国新出种痘奇书》一书分为两部分。第一部分是图解。分别介绍了牛痘的接种部位、接种器械、接种成功后的出痘形状。另一部分为正文,详细介绍了天花在欧洲流行的情况,人痘术在欧洲接种的情况,琴纳发明的牛痘术及其与人痘术的区别、优势,牛痘具体的种植方法及注意事项等。① 该书通俗易懂,简明扼要,非常实用。

小斯当东对《英吉利国新出种痘奇书》的出版寄予厚望,希望借此扩大英国在华影响。他多次向两广总督及粤海关监督进献此书。小斯当东的朋友、外科医生巴罗(John Borrow)也不无信心地在给牛痘接种术的发明者琴纳的信中写道:"我非常高兴地寄送给您一本由我朋友乔治·斯当东爵士翻译、在广州用中文出版的您的单行本。由于天花在中国也是一种经常致命的疾病,所以毫无疑问,出于相同的理由,牛痘接种术已在广州实施了。这种更温和、更有效的替代品,将在这个人口众多国家的每一个省被接受。"② 小斯当东在他的回忆录中也指出:"我也非常高兴,在 1805 年,为牛痘免疫法传入中国做出了一些贡献,通过翻译商馆医生皮尔逊先生在一个本地人协助下编辑的介绍牛痘免疫法的小册子,我将其翻译成中文,并使之传播。"③ 从实际效果来看,《英吉利国新出种痘奇书》确实在中国乃至整个东亚都产生了重要影响。

《英吉利国新出种痘奇书》刊行后,牛痘接种术开始在中国得到广泛传播。当时广州会隆商行行主郑崇谦对牛痘术甚感兴趣,积极提倡传习,并雇用邱熺等人专门学习研究传播,成为中国第一批学习和传播西方牛痘术的中医师。1815 年,由会隆商行中的伍秉鉴等

---

① 参见张大庆《英吉利国新出种痘奇书》,《中国科技史料》2002 年第 3 期。
② Paul Saunders, *Edward Jenner Cheltenham Years, 1795 – 1823*, New Hampshire: University Press of New England, 1982, p. 183.
③ George Thomas Staunton, *Memoir of the Life and Family of the Late Sir George Leonard Staunton*, London: Havant Press, 1823, p. 33.

人赞助，在广州设立了牛痘局推广牛痘术。此后，各地纷纷来粤学习或聘请痘师到各省设局接种牛痘，牛痘术开始在全国传播，其中较为著名的有：天津城内鼓楼保赤堂种痘公局，河南省垣东门施种牛痘局、上海邑庙内的种痘局、福建邵武邓家祠堂内的种牛痘房，还有广东香山人曾望颜在北京米市胡同南海会馆内设立种痘公局等。各地牛痘局的竞相建立，标志着中国人开始采用琴纳的牛痘术，代替了人痘术，使中国在天花的预防方面取得了重要的进展。

清政府一些开明的官吏也从事实中看到了牛痘接种术的效果，鼓励翻刻或发布种牛痘的书刊，为牛痘术的推广起到了推动作用。一些社会名流也纷纷题词、写诗赞颂牛痘接种术，为牛痘接种术在中国的传播提供了必要的舆论准备。1817 年，邱熺在《英吉利国新出种痘奇书》一书的基础上，结合中医的有关理论和自己的实践经验，写成了《引痘略》一书，并自费刊印。这是目前所知的中国人撰写的介绍琴纳牛痘术的第一本专著。在邱熺之后，在中国研究牛痘理论和技术的医学著作日渐增多。

总之，《英吉利国新出种痘奇书》是最早向中国传播牛痘术的专著，使中国人对牛痘接种术有了比较详尽的了解。《英吉利国新出种痘奇书》刊行后，牛痘接种术在中国得到了广泛传播，中国人防治天花进入一个新的阶段。

五 《英吉利国新出种痘奇书》在朝鲜、日本的传播与影响

《英吉利国新出种痘奇书》一书出版后，被译为多国语言文字在海外出版，产生了重大影响。

1828 年，朝鲜人丁若铺来华，他得到琉璃厂奎光斋所翻刻的《英吉利国新出种痘奇书》后，撰写了《时种通论》，并依照其中所讲述的种植牛痘的方法，在朝鲜首次试种牛痘，取得成功。

1841 年，日本著名兰医伊藤圭介将《英吉利国新出种痘奇书》翻译成日文，在日本刊印发行。这是已知的第一部被翻译为日文的中国汉译西医著作。1842 年，邱熺的《引痘略》也被翻译成为日

文，题名"引痘新法全书"，在日本刊行。1849 年，兰医广瀚元恭重译了《英吉利国新出种痘奇书》。《英吉利国新出种痘奇书》的翻译对推动牛痘术在日本的传播与发展起到了决定性作用。早在 19 世纪 20 年代，荷兰医生就曾将牛痘苗带到了日本并在长崎试种，但被日本的民众认为是妖术，未能全面推广。直到《英吉利国新出种痘奇书》等汉译牛痘种痘书翻译出版后，牛痘种痘法才引起日本人的重视。越前藩医笠原良策向藩主松平春岳建议，向清朝索取牛痘苗，在日本推广种植。松平春岳将这一建议呈交给德川幕府，幕府将此事交给唐通译颖川四郎左卫门专门办理。以《英吉利国新出种痘奇书》为代表的汉译西医著作对西医在日本的传播和普及起到了促进作用，对日本医学从传统医学向现代医学的转变也起了积极的推动作用。日本著名医史专家富士川游在他的著作《日本医学史》中指出，牛痘种痘法是通过中国传入日本的，传入的媒介就是小斯当东的《英吉利国新出种痘奇书》（广瀚元恭所译的《英吉利国新出种痘奇书》日文译名为"新订牛痘奇法"）和邱熹的《引痘略》。直到那时，琴纳的牛痘种痘法才为日本人民渐渐了解。① 这种说法是比较客观的。

值得注意的是，尽管牛痘种植法在中国民间传播很快、很广，却未受到清朝最高统治者的重视，见不到满清皇家子弟种植牛痘的记录，以至于道光的几个子女及同治因患天花而亡，这同日本幕府的举措形成了鲜明的对比，值得关注。因此，有西方学者认为，牛痘种植术在日本的推广，是日本近代社会变革、走向开放的重要体现。②

1862 年，在华传教的德国耶稣会教士罗存德根据中文本重译了《英吉利国新出种痘奇书》，将其带回了欧洲。

---

① 参见富士川游《日本医学史》决定版，形成社 1972 年版，第 594 页，转引自牛亚华《中国汉译西医著作在日本的流传与影响》，《中华医史杂志》1997 年第 4 期。

② Ann Bowman Jannetta, Ann Jannetta, *The Vaccinators: Smallpox, Medical Knowledge, and the "opening" of Japan*, CA: Stanford University Press, 2007, preface, p. XVI.

六　小斯当东翻译《英吉利国新出种痘奇书》的意义

《英吉利国新出种痘奇书》的翻译与英国牛痘接种术在东亚的传播不是偶然的，反映了 18 世纪以来，东西方交流往来日益密切，西方运用各种手段和方式在东方扩张的现实状况，是时代的产物。尽管小斯当东翻译《英吉利国新出种痘奇书》的初衷是寻求扩大英国在华影响，为英国获取更多的商贸利益，但是，在客观上，它的翻译与出版推动了英国牛痘种植术在中国及东亚地区的传播，挽救了成千上万人的生命，为中国的医疗卫生事业发展乃至全人类的医疗卫生事业做出了不可磨灭的贡献，推动了中英关系的发展，在中英关系史上具有积极意义。

《英吉利国新出种痘奇书》一书翻译出版的成功对于小斯当东本人也具有重要意义。《英吉利国新出种痘奇书》是小斯当东的第一部译著。此后，小斯当东陆续翻译与撰写了不少有关中国的著作，在英国社会各界乃至整个欧美世界引起广泛关注，这些著作对西方人认识了解中国发挥了很大作用，有些甚至成为英国政府制定对华政策的基础，产生了重要影响。

1980 年 5 月，世界卫生组织正式宣布人类成功消灭天花，天花成为少有的为人类征服的强传染性疾病。人类征服天花的历程是中西医理论技术的互动与结合的结果，为人类战胜其他疾病提供了一条有效途径，树立了成功的典范。小斯当东与《英吉利国新出种痘奇书》的桥梁作用功不可没。

《英吉利国新出种痘奇书》也受到了后世史学家的肯定。复旦大学历史系邹振环将《英吉利国新出种痘奇书》一书列入他所编写的《影响中国近代社会的一百种译作》中。令人遗憾的是，《英吉利国新出种痘奇书》在中国大陆已经很难觅到踪迹。目前，在耶鲁大学医史图书馆及大英图书馆还有少量存本，已经十分珍贵。

第三节　小斯当东与广州商馆汉语人才培养

一　英国中文研究教学的匮乏

在很长一段历史时期内，中国和欧洲的文化交流仅停留在器物交流层面。新航线开辟后，在传教和贸易双重推动力下，中欧之间的文化交流进入了一个新的发展阶段。最早来华的耶稣会士沙勿略、范礼安等人认为，在中国做传教工作"最重要之条件，首重熟悉华语"①，范礼安还提出，传教士"必须不单单学会广州话，还要学官话，而且不单单会讲，还得会认方块字，会写"②。为了更好地在中国传播天主教，很多来华的传教士克服了很多困难，通过各种手段学习中文。如罗明坚经过一年多的努力就认识了一万五千多个汉字。三年后，他不仅能够用中文撰写文章，而且将《大学》翻译成拉丁文后在罗马出版。③

传教士中有很多人精通中文，不仅能够读写，有些人还使用中文著书立说。如利玛窦在《交友论》的序中写道："窦也，自最西航海入中华，仰大明天子之文德，古先王之遗教，卜室岭表，星霜亦屡易矣，今年春时，度岭浮江，抵于金陵，观上国之光，沾沾自喜，以为庶几不负此游也。远览未周，返棹至豫章，停舟南浦，纵目西山，玩奇挹秀，计此地为至人渊薮也，低回留之不能去。"④ 其中文水平之高可见一斑。有学者统计，明清之际入华耶稣会士的中文译著和中文著作有700多部。⑤

---

① 费赖之：《在华耶稣会士列传及书目》上册，中华书局1995年版，第21页。
② ［法］裴化行：《利玛窦神父传》，管震湖译，商务印书馆1998年版，第56页。
③ 参见张西平《西方汉学的奠基人罗明坚》，《历史研究》2001年第3期。
④ 朱维铮主编：《利玛窦中文著译集》，复旦大学出版社2011年版，第107页。
⑤ 参见徐宗泽《明清间入华耶稣会士译著提要》，中华书局1985年版。

为了培养懂中文的人才，耶稣会规定凡入华传教的耶稣会士，一律要先在澳门学习中国语言文字和礼仪，在世界很多地方都举办汉语培训学校，或开设汉语课程班。其中罗明坚在澳门开办的"圣玛尔定经言学校"被普遍认为是中国历史上第一所外国人学习汉语的学校。①1594年，耶稣会士在澳门圣保禄公学（创办于1565年）基础上成立了圣保禄学院，这是澳门历史上第一所高等学校，也是远东最早的西式大学。艾儒略（Julius Aleni）、孟儒望（Joannes Monteiro）、高一志（Alphonse Vagnoni）等著名耶稣会士均曾在圣保禄学院担任过教职。日籍著名传教士安治郎、中国著名学者徐光启、大画家吴历等均曾在该学院学习过。

为了更好地开展中文教学，耶稣会士编纂了很多教材和字典。罗明坚与利玛窦共同编纂的《葡汉词典》是目前已知的最早的欧汉双语词典，该词典采用拉丁字母拼读汉字，注音系统共由22个声母与48个韵母组成，是第一部拉丁字母和汉语对照的词典，对于研究汉语拼音史和中国古代语言学史有着重要意义②。也有学者提出，西班牙奥古斯丁会修士拉达（Martin de Rada，1533—1578）的《话语韵编》（*Artey Vocabulario de la Lengua China*）是现今已知的第一部中外文对照字典。据当代汉学家马西尼（Federico Masini）的研究，西班牙传教士早年在菲律宾编撰的汉语字典至少有16部。③

实际上，17世纪后，耶稣会士们不仅掌握了汉字，而且对汉语声调、语法等也进行了非常深入的研究，甚至超过了中国人。1593年，多明我会教士高毋羡（Juan Cobo）的《中国语言文法》（也称《中文语法术》），是迄今为止发现的最早的有记录的西方汉语语法

---

① 张西平：《西方人早期汉语学习史的研究初论》，《海外华文教育》2001年第4期。
② 参见陈晨、邵则遂《16至19世纪西方人汉语研究与汉语观：以来华传教士为中心》，《河北师范大学学报》2019年第1期。
③ 参见方豪《中西交通史》（下），岳麓书社1987年版，第971页；沈福伟《中西文化交流史》，上海人民出版社1985年版，第425页；等等。

著作。1625 年，利金尼阁编写了《西儒耳目资》，这是西方人所编写的第一部分析汉语语音的韵书。1703 年，西班牙多明我会修士万济国（Franciscus Varo，1627—1687）在广州正式出版《华语官话语法》一书，这是世界上第一部正式刊行的汉语语法书。该书使用了西方语言学中词类的分析方法，将汉语中的词汇分为了名词、代词、动词、分词、介词、副词、感叹词、量词等具有汉语特色的词类，同时对名词和形容词的"数、性、格"，以及动词的变位和各种时态也进行了分析。

伴随着耶稣会士的活动，中西文化交流持续深入。18 世纪法国一度出现了所谓"中国热"，法国启蒙运动的思想家们几乎每个人的著作都会谈到中国。他们对中国的思想观念和悠久文化称赞有加，伏尔泰、孟德斯鸠等人经常援引中国人的著作思想来批评西方的宗教狂热与政治体制。1669 年，在法国国王路易十四的亲自过问下，法国成立了青年语言学校（Ecoles des Jeunes de Langues）。1795 年，国民议会通过的一项法令以该校为基础，成立了国立现代东方语言学校（Ecolenationale des Langues orientales vivantes），目的是培养前往东方工作的口译人员。

18 世纪，俄国、德国、意大利等国也涌现出很多汉学家。根据《恰克图条约》，俄罗斯在北京设立有俄罗斯馆，俄罗斯馆不但是政治、宗教、贸易的活动中心，还是一个从事汉学研究的机构，馆内的传教士和留学生一项重要的任务就是进行汉学研究，很多学生也由此成为"中国通"，其中有名的有罗索欣、列昂季耶夫、比丘林等。罗索欣是最早从事中国文化典籍的译介工作和满汉语教学活动的俄罗斯人，他不仅翻译了大量中文著作，还在彼得堡科学院开办满汉语学校，培养学生，因而被誉为俄罗斯汉学第一人。列昂季耶夫翻译了《大学》《中庸》等诸多中国儒家经典，比丘林在北京居留达 13 年之久，他翻译出版的《汉俄对照三字经》曾在俄国轰动一时，引起俄国人对中国文化极大的兴趣。

与欧洲大陆国家形成鲜明对照的是，英国的中国学研究是非常落后的，马戛尔尼使团访华甚至在本国找不出合格的翻译，这与英国在华利益是不相称的，不符合英国扩张对华贸易的目标。

二　小斯当东扶持英人学习中文的努力

早在18世纪初，一些英国人开始注意到学习汉语的重要性。1702年，东印度公司医生坎宁安（James Cunningham）在舟山期间，写了一篇有关舟山的文章，提到他想学习汉语，他说："等我会些许汉语，我想到一些城镇去。"① 1760年以前，中国并未严格禁止中国人教授欧洲人学习汉语，很多来华的传教士和旅居澳门的葡萄牙人能够较为准确地掌握汉语，但这些人都无意扩大英国的利益，因此，英国人感到必须要有通晓汉语的自己人。1736年，东印度公司商船"诺曼顿"号（Normanton）的船长里格比（Rigby）将洪仁辉（James Flint）带到广州，希望他能在中国学习中文。洪仁辉不负众望，在东印度公司的支持下，经过四年的学习基本掌握了汉语。在很多中英的重要会晤场合，如英国海军司令晏臣（Anson）1743年途经广州，拜会中国官员时，他充任翻译，工作表现良好，"甚得海军司令的欢心，让其他中国通事望尘莫及"。1746年，东印度公司董事会任命洪仁辉担任管理委员会的翻译，并在需要时协助处理公司事务，同时要求他"在居留期内必须住在商馆内……并准每船给他90两白银"②。1753年，东印度公司董事会又选派了贝文（Bevan）和巴顿（Barton）两名青年来华学习汉语，费用由东印度公司支付，由洪仁辉负责教授他们汉语。1759年，洪仁辉由于前往北京告状被清廷驱逐后，广州商馆的汉语学习和研究受到了很大影响，从1780年往后几乎长达20年的时间里，英国东印度公司驻广州商

---

① ［英］苏珊·里德·斯蒂夫勒：《英国东印度公司广州商馆的汉语学生》，刘美华、杨慧玲译，《国际汉学》2016年第1期。

② 同上。

馆的雇员中再没有中文译员，遇到紧急需要时，只能聘请其他西方国家的人来协助处理问题。1804 年，小斯当东回到广州，发现在他休假期间，广州商馆聘请了西班牙传教士罗德里格（Rodriguez）神父做翻译。

小斯当东在华工作过程中，认识到英国人通晓中文，有利于更好地了解中国，扩大英国在华利益。因此，他在华期间，积极帮助英国人学习中文，研究中国的政治、经济、文化及社会发展状况。英国很多著名的"中国通"，如曼宁、马礼逊等人都曾在他的指导和帮助下学习中文，这些人为英国制定对华政策和发动鸦片战争起了非常重要的作用。

1806 年（嘉庆十一年），英国人托马斯·曼宁①（Thomas Manning，1772—1840）来到中国。曼宁很早就对中国产生了兴趣，1801 年时，曼宁曾在巴黎跟随哈盖尔学习汉语。1805 年，由于受到反法战争的影响，曼宁回到英国，但他发现当时的英国没有学习汉语的条件。曼宁自述："和我想象的相去甚远，在英国根本没有丝毫提高自己汉语水平的机会"②，于是，他决定去中国。曼宁来华的目的是寻找机会潜入中国腹地考察，为日后英国殖民主义势力深入中国腹地搜集情报。他的冒险活动得到了时任英国皇家学会（Royal Society）主席约瑟夫·班克斯（Sir Joseph Banks,

---

① 托马斯·曼宁（Thomas Manning，1772—1840），英国人，1772 年出生于布罗姆。曾就读于剑桥大学，在大学就读期间，他对中国产生了兴趣。1806 年，他来到中国，在东印度公司驻广州特选委员会的帮助下，开始学习汉语。1811—1812 年，曼宁前往西藏游历，并受到达赖喇嘛的接见。1816 年，他随同阿美士德使团使华。1817 年回到英国。1840 年病逝。关于曼宁在中国考察的事迹可参阅［英］克莱门茨·R. 马克姆《叩响雪域高原的门扉：乔治·波格尔西藏见闻及托马斯·曼宁拉萨之行纪实》，张皓、姚乐野译，四川民族出版社 2002 年版；［美］马士《东印度公司对华贸易编年史》第三卷，区宗华译，中山大学出版社 1991 年版。

② ［英］苏珊·里德·斯蒂夫勒：《英国东印度公司广州商馆的汉语学生》，刘美华、杨慧玲译，《国际汉学》2016 年第 1 期。

1743—1820）①的大力支持。班克斯亲笔致信英国东印度公司董事会，希望东印度公司给予曼宁一定帮助。是时，东印度公司正欲派人前往中国滇藏地区探险，探寻新的商道。两者一拍即合，东印度公司董事会聘用曼宁为东印度公司工作人员，立即派往中国，并要求驻广州商馆特选委员会尽一切力量帮助曼宁。

曼宁来华后，遇到的第一个困难是语言障碍。他虽然在英国学过汉语，但水平有限，远远达不到日常应用的要求。有鉴于此，特选委员会专门安排曼宁学习汉语，研习中国的政治、经济、文化、习俗。曼宁在学习过程中得到了小斯当东的悉心指点，在小斯当东的指导下，曼宁汉语水平进步很快，对中国各方面情况的了解日益加深，为他日后进入中国内地游历提供了必要条件。

曼宁来华探险，目的是为英国人在华进行殖民活动铺路。小斯当东在十分清楚曼宁来华目的的情况下，积极帮助曼宁学习汉语，研习中国政治、经济、文化，尽量熟悉了解中国的情况，为他的探险提供了很多便利条件。应该说，小斯当东是主动为英国的海外殖民活动服务的。

---

① 约瑟夫·班克斯，英国著名探险家和自然学家，殖民主义者，一生都在为英国的殖民扩张服务。班克斯生于1743年2月13日。曾就学于哈罗公学、伊顿公学和牛津大学。1768年，班克斯参加了由英国皇家学会和海军部联合组织的探险队环航地球。该探险队由库克船长率领，后世称为"第一次库克航行"。这次航行中，班克斯等人收集了无数欧洲人从未知晓的植物标本。班克斯还重点研究了大洋洲特有的有袋类动物，提出了有袋类哺乳动物比有胎盘类哺乳动物更为原始的说法。1776年，北美独立，英国失去了海外流放地，班克斯提议将澳大利亚作为罪犯流放地，通过这种方式，英国可以实现向澳大利亚的殖民。英国政府接受了这一建议，1786年8月，英国内务大臣悉尼宣布澳大利亚植物湾地区为英国流放犯人的殖民地，并任命阿瑟·菲利普为该殖民地第一任总督。1788年1月，第一批英国犯人被送到新南威尔士，后来又扩展到塔斯马尼亚岛。从此，澳大利亚正式成了英国的殖民地，因这一点，班克斯成为英国妇孺皆知的"澳洲之父"。1778年，班克斯任英国皇家学会会长。同年，在英国工商界的支持下，他倡导组成了非洲内地探险促进协会，考察非洲内地的商业价值，在非洲探险协会的大力促进下，英国探险家芒戈·帕克于1796年发现了尼日尔河。班克斯1795年受封为爵士，两年后入枢密院。1820年，班克斯逝世。著名的班克斯岛即是以他的名字命名。

1807年（嘉庆十二年），英国传教士罗伯特·马礼逊①（Robert Morrison）受伦敦传教会派遣来华传教。与曼宁不同，马礼逊来华遇到的困难要多得多。首先，清政府明令禁止西方传教士在中国传教。其次，东印度公司禁止非商业人员的英国人长期在华停留，拒绝马礼逊乘坐公司的船只来华。马礼逊既得不到中方入境的许可，也得不到英国政府及东印度公司的支持，只好绕道美国，假扮成美国人进入中国。

9月8日（嘉庆十二年八月初七），马礼逊在澳门登陆。次日，马礼逊手持班克斯的介绍信，前去会见小斯当东。小斯当东在了解了马礼逊来华的目的之后，不顾东印度公司限制非商业人员的英国人在华久居的禁令，表示愿尽自己最大的力量帮助马礼逊。

会见过小斯当东后，马礼逊即启程前往广州，在美国驻广州商馆安顿下来。马礼逊在给伦敦传教会司库哈德凯斯尔的信中写道："上礼拜五我们在澳门上岸，没想到会见到斯当东爵士和查墨斯先

---

① 马礼逊（1782—1834），英国伦敦会传教士。1782年出生于诺森伯兰郡。曾就读于戈斯波特传教士学院。1807年（嘉庆十二年），他受伦敦会派遣，假扮成美国人，取道纽约，来到广州。马礼逊抵达中国后，遵照伦敦会的指示，努力学习中文，为传教布道做准备。1809年起，他在英国东印度公司驻广州商馆担任译员。由于清政府禁止传教士进入中国传教，在此后七八年的时间里，他在马来半岛西岸的马六甲进行文化研究和传教活动。马礼逊利用马六甲海上交通方便和大量华侨聚居的有利条件，抓紧研究中国典籍，加深对中国的研究和了解，先后编辑翻译出版了《汉语语法》《华英字典》《广东省土话字汇》《新约全书》《新旧约全书》等书。他是西方传教士中将基督教的全部原始教义完整地介绍给中国的第一人，在编辑汉英文字与语法辞典上也投入了大量的工作。他编辑的《华英字典》共六卷，四开大本，4595页，仅从《康熙字典》收进的汉字加以英译的就达4万余字。1815年（嘉庆二十年），他在另一传教士米怜的协助下，在马六甲出版一份期刊《察世俗每月统记传》，这是由外国人创办以中国人为对象的第一个汉文近代期刊。1816年（嘉庆二十一年）7月，英国派遣阿美士德使团来华，马礼逊任汉文翻译随行。1824年，他将大批秘密收集的中国书籍带回英国，受到英国国王乔治四世的嘉奖并获选为英国皇家学会会员。1833年（道光十三年）英国驻华商务监督署成立。次年，英国第一任驻华商务监督律劳卑来华。马礼逊被英国国王特别任命为律劳卑的中文秘书兼翻译官，随同律劳卑与中方交涉。在律劳卑与广东官员的交涉过程中，马礼逊积极为律劳卑出谋划策。1834年8月1日，他突然发病，死于广州。

生。次日上午,我把从伦敦带来的考威先生给查墨斯先生的介绍信当面交给他。查墨斯先生对我说,衷心地希望我成功……他最后说,他会去同英国商行的大班罗伯茨先生和史当东爵士(即小斯当东)商量我的要求。后来我又等待要见史当东爵士,并把从伦敦带来的班克斯爵士的介绍信给了他。史当东对我说了与查墨斯相同的话。他说要想在中国居住并请到中文老师教授中文是困难的。同时,他还提醒我,驻在澳门的东印度公司禁止任何英国人(除经商者外)在澳门居住。但是他也答应将在他权力范围内尽力帮助我。"①

马礼逊在信中还讲到自己遇到的其他一些困难,他说:"我虽然是英国人,但不是英国商行的人,不能住在英国人的王宫般的富丽堂皇的豪宅里。我希望在这里的英国东印度公司的职员们不要在我在广州住下来之后在我的前面的路上置放任何绊脚石。……现在看来,你在伦敦给我的 200 英镑要用一年是远远不够的。"②

马礼逊到广州后不久,小斯当东找到马礼逊,带马礼逊拜会了东印度公司驻华商馆大班罗伯茨。罗伯茨后来资助过马礼逊,帮助他渡过经济上的难关。小斯当东还为马礼逊聘请了一位中国人容阿沛,教授马礼逊汉语。容阿沛是一个天主教徒,在北京跟天主教徒学习过拉丁文,因此,可以用拉丁文教授马礼逊汉语,大大方便了马礼逊学习中文。马礼逊在给哈德凯斯尔的信中写道:"现在有两个中国人可以请教,一个是李先生,……另一个是容阿沛,是史当东爵士帮我请到的中文老师。他是山西人,说的是官话,年仅 30 多岁。他在北京曾长期与天主教传教士在一起,他们教给他拉丁文,他说得很流利。"③

---

① [英]马礼逊夫人编:《马礼逊回忆录》,顾长生译,广西师范大学出版社 2004 年版,第 38 页。
② 同上书,第 39 页。
③ 同上书,第 43 页。

马礼逊学习中文，为他后来在华传教、翻译出版书籍奠定了基础。小斯当东在马礼逊初到中国、立足未稳之时，及时向其伸出援助之手，使他在中国得以立足。马礼逊对小斯当东感激不已，此后两人关系一直十分密切。1809 年，马礼逊被聘为东印度公司的译员，同小斯当东成为同事。小斯当东在工作上更是多方支持马礼逊，为马礼逊在华传教、研究中国和著书立说提供了便利条件。

以马礼逊为代表的西方传教士来华传教，根本目的是以西方的思想意识形态来改造中国文化，改变中国人的思想信仰，建立统一的基督教统治下的世界。美国学者柯文指出："那么，在 19 世纪所有那些来中国冒险的人们当中，为什么传教士反而引起了最大的恐惧和仇恨呢？如果对这个问题有任何一个答案的话，那就是传教士深深地、不可避免地坚信这一主张：只有从根本上改组中国文化，才能符合中国人民的利益。……他们的共同目标是使中国人皈依基督教，而且他们是不达目的不肯罢休的。"①

一些传教士除传教外还干涉中国内政，积极为本国政府侵略中国搜集情报，出谋划策。马礼逊是其中之一，他所供职的东印度公司在对华鸦片贸易中获利巨大。顾长生说："东印度公司是垄断对华鸦片贸易和鸦片制造特权的英国专利公司，基督教（新教）的对华传教事业，一开始就与这个很不光彩的公司挂上了钩。马礼逊担任东印度公司的正式雇员一直到 1834 年该公司被取消垄断权为止。"②

马礼逊在为伦敦传教会和东印度公司工作期间，翻译了大量书籍，创办刊物，兴办学校教授汉语，客观上对中西文化交流起到了一定积极作用，但不能因此抹杀他为殖民主义者服务的劣迹。

传教士的行为早就引起清政府的警觉，康熙以后，清政府数度颁布禁令禁止西方传教士来华传教，到嘉庆年间，禁教的活动达到

---

① ［美］费正清主编：《剑桥中国晚清史》上卷，中国社会科学院历史研究所编译室译，中国社会科学出版社 2007 年版，第 599 页。

② 顾长生：《传教士与近代中国》，上海人民出版社 2004 年版，第 25 页。

顶点。英国东印度公司担心英国传教士来华会影响中英贸易,因此反对马礼逊来华。但小斯当东意识到,在政治、文化方面更多地了解中国,有助于英国政府制定对华政策,才能为英国谋得更多的利益,这是他不顾清政府和东印度公司的禁令帮助马礼逊的原因所在。在这一点上,小斯当东要比同时代其他来华的英国人看得"远"些。

第四节 《大清律例》英译本的出版

一 小斯当东翻译《大清律例》的缘起

法律作为上层建筑的重要组成部分,能够反映一个国家政治、经济、社会发展的基本情况。西方人很早就开始关注中国法律。元代马可·波罗所撰的《马可·波罗行纪》已有有关中国法制状况的描述。17、18世纪,耶稣会士来华,他们将在华见闻编纂成书,其中一些书籍涉及中国的司法制度,如利玛窦的《利玛窦中国札记》、曾德昭的《中华大帝国志》等。利玛窦等人在中国居住多年,精通汉语,在中央政府担任过高级官员,对中国法律有一定了解,他们的论著在欧洲产生了很大影响。启蒙运动思想家孟德斯鸠、魁奈、伏尔泰等都是通过阅读耶稣会士的著作得以了解中国法律的。但是,耶稣会士的著作存在一定缺陷,耶稣会士或是由于对中国法律体系及其传承缺乏了解,或是由于个人认识理解问题,他们的表述有时不是很准确,甚至谬误。如利玛窦认为:"凡是成功地取得王位的人,不管他的家室如何,都按他自己的思想方法制定新的法律。"①这一说法就不够准确。实际上,中国每个朝代都颁发新的法典,新的法典在承袭前朝法典基础上加以修改、增删,然后颁布施行。这些著作还有一个比较大的问题就是没有引用中国法律的原典,西方

---

① [意]利玛窦、[比]金尼阁:《利玛窦中国札记》,何高济、王遵仲、李申译,广西师范大学出版社2001年版,第33页。

读者对中国法律很难有直观的了解。

1778年，俄国汉学家列昂季耶夫选译了《大清律例》部分内容在俄国出版，受到当时女皇叶卡捷琳娜的重视。这是目前已知的西方人首次将中国法律原典译为西方文字。1781年，德国人亚力克司·里纳德夫在柏林出版了《中国法律》一书，其中也选译了《大清律例》中一些与刑法有关的内容，但上述著作只是选译，在翻译过程中，对原作改动较大，加之语言因素，因此未在西方世界广泛流传，西方人仍然看不到完整的中国法律原典。直到1810年，小斯当东将《大清律例》翻译成英文，西方人才首次见到了完整的中国法典，对中国具体的法律条款有了直观的认识。以此为起点，西方人对中国法律的研究进入了一个新的阶段。

小斯当东翻译《大清律例》有着特殊的历史背景。18世纪中叶之后，随着中英贸易往来的增加，中英司法冲突也日益凸显，特别是刑事案件，双方意见分歧很大。清政府自1743年陈辉千案后，对待命案总体上奉行一命抵一命的原则，这一原则不仅适用于西方人杀害中国人的案件中，对于中国人杀害西方人的案件，也采取了同样的处理方式。如1785年"切斯特菲尔德伯爵"号水手被杀案、1787年"菲茨·威廉号伯爵"号水手被杀案、1796年"霍恩比"号水手被杀案等，无一例外地适用了"一命一抵"的立决死刑，而且全部由皇帝直接授意执行。在"霍恩比"号水手被杀案审讯期间，南海知县还询问"霍恩比"号大班，如果将凶手处死英方是否会满意。值得注意的是，清政府在对待外国人之间的命案时，也是持"一命一抵"的原则。1754年，法国人时雷氏在黄埔枪杀英国水手。两广总督杨应琚迫使法国人交出凶手，审明案情后，将凶犯判处绞刑，适逢清政府大赦，杨应琚认为"时雷氏虽系外洋夷人，但既在内地犯事，自在一体邀恩之列"，而"不必以内地律法绳之"，最终将时雷氏交还给了法方。①

---

① 《史料旬刊》1930年第12期。

应该说，清政府根据自己的法律处理刑事案件是无可厚非的，但"一命一抵"原则引起了西方人的不满。1748年（乾隆十三年），澳门发生简亚二、李廷富命案，时任澳门同知张汝霖称，此案发生缘由是民人简亚二、李廷富在夜间潜入葡萄牙士兵哑吗卢、安哆呢家中，被打死后弃尸入海，两名葡萄牙人最终被判处杖流，广东官员将此事奏报乾隆帝后，乾隆帝勃然大怒，他认为："夷人来至内地，理宜小心恭顺，益知守法，乃连毙内地民人，已属强横，又复弃尸入海，希图灭迹，尤为凶狡，自应一命一抵，若仅照内地律例，拟以杖流，则夷人鸷戾之性，将来益无忌惮，办理殊属错误……嗣后，如遇民夷重案，务按律定拟，庶使夷人共知畏罪奉法，不至滋横闹事，地方得以宁谧。"① 1784年，英籍商船"休斯夫人"号（Lady Hughes）驳船上的一名水手鸣炮，击伤三名附近的中国人，其中两人于次日死亡。该名水手犯案后逃逸，该案引起了乾隆帝的重视，他谕令广东地方官员，要求严办凶手，他说："寻常斗殴毙命案犯，尚应拟抵，此案啲些哗放炮，致毙二命。况现在正当查办西洋人传教之时，尤当法在必惩，示以严肃。且该国大班吐蔑未必果系委员锁拏进城，啲些哗亦不必果系应抵正凶。既据吐蔑供出，即应传集该国人众，将该犯勒毙正法。"② 关于该案，英国人称"休斯夫人"号水手放炮是为了向另一商船致敬，伤及中国人属于误杀，认为不应适用于"一命一抵"原则，判处水手死刑是刑大于罪，所以英国人借故推诿或蛮横拒绝，拒绝交出凶手。

1807年2月24日，东印度公司"海王星"号商船水手与中国人在广州发生械斗，导致一名中国人死亡，西方学者对此的记载是，在发生争执的前一天，英国东印度公司商船"伊利侯爵"号的水手被诱上了中国人的船，他们的随身财物被抢劫，并被剥光了抛入河中或岸上，次日，所有船上的人都处于愤怒的情绪之中。"海王星"

---

① 《清高宗实录》卷三百二十六，乾隆十三年十月。
② 《清高宗实录》卷一千二百十八，乾隆四十九年十一月。

号上的水手们与当地乡民打了起来，发生了大规模冲突，导致一名中国人死亡。①清政府要求英方交出凶手，并停止了中英贸易，东印度公司驻华商馆不得已决定将涉嫌参与斗殴的水手带至广州商馆接受质询。4月8日，第一次审讯开始，参加会审的有广州知府等中国官员、行商和东印度公司驻广州商馆特选委员会成员、涉事船只船长等，小斯当东以翻译身份参与了审讯。会审共进行了三次，最终裁定凶手为爱德华·希恩（Edward Sheen），依照"一命一抵"的原则，应被处以绞刑，但结果只是责令英方赔偿受害者家属12.5两白银。西方人大感意外："中国当局对此事态度的突然转变，是难以解释的。"②

在会审过程中，小斯当东发挥了很大作用。小斯当东对此记录道："英国商馆与中国省级政府的交流尽管频繁，但在1807年前一直无关宏旨，直至1807年发生的一起数名英国水手同中国百姓斗殴的事件后改变了这种局面。在这场斗殴中，一名中国本地人被杀，英国的贸易被中止了约六周的时间，中国当局向英方发出通牒，要求英方彻查事件并移交疑犯，一度险些酿成严重的后果。这一事件最后以中方让步收场，仅对肇事者个人随意做了一点处罚，同时以意外致人死亡为托辞宣布其无罪并将其释放。就我个人在这一冲突调停上所做的努力，特选委员会高兴地向董事会报告：乔治·斯当东爵士在这一棘手问题上给予的协助，其重要性用任何语言来表达都不过分。"③

"海王星"号事件处理的结果出乎小斯当东意料，这使得他对于中国刑法的可塑性产生了更为浓厚的兴趣，更想了解中国法律的内容和实际操作情况。

---

① ［美］马士：《东印度公司对华贸易编年史》卷三，区宗华译，中山大学出版社1991年版，第38页。

② 同上书，第44页。

③ ［英］乔治·托马斯·斯当东：《小斯当东回忆录》，屈文生译，上海人民出版社2015年版，第32页。

1808年，小斯当东回国休假，在返回英国的航程中，小斯当东完成了《大清律例》的翻译工作。回到英国后，他将《大清律例》英译本版权以500英镑的价格卖给了卡德尔和戴维斯的印书馆。

二 小斯当东翻译《大清律例》的目的及对清代法制的认识

1810年（嘉庆十五年），小斯当东翻译的《大清律例》英文版在伦敦正式出版。这是西方人第一次完整地将中国法律原典翻译成西方文字，西方人终于能够通过译文直接阅读中国的法律条文了。以此为标志，西方人对中国法律的认识与研究进入了一个新阶段。小斯当东从最初接触《大清律例》到正式翻译出版《大清律例》历时十年，投入大量心血。根据小斯当东自己的回忆，他翻译《大清律例》花费了不少时间，《大清律例》英译本出版的影响之大也出乎他意料之外，他自己承认，翻译《大清律例》"赋予我的声誉也许比我一生中经历的其他任何事件都要大——我说的正是《大清律例》或《中国刑法典》的翻译。……它在学界受到的喜爱和热衷程度远远超出了我最为乐观的期待"[①]。

他在谈到翻译《大清律例》的目的时说："在翻译现在呈现在公众面前的这部作品时，译者不是不知道，他可能不得不面临如此新的一种尝试所带来的诸多困难与不便。但是，他还是被一种信念鼓舞着去做这件事，这种信念就是这项工作本身是非常值得付出必要的努力的；这部作品的内在价值，选材无可置疑的权威性，诱人之处以及众所周知的重要性，足以弥补翻译作品时可以预见到的、难免存在的个别的缺陷和瑕疵，……在这种情况下，译者自认为，一个忠实于《大清律例》律条原文的译本及其附录文字，不仅能证明其主题本身是非常有趣的，而且可以称得上比其他被选出的任何一部反映政府体系、政府组成特点、内政原则，内政原则与国民习

---

① ［英］乔治·托马斯·斯当东：《小斯当东回忆录》，屈文生译，上海人民出版社2015年版，第43页。

惯、性格的联系，内政原则对生活在那个国家的人普遍的状态和生活条件的影响等方面问题的中国著作有更精要、更令人满意的阐述。"①

通过认识和研究中国法律来认识和了解中国政府的组织结构，了解中国的国家与社会，为英国殖民主义者下一步采取行动提供依据，这就是小斯当东花很大力气翻译《大清律例》的目的。

为了帮助读者更好地理解《大清律例》，在书中，小斯当东用前言和注解的形式，全面系统地介绍了《大清律例》在中国社会生活中的重要作用、历史沿革、基本内容和执行情况，并且阐述了自己对中国司法制度的认识和理解。

小斯当东认为，《大清律例》在中国社会生活中占有极其重要的地位，整个国家机器的运转都要受到它的控制和影响，因此非常值得关注。他说："中国政府，依据其宪法基本原则中的一条，中央政府分为很多不同的分支机构和部门，……每一个部门都受特定的法典和制度约束；但是，中华帝国的法律，更严格、更恰当地说是刑法，有不同之处，……所有的条款，……或多或少，都同宪法的一部分有联系，宪法正是通过这些法律规章的颁布得到支持和维护的。"②

有关中国法典的历史沿革，小斯当东指出，中国的法律历史悠久，源头古老。经过历朝历代不断修改完善，至今仍然比较实用，比较适合中国国情。他认为："在每个朝代里，法典的大纲架构、条款分类都会有所修改和增加，都会不断得到改进。……因此，现在的法典肯定可以追溯到过去一个相当长远的历史时期，但这并不能判断这部法典，在某些地方总是不能适应现在的状况。……法典仅仅是随着新的环境和事务的变化，谨慎小心地、哪怕是笨拙地改进，而不是彻底地、全盘地否定摒弃，也会使这部法律变得十

---

① George Thomas Staunton, *Ta Tsing Leu Lee*, London, 1810, Translator's Preface, p. Ⅰ.
② Ibid., pp. Ⅵ - Ⅹ.

分有用。"①

小斯当东认为，中国法律虽然存在一些缺陷，但很多地方是可取的，值得西方国家借鉴。他说："毫无疑问，中国的司法在一定程度上存在很多情绪化的东西，这些法规在很多地方是绝对没有辩护余地的。……但是，我们不能忽视的是，中国法律的其他方面，在很大程度上，可以弥补这些缺陷或者类似的缺陷，使之完全呈现出一种不同的局面，甚至对于我们这些幸运的、开化的西方国家，也许也是值得效仿的。"②

从 18 世纪后期开始，特别是在马戛尔尼使团访华后，"贬华论"在英国日盛，有不少人贬斥中国法律在审讯和处罚犯人时普遍使用肉体惩罚，这是一种野蛮和落后的行为，不利于司法公正。小斯当东纠正了西方人对中国法律的这种错误认识。他说："有一本带插图的书，这本书显然是从中国原著翻抄过来的，在英国被冠以《中国的刑罚》的名称出版。在一些地方，作者凭着想象，将中国的刑罚描绘成是残酷和野蛮的代表物。这些描述都是非常错误的，虽然毫无疑问，从古到今，有些时候有些残暴和专制的帝王会使用这些残酷的手段，而且，直到现在，这种现象在一些特殊的和个别的情况下依然存在，但是，实际上在普通的审判中残酷和野蛮的刑罚是不存在的。"③

酷刑只有在一些特殊的情况下才被使用。他说："实际上，严厉的惩罚只有在叛国、造反、不赡养父母和不忠于丈夫的情况下才使用。在其他情况下，很少有违背上述原则的任何例外情况发生。而且，即使在上述情况下，同文字条款上和乍看起来的解释相比，法律实际执行起来也要宽大得多。"④

---

① George Thomas Staunton, *Ta Tsing Leu Lee*, London, 1810, Translator's Preface, pp. XXIII – XXIV.

② Ibid., p. XXIV.

③ Ibid., pp. XXVI – XXVII.

④ Ibid., p. XXVII.

小斯当东指出《大清律例》的最大缺陷是：尽管《大清律例》的条款制定得非常严密，十分周详，很有条理，但是存在有法不依、执法不严、违法不究的现象。执法者在执行法律时，经常不是按照法律的条款办事，甚至，执法者本身经常就是违法者。他指出："中国的这部法典（指《大清律例》）被中国人骄傲和崇敬地称颂，他们普遍所期望的是它能公正和公平地执行，不是变化无常，不受腐败的影响。但是，中国的法律，经常被法律的执行者和制定者违反。"①

1822年，小斯当东在他的专著《中国与中英商务往来杂评》中进一步阐述了他对《大清律例》及中国司法制度的一些评价。他说："我们承认，与我们的法典相比，这部法典的最伟大之处是其高度的条理性、清晰性和逻辑一贯性——行文简洁，像商业用语，各种条款了当，语言通俗易懂而有分寸。大多数其他亚洲法典的冗长内容——迷信的谚语，前后不一，大量荒谬的推论，喋喋不休的玄词迷句绝不存在于中国法典，甚至没有其他专制国家的阿谀奉承、夸大其词、堆砌华丽的词藻和令人厌恶的自吹自擂。——有的只是一系列平直、简明而又概念明确的法律条文，颇为实用，又不乏欧洲优秀法律的味道，即便不是总能合乎我们在这个国家利益扩展的要求，整个来讲，也比大多数国家的法律更能令我们满意。从《阿维斯陀注释》（*Zendavesta*，波斯文，意味'智识''经典''谕令'，古代伊朗的宗教经典。最早用东波斯语的阿维斯陀文写成，主要记述琐罗亚斯的生平和教义。——译者注）或《往事书》（*Puranas*，梵文，亦称《古事记》，古代印度神话传说的汇集，印度教主要经典之一。——译者注）的狂怒到中国法典的理性化和商业化，我们似乎从黑暗走向光明。……尽管这些法律冗长烦琐之处颇多，我们还没看到过任何一部欧洲法典的内容那么丰富，逻辑性那么强、那么简洁明快，不死守教条，没有想当然的推论。在政治自由、个人独

---

① George Thomas Staunton, *Ta Tsing Leu Lee*, London, 1810, Translator's Preface, p. XXVIII.

立性方面，却非常的糟糕；但对于弹压叛乱，对芸芸众生轻徭薄赋，我们认为，总的来讲，还是相当宽大相当有效的。中国的社会发展水平似乎很低，也很糟糕；但我们不知道要维持社会及其安全是否还有比这更好的明智之措施。"①

在文章中，小斯当东对《大清律例》和中国法律进行了分析，他认为中国法律存在如下问题：首先，中国法律对人身自由束缚过大。他认为，法律是同一个国家社会发展的文明程度和社会发展的状况相适应的。文明程度越高，法律对个人自由发展的束缚就越少，越有利于个人发挥才能，有利于推动社会进步。中国的法律对个人人身束缚很大，公民享有的自由权利过小，不利于社会的发展，反映出"在世界文明国家的范围内，中国人的文明程度是很低的"②。与中国法律相反，西方法律更加自由、更加宽容。人能够全面自由发展，个人创造才能得以发挥，推动了社会发展。

小斯当东在文章中写道："几乎每个人所有的活动都要受到政府的管治，家庭生活中最为隐秘的一些不当的行为，会招致刑罚的处理；甚至最为单纯的一些商业交往也是如此，……比如，一个男人娶妻时，他的父母亲尚在监狱里服刑或是死后不到三年时间，或者忘记上坟祭告祖先，都会遭受到严厉的惩罚；还有，在没有得到地方官员亲笔签授的许可令的情况下，从事商业代理活动，甚至宰杀自己的公牛，也会受到严厉的惩罚。着装打扮不合体、整日游手好闲或者借钱由于疏忽没有付利息，这些行为都要受到严厉的惩罚。……人好比植物，植物只有在自由的状态下，它们才能枝繁叶茂；如果在园艺上，把树种成三角形之后，再修剪成椎形被认为是不好的话，那么在政策上，人们在个人的功能上受到政府的控制，

---

① George Thomas Staunton, *Notes on the General Spirit and Character of the Chinese Laws, Miscellaneous Notices relating to China, and our commercial intercourse with that country; including a few translations from the Chinese Language*, 1822, Vol. 1, J. Murray, pp. 389 – 390.

② George Thomas Staunton, *Narrative of the Chinese Embassy to the Khan of the Tourgouth Tartars in the years* 1712, 13, 14 & 15, 1839, preface p. VI.

政府通过实施长期的法律监控,将人们训练成没有思想的附属物,那就是更糟的事。"① 小斯当东认为是中国的专制统治造成中国司法制度的缺陷,他的这一看法是有一定道理的。

其次,小斯当东认为,《大清律例》规定任何反对政府的行为都要遭到严厉的惩罚,而且要株连亲朋,这是非常残忍和野蛮的。他说:"任何被判定犯有叛国罪的人,都要被慢慢折磨致死,所有的直系男性亲属毫无例外地都要被砍头,他们的女性亲属要被卖为奴隶,还有,所有住在他们家里的人都要无情地被处死。……同这些法规相比,我们对待犯有重罪的罪犯流血方面,是仁慈的和公正的……"②

在这篇文章中,他还批判了在中国官员中普遍存在的腐败现象。他说:"有一种犯罪,实际上在大多数法典中,都被很严厉地斥责,也许,在这部法典(指《大清律例》)中也同样是被斥责的,这就是腐败,这是一种很普遍的罪行。在广州,我们所有的商人都认为,他们绝对没有碰到过一个不接受贿赂的官员。"③

小斯当东对中国法律的一些论述分析比较客观准确。清朝是中国封建社会的末代王朝,封建经济取得了超越前代的进步,典章制度也获得了显著成就,清代的法律典章"辗转相承,相当完备"④。《大清律例》在继承前代法律优点的基础上不断调整变化,日臻完善,⑤ 逐步形成了"一个以《大清律例》为中心,以则例、事例、民族法、地区性特别法等法规和习惯法、宗族法为补充的规范体

---

① George Thomas Staunton, *Notes on the General Spirit and Character of the Chinese Laws*, *Miscellaneous Notices relating to China, and our commercial intercourse with that country; including a few translations from the Chinese Language*, 1822, Vol. 1, J. Murray, pp. 391–394.

② Ibid., p. 398.

③ Ibid., p. 400.

④ 张晋藩:《清朝法制史》,中华书局1998年版,第1页。

⑤ 《大清律例》的某些条款可追溯到《唐律》,有的可以上溯到魏、晋、南北朝的法律。参见瞿同祖《清律的继承与变化》,《历史研究》1980年第4期。

系"①，对社会调控能力空前提高。有学者指出，大清律例是"充分总结吸取了二千多年封建立法经验，是集封建法典之大成"②，这种说法是比较客观的。所以，小斯当东认为，《大清律例》在中国社会生活中起着非常重要的作用，其源头古老，历史悠久，通过不断修改完善，至今非常实用的观点是比较准确的。

清朝统治者在刑罚上一直主张宽严相济的恤刑原则，主张"刑期于无刑"③。康熙说："国家设立法制，原以禁暴止奸，安全良善，……总期合于古帝王钦恤民命之意。"④雍正则指出："朕惟明刑所以弼教，君德期于好生，……法虽一定，而心本宽仁。"⑤乾隆也说："朕从不存宽以严之成见，所勾决者必其情不可恕。"⑥因此，清代尽管在刑法制定上采取从重的原则，但在实际执行时，往往是比较宽大的。但是，对于企图推翻清王朝统治的"大逆"行为，则严惩不贷。《大清律例》规定："凡谋反及大逆，但共谋者，不分首、从，皆凌迟处死。祖父、父、子孙、兄弟及同居之人，不分异姓，及伯叔父兄弟之子，不限籍之同异，男年十六以上，不论笃疾废疾皆斩。男十五以下及母女、妻妾、姊妹、若子之妻妾，给付功臣之家为奴。"⑦小斯当东说，残酷的刑罚在实际生活中很少使用，反对政府的行为要遭到严厉惩罚的观点是合乎实际情况的。

小斯当东对中国法律的一些批评意见也有一定道理。《大清律例》竭力维护封建等级秩序，限制了人身自由，在一定程度上，阻碍了社会的发展进步。18世纪末、19世纪初的英国，资本主义制度

---

① 沈大明：《〈大清律例〉与清代的社会控制》，上海人民出版社2007年版，第36页。
② 张荣铮：《论大清律例》，《法治论丛》1992年第1期。
③ 郑秦：《清代法律制度研究》，中国政法大学出版社2000年版，第255页。
④ 《清圣祖实录》卷八十四，康熙十八年九月。
⑤ 《钦定大清会典事例》卷八四六。
⑥ 同上。
⑦ 《大清律例·刑律》，（清）沈之奇，怀效锋等点校《大清律例辑注》下册，法律出版社2000年版，第544页。

已经牢牢站稳了脚跟，英国实行的是体现资产阶级意志的近代法律。中国实行的则是主要体现封建统治阶级意志的法律，在司法制度上，主要是为了维护封建统治秩序，人治大于法治，所以，最终造成中国虽然制定了很多具有较高水平的法典，但传统的中国社会却不是一个由法律来调整的社会。两者相比之下，从社会历史发展的角度来看，中国法律制度确实有落后之处。我国著名法律史专家张晋藩指出："当欧洲和北美已经完成文艺复兴、资产阶级革命，建立起一套全新的近代法律制度时，中国法律却仍在中世纪的法律园囿中踌躇不前。"① 斯当东认为中国法律比英国法律落后的观点并非没有道理。

小斯当东批评中国官场的贪污腐败现象也是客观存在的，中国官员收受贿赂，严重影响了司法公正，引发了很多社会矛盾。具有讽刺意味的是，小斯当东的同胞却向中国官员行贿，以达到走私鸦片的罪恶目的。这些人犯有行贿罪，并阴险地利用行贿来败坏中国的法制。马克思对此有精辟的分析："和私贩鸦片有关的贪污从精神方面使中国南方各省的国家官吏完全腐化。就像皇帝通常被尊为全国的君父一样，皇帝的每一个官吏也都在他所管辖的地区被看作是这种父权的代表。可是，那些纵容鸦片走私、聚敛私财的官吏的贪污行为，却逐渐腐蚀着这个家长制的权力，腐蚀着这个广大的国家机器的各部分间的唯一的精神联系。"②

事实上，在西方社会也存在一定程度的有法不依、执法不严的现象。对于资产阶级统治者来说，利益总要占法的上风。

英国法律也存在一些缺陷。在 18 世纪末、19 世纪初，英国的刑罚十分严厉。莫里斯和布迪在《中华帝国的法律》一书中指出："与西法相比，中华帝国的法律更加仁道、更加合理。例如，在中

---

① 张晋藩：《张晋藩文选》，中华书局 2007 年版，第 645 页。
② 中共中央马克思列宁恩格斯斯大林著作编译局编：《马克思恩格斯论中国》，人民出版社 1997 年版，第 3 页。

国，盗窃罪一般不处死刑，除非所偷赃物的价值超过一百二十两白银，或者屡次偷窃、第三次所窃价值在五十两白银之上。而在工业革命前的英格兰，法律规定，盗窃商店货物，价值超过五先令者，即处死刑。这项法律规定直到 1818 年被国会四次否决之后才被废止。"① 直到 20 世纪初，英国刑法中依然保持着对犯人进行鞭笞之刑。但是，小斯当东将中国法律存在缺陷归结于中国国民的道德很差，中国是一个"没有荣誉感的国家"（a nation without honor）②，这是完全错误的。这主要是他的老殖民主义思想造成的。

三 《大清律例》英译本的价值与影响

有清一代，中国学者文人对于《大清律例》也在进行研究，据不完全统计，清代对《大清律例》释读注解的著述有 150 多种，这还不包括同一种书的不同版本。③ 其中最具代表性的著作有沈之奇的《大清律辑注》、沈辛田的《律例图说》、王明德的《读律佩觿》等，这些成果对于清代的法制建设和司法实践起到了一定的推动作用，但多数著作都是在肯定《大清律例》合理性的前提下，研究法律条文如何理解、如何适用，没有从法律理论上对《大清律例》进行研究和批判。小斯当东从外国人的视角来审视《大清律例》，分析了《大清律例》所折射出的中国政治司法体制和社会生活状况，尽管其观点未必准确，但这些分析是同时代多数中国学者未能做到的，无疑具有重要意义。

《大清律例》英译本出版后，在英国社会受到了很高的重视。英国很多重要媒体如《爱丁堡评论》（*Edinburgh Review*）、《每月评论》（*Monthly Review*）、《中国丛报》（*Chinese Repository*）等都报道了小

---

① ［美］莫里斯、布迪：《中华帝国的法律》，朱勇译，江苏人民出版社 1993 年版，第 24 页。

② 王健：《西法东渐——外国人与中国法的近代变革》，中国政法大学出版社 2001 年版，第 163—177 页。

③ 何敏：《从清代私家注律看传统注释律学的实用价值》，《法学》1997 年第 5 期。

斯当东翻译《大清律例》一事，有些做了相关评论。

《爱丁堡评论》评价道："尽管英中两国的大规模贸易往来已有百余年的历史，但非常值得一提的是，眼前的这部著作应当是第一本直接从中文译为我们文字的著作。在我们看来，它不仅是一本罕有之书，它的内容本身至少也十分重要。……我们可以从中国的《刑法》附带看到中国的整个法制体系。迄今为止，肯定没有任何一部文献能像一国的法律体系一样，可让我们对这个国家的特点和状况形成可靠的判断；当他们的法律不是以断章残篇的形式，而是以一种原始、完整、不加修饰的真实状态呈现在我们的面前时，它们较其他任何渠道自然会提供更多的信息，因为这已不再是简单的褒扬或贬抑。……一个民族的法律确是该民族智识与品性的真实标本，它们可使世界上任何一个角落的沉思者在看到它们后，得出许多编纂它们的人也未曾想到的重要结论。……在我们眼前的这则案例中，我们不但有理由相信它的译文绝对地公允、准确，而且我们能够发现译者本人具备的诸如性格直率、判断冷静等特点，也让我们对译作有了更大的期待。乔治·斯当东爵士在他那篇我们希望还可以更长的长篇序言中，以清晰、谦逊、睿智的笔触，为我们展示了中国制度的概貌，他努力调停那些对中国法律言过其实者与那些对中国法律抱有奢望后失望者之间的冲突，尽管他本人有着明显赞美中国法律的倾向。"①

《折衷评论》（*Eclectic Review*）的评论是："眼前的这部著作取得了极高的成就，（译者）尽心竭力，审慎有余，为社会大众提供了极大的帮助。能够同本书译者一样胜任这一工作的，实属凤毛麟角；也很少能有人像他一样，不计名利，花费大量时间做这样一件事情。

---

① ［英］乔治·托马斯·斯当东：《小斯当东回忆录》，屈文生译，上海人民出版社2015年版，第45—46页。

它对英国文献而言，确是弥足珍贵的补充。"①

《每月评论》(*Monthly Review*)的评论是："我们向眼前这部作品致敬，这是他（指乔治·斯当东爵士）深入了解中国人以后收获的初步成果。我们不由敬佩东印度公司的开明，以及译者本人在选题方面展示出的良好的判断能力。"②

《大清律例》英文版也引起了欧洲其他国家学者的关注。1812年，法国人弗里克斯（Félix）将《大清律例》英文版译为法文，在法国刊印，受到各界重视。

《大清律例》出版后，小斯当东因谙熟中国法律，成为英国公认的"熟知中国人精神的专家"③，在国会具有重要影响力。1833年，时任英国国会议员的小斯当东以中国法律落后为依据，向国会提出一项议案，要求英国政府在华设立法院，以便审理在华英国人的案件，这项议案获得通过。英国议会据此制定法令，单方面规定英国驻华领事有权审理与英国臣民有关的案件。该法案第六条规定：

> 兹规定，英皇以一敕令或数敕令，经皇帝在阁议认为便利有宜者，得畀予各该监督（即领事）以管理英国人民在中国国境上任何部分内之商务权限，并得制定颁布。关于中国商务及管理中国境内英国人民之教令则例，又得对于违犯此项教令者，科以罚金，没收监禁之刑。又得设立具有刑事及海军裁判权之法庭一所，以审理英国人民在中国领土口岸海岸及在中国海岸三十里内之公海所犯之案件。又得于上开各监督中，指派一人为该法庭之审判官，其余则为执行审判之官。其薪俸经阁议决

---

① ［英］乔治·托马斯·斯当东：《小斯当东回忆录》，屈文生译，上海人民出版社2015年版，第47页。

② 同上书，第48页。

③ ［法］佩雷菲特：《停滞的帝国——两个世界的冲撞》，王国卿译，生活·读书·新知三联书店1993年版，第555页。

定后，由英皇批给之。①

这是目前已知的英国政府第一次通过在华设立领事裁判权的议案，具有重要历史意义。小斯当东提出这项议案是毫无道理的。首先，中国政府处理涉外案件时，一般都能平等对待，甚至对外国人要比对中国人宽大得多。其次，领事裁判权在欧洲早已被废弃。领事裁判权在欧洲中世纪曾广泛存在。由于其严重侵害国家主权，17世纪后，欧洲国家废除了这种制度。具有讽刺意味的是，小斯当东一向标榜西方法制先进，却把欧洲中世纪的法律制度强加给中国，实在是荒谬至极。实践证明，中外间的司法冲突并不会因领事裁判权的建立而缓解。西方殖民主义者只是希望在中国编织一张法律保护网，为他们肆无忌惮地干一些违法的勾当提供保护。

《大清律例》英译本在实践应用中也发挥了很大作用。拉尔夫·赖斯爵士（Sir Ralph Rice）任威尔士王子岛首席大法官（Chief Justice of Prince of Wales Island）期间，在中国人聚集的社区使用了《大清律例》英译本。鸦片战争后，英国占领香港，英当局意识到，以《大清律例》作为司法裁判依据更有利于其稳固在香港的殖民统治。1841年2月，英军在占领香港的第六天，英方宣布"今后香港华人各乡耆老在英官监督下，依照《大清律例》统治之"②。当时，英人参考使用的《大清律例》即是小斯当东翻译的《大清律例》英译本。

《大清律例》英译本的出版不是偶然的，它是时代的产物。18世纪末到19世纪初，英国建立了海上殖民霸权，不断寻求在海外扩张殖民地，古老而富足的中国是其扩张的重要目标，英国政府曾三次遣使来华，希图通过签订不平等协议，打开中国市场，但遭到了失败。研究中国的政治制度、对外关系成为英国政府的需要，小斯

---

① 梁敬錞：《在华领事裁判权论》，商务印书馆1934年版，第10页。
② 余绳武、刘存宽：《十九世纪的香港》，中国社会科学出版社2007年版，第151页。

当东翻译《大清律例》正是迎合了这一需求。

《大清律例》英文版的翻译在中西文化交流史上具有重要意义。它使得西方人能够更直接地了解中国的法律及法制状况，激起了他们对中国政治制度、社会状况的兴趣。美国人杰尼根说："公众应感谢乔治·托马斯·斯当东准男爵将律典译成英语。……摆在我面前的这一本是1810年的版本。没有这个本子的话，除非熟悉中文，外国人就无法了解统治这个世界上最古老的帝国的法律究竟是个什么样子。"[①] 我国学者王健对此的评价是："《大清律例》的英译和西传代表了明清以降天主教传教士向西方传播中国文化成就的一个高峰，同时也宣告了一个时代的终结和一个新时代的开始——自此以后，西学东渐，西法东渐。"[②]

赵长江对小斯当东翻译《大清律例》所使用的《大清律例》汉语版本进行考释，他对小斯当东翻译《大清律例》给予高度评价，他认为，小斯当东翻译删节有度、信于原文、文风朴实、体例新颖。他说："《大清律例》是从中文直接翻译为英文的全译本，在某种程度上标志着英国从欧洲大陆文字转译中国文化典籍的历史结束，中英之间直接对话与交流的开始；同时还标志着耶稣会士美化翻译时代结束了，自此进入了忠实翻译中国文化典籍的历史时期。"[③]

[①] T. R. Jernigan, *China in Law and Commerce*, Macmillan Co. LTD., 1905, p. 72. 杰尼根曾任美国驻上海总领事。

[②] 王健：《西法东渐：中西法律概念对应关系早期历史的考察》，载高鸿钧主编《清华法治论衡》第二辑，清华大学出版社2002年版，第302页。

[③] 赵长江：《法律文本翻译的双重性：文化交流与信息泄漏——以1810年〈大清律例〉英译为例》，《民族翻译》2012年第3期。

第 四 章
小斯当东与阿美士德使团

第一节　英国远东殖民战略的调整

一　英国入侵澳门及其影响

进入19世纪后，英、俄、法、美、西等西方国家加紧了对全球殖民地的争夺。1801年（嘉庆六年），英国海军部和英国东印度公司董事会趁法、西两国侵占葡萄牙之机，派遣军队来到澳门，试图以盟友身份借机占领澳门。葡萄牙澳门总督不敢拒绝，一方面借故拖延时间，另一方面，向清政府报告英军企图占领澳门的情况。嘉庆帝在得到两广总督吉庆的报告后，指示广东地方官员："有犯必惩，切勿姑息，无隙莫扰，亦勿轻率。"① 军机处也密令吉庆严密监视英军行动。

由于东印度公司驻广州商馆特选委员会对英军的冒险行为持反对态度，认为派军队到澳门必然会引起中国的猜疑，有损于英国在中国的利益。而英国战船停留在澳门附近，就足以驱逐法军或法西联军，英军在多次试探寻求进入澳门无果后，被迫撤离。

---

① 《清仁宗实录》卷九十六，嘉庆七年三月。

1807年（嘉庆十二年），法军攻陷葡萄牙首都里斯本，葡萄牙王室及主要官员逃亡巴西。1808年，经过英印总督与葡印总督协商，葡方同意英国军队进入澳门，澳门接受英军保护，葡萄牙军队接受英国军队指挥，澳门所有炮台、要塞、舰船和装备等由英国海军接管。9月11日，英国海军先头部队抵达澳门。但此时澳门的葡萄牙人并不知晓与英国的协议，因此，澳门总督花利亚（Lemos Faria）拒绝英军进入澳门，并向香山县令彭昭麟通报了英军到来的消息。时任两广总督的吴熊光得到彭昭麟有关英军入侵的报告后，立即调遣香山协副将、澳门海防同知派兵防范，并正告英军："澳门非葡萄牙所有，乃我大清土地，佛焉敢侵轶我？且边寇有警，中国自能御之，勿劳戎师，致吾民惊扰。"① 但英军执意入澳，9月和10月，英军分两批登陆澳门，吴熊光一方面紧急上奏嘉庆帝，称："据闻，大西洋国地方近为法兰西恃强占据，西洋国王播迁他徙。英吉利因与大西洋国邻封素好，特派兵前来保护，并恐澳门西洋人微弱，被法兰西欺侵，阻其贸易，复遣夷目带领兵船前来澳门，帮同防护。"② 另一方面中断了中英贸易，澳葡当局也拒绝了英国将无法运到广州的货物寄放澳门的要求。嘉庆皇帝在闻知英军侵入澳门后，十分震怒，斥责吴熊光"办事太软"。他在给军机处的谕旨中指出："英吉利夷兵擅入澳门，吴熊光等仅令停止开舱，若延捱不退，即封禁进澳水路，绝其粮食，所办懦弱不知大体，当经降旨严饬。……英吉利国所递原禀翻译进呈，……若法兰西国人来至澳门，预备防堵等语，殊不成话，该国王既知为中国海面，即不应派兵擅入。况法兰西国夷人并未来至澳门，何得藉词越进，且天朝兵精粮足，即使外藩部落或敢桀骜思逞，不难声罪致讨，明示挞伐。若蛮触相争，叩关求救，天朝一视同仁，亦断无偏护之事，又何须该国王预筹防

---

① （清）夏燮：《中西纪事》卷三。
② 中国第一历史档案馆等合编：《明清时期澳门问题档案文献汇编》第一册，人民出版社1997年版，第667页。

堵耶!"①

清政府停止对英贸易的措施使得英军和东印度公司不得不放弃长期占据澳门的计划,12月,英军撤出澳门。东印度公司驻华商馆主席剌佛(J. W. Roberts)向清政府保证英国战船不再来华,清政府同意恢复中英贸易。尽管中英商贸往来恢复了,但英军侵入澳门事件对中英关系造成了不利影响,清政府对英国的戒心更加严重,尤其是对东印度公司驻广州商馆特选委员会。两次入侵澳门的图谋,时任特选委员会主席的大班多林文(James Drummond)和剌佛都深度参与了事件,清政府由此认定东印度公司驻广州商馆特选委员会能够代表英国政府,在此后中英各类事件的交涉过程中,均直接以特选委员会为交涉对象。

二 1809年小斯当东出使中国计划的搁浅

小斯当东一直主张中英两国通过外交渠道深化两国的交往,进一步扩展双边贸易,他向英国政府和东印度公司建议派遣使团赴华,并希望自己能够出使北京。他认为:"假如我能出使北京,并可获得更多的机会,也许能为英国效更大的力。"② 小斯当东的提议得到约翰·巴罗爵士的支持。1809年,由于此前英军入侵澳门事件,英国政府对于维护对华关系忧心忡忡,十分担心清政府会断绝与英国的贸易往来,在这种情况下,英国政府和东印度董事会计划派遣外交使团前往中国,并计划任命小斯当东为该使节团两名使节之一。东印度公司将此消息告知了小斯当东,要求小斯当东准备一份详细的行动计划,为英国政府和东印度公司派遣使节做参考。

在英国海军部任职的约翰·巴罗在给小斯当东的密信中写道:"你作为英王大使出访北京一事已几无悬念,特致最衷心的祝贺!"

---

① 《清仁宗实录》卷二零二,嘉庆十三年十月。
② [英]乔治·托马斯·斯当东:《小斯当东回忆录》,屈文生译,上海人民出版社2015年版,第41页。

约翰·巴罗在信中说，邓达斯和掌玺大臣哈罗比勋爵（Lord Harrowby）均认同应向中国尽快派出使团，只有这样才能消除英军入侵澳门所带来的不良后果，而且两人一致同意，小斯当东爵士是出使中国的唯一人选。① 但不久小斯当东即收到了东印度公司董事会主席传来的消息，告知小斯当东，虽然小斯当东出使中国的计划已被批准，但经慎重考虑，在出访中国的使团中，不宜有东印度公司的员工参与，因此小斯当东不能参加使团出使中国，小斯当东对此极为恼怒，在回忆录中对此的记述是："我现在很难表达出自己在收到这则料想不到的通知时那种既痛心又失意的心境，我仍要说的是，36 年后，当我再次冷静地反思这件事时，我仍然认为我那时是被人恶意利用到了极致，我是某种卑鄙诡计的受害者。"② 由此可见，小斯当东对于出使中国是充满期待的。对于此次出使受阻的原因，小斯当东并未明确做出交代，但可以推断出是东印度公司内部基于某些因素考量做出了决定，实际上，小斯当东已经给中国政府留下了"狡黠"的印象，如果由小斯当东担任使团使节来华，在一定程度上确实会影响使团目标的实现。

进入 19 世纪后，英国东印度公司的对华贸易垄断权受到各方质疑，东印度公司在处理对华关系问题上非常谨慎，生怕两国关系出现问题，进而影响其对华贸易垄断权，同时，东印度公司庞杂的行政机构使得内部关系错综复杂，运作体系百弊丛生，逐步走向解体的边缘。由于各种原因，这次英国遣使来华的计划最终搁浅了，然而小斯当东作为中国问题专家获得了东印度公司的高度认可。

1810 年，小斯当东再次被东印度公司派往中国，继续担任东印度公司驻广州商馆特选委员会秘书。小斯当东对公司此次安排持肯

---

① ［英］乔治·托马斯·斯当东：《小斯当东回忆录》，屈文生译，上海人民出版社 2015 年版，第 42 页。

② 同上。

定态度。他在回忆录中写道:"从很多方面来看,这一职位最适合我。由于我先前已经积累了经验,故这一工作如今于我而言变得轻松了许多。我还欣喜地发现,我与在华的英国人圈子相处得更加和谐了,这让我感到居住在这个国家时少了很多烦恼。"①

小斯当东抵达中国后,恰逢松筠任职两广总督。松筠曾负责马戛尔尼使团使华接待工作,那时便与小斯当东相熟,当他听闻小斯当东爵士来华后,主动要求与小斯当东见面。根据《小斯当东回忆录》记载,松筠先后三次会见了小斯当东,其中一次松筠还宴请了小斯当东。松筠在澳门时,小斯当东拜见了他,而且邀请他在东印度公司驻华商馆做了短暂访问。但松筠很快离任,被调回北京任协办大学士兼吏部尚书,对此,小斯当东感到非常惋惜,他认为松筠任两广总督是发展中英两国关系、优化两国外交机制最为有利的契机,但松筠离任使得很多有利于两国关系发展的计划被迫搁置了,他说:"不管松总督的意图有多好,他基本没有机会将它们付诸行动,因为他在接下来的冬天就被召回北京,情势立刻又重新跌回至老样子。"② 松筠历经乾隆、嘉庆、道光三朝,长期负责边疆和涉外工作,对待外国人持友好态度,皆以诚相待,因此,小斯当东的看法不是完全没有道理的。

小斯当东第三次来华时间不长,1812年1月,他以身体健康问题为由,向东印度公司请假,要求回到英国修养。此时的小斯当东已经成为英国知名的中国问题专家。

三 英国政府对东印度公司对华贸易垄断权的讨论及小斯当东的作用

1813年,英国议会在重新颁发垄断特许状之际,终止了东印度

---

① [英]乔治·托马斯·斯当东:《小斯当东回忆录》,屈文生译,上海人民出版社2015年版,第52页。

② 同上书,第53页。

公司对印度的贸易垄断权，对华贸易垄断权也岌岌可危，这迫使东印度公司不得不就修订东印度公司宪章进行讨论。时任东印度公司董事会主席的白金汉希尔伯爵致函小斯当东，希望他就中英贸易问题撰写一篇报告，谈谈自己的看法。他在信中写道："您精通中国事务，本次冒昧去信意在复唤先生当年之心思，望君今能就有关中国贸易未决之重要问题，下笔成文，提供宝贵意见。为消解对东印度公司继续独占贸易的反对之声，我们已经付出了极大的心血，这种付出可能还要继续；鉴于用以反对垄断的主要论据与中国政府非同寻常的制度相契合，唯望您能对此重要问题发表看法，以助我对此有更加成熟的考虑。"① 小斯当东撰写了一篇报告给东印度公司董事会，全面介绍了中英贸易情况，白金汉希尔对此非常满意，他主动提出要与小斯当东见面，他在给小斯当东的信中写道："我已收到并拜读了您围绕中国主题所写的文章，十分出色；请接受我对您最衷心的谢意。我希望能在最近与您就这一主题展开交流，如您允许，我拟安排一个时间。"②

除东印度公司外，英国政府也高度重视小斯当东在英国的中国问题专家地位，在下议院特选委员会（selected committee）举行的有关中英关系问题的听证会上，专门听取了小斯当东对于中英关系，特别是贸易问题的看法。

小斯当东在听证会上，不仅较为全面地阐述了他对中英关系的看法，而且特别强调了东印度公司对华贸易的重要地位和作用。他提出，中国人对所有外国人都充满猜忌，因此，反对与外国人进行自由贸易，外国商人只能与行商进行交易。③

小斯当东认为，尽管中国的涉外法规严苛，但在实际运行过程

---

① ［英］乔治·托马斯·斯当东：《小斯当东回忆录》，屈文生译，上海人民出版社 2015 年版，第 55 页。
② 同上书，第 56 页。
③ George Tomes Staunton, *Miscellaneous Notices Relating to China and our Commercial Intercourse with that Country*, 1822, pp. 180–190.

中会优待外国人。中英贸易可以顺利进行，中国政府能够网开一面，最主要的一个原因是由东印度公司垄断经营中英贸易。他认为，中英贸易关系比较脆弱，哪怕一点点刺激也会引发很大的问题，东印度公司是中英贸易维系的重要压舱石，他说："可以证实的是，与其他外国人相比较，中国人更尊重东印度公司职员，包括那些更早与这个国家开展贸易的外国人。"① 他还认为，正是东印度公司良好的信誉使得中国人不仅对其他英国人在华从事贸易带来了好处，而且对于其他外国人，特别是美国人都带来了好处。

他在回答特选委员会有关改变现有中英贸易体制是否会有变化时说："我相信突破目前束缚的体制有一个渐进的过程。"② 特选委员会问道："设想目前的体制被打破，这个国家的任何商人，诚实的和不诚实的，从事过对华贸易的和没有从事过对华贸易的，在你看来，都是可以参加对华贸易，可能会产生什么样的结果？"小斯当东回答道："我想，非常有可能会引发一些争议，从而对贸易带来更多的限制，从中国人那里得到的经验来看，那样做的结果可能是暂停贸易，也可能是完全禁止贸易，或者是颁布一些新的禁令来控制贸易。"③

特选委员会问："设想东印度公司的特权被取消了，英国商业在华将会是什么情况，没有现在的保护？"小斯当东回答道："我认为，他们在与中国贸易时肯定会陷入相当尴尬和苦恼的境地，比现在要困难得多。"④

特选委员会问："如果在广州设立王国领事，在你看来，是否可以替代东印度公司现在的地位，保护英国的商业？"小斯当东回答道："我认为不会，公司雇员的权威和影响是来自他们了解贸易的路

---

① George Tomes Staunton, *Miscellaneous Notices Relating to China and our Commercial Intercourse with that Country*, 1822, p. 192.

② Ibid., p. 193.

③ Ibid.

④ Ibid., p. 194.

径和操作方法。"①

特选委员会又问："总的来说，您认为，最为重要的是，如果没有十分的必要，要维护和提升贸易，现行的体制应当继续？"小斯当东说："我认为，要维护和提升贸易，很重要的是现行体制要继续下去。"②

在对待茶叶贸易问题上，小斯当东还是认为由东印度公司垄断对华茶叶贸易进价能够更加低廉，价格相对也会统一，而且能够在同行商的贸易过程中获得定价权，远比个人相互之间竞争要好得多，相反放开茶叶贸易，会使得茶叶价格上升。小斯当东还认为，东印度公司能够有效地平衡好茶叶的供需关系，使得茶叶既能够满足英国市场的需要，也不至于出现过剩。

对于英国工业产品，如羊毛和金属等进入中国市场，小斯当东呈谨慎的乐观态度。他认为，中国人普遍对新的工业产品抱有偏见，需要时间来适应，在经过一段时间后，这种偏见就会消失，商品的价值和优点就会被了解，产品就好卖了。

对于英国在华销售羊毛制品存在亏损问题，小斯当东也承认亏损是存在的，但他依然坚持东印度公司在不遗余力地推销英国的羊毛产品，让中国人接受英国产品。他认为，东印度公司站位更高，其对华贸易前景是好的，而个人只在乎销售各自船只的货物。③

值得注意的是，小斯当东还向特选委员会提出，在东南亚海域和岛屿上有很多中国的船只活动，而且有很多中国的"殖民地"（colonies），特选委员会的问题是，"在东方海域和岛屿上全是中国船只和殖民地吗？"（Are not the eastern seas and islands full of Chinese

---

① George Tomes Staunton, *Miscellaneous Notices Relating to China and our Commercial Intercourse with that Country*, 1822, p. 195.

② Ibid..

③ Ibid., p. 206.

vessels and colonies?）小斯当东回答："那里有中国船只和殖民地，我的意思是，几乎所有东方群岛上有。"①

从小斯当东的听证词中可以看出，他是积极维护东印度公司利益的。他始终认为，东印度公司的存在对于维护中英贸易至关重要，也是清政府最能接受的贸易方式，但他的想法与日益壮大起来的英国工业资产阶级自由贸易的需求是存在明显冲突的，小斯当东一心想维系的贸易手段方式最终会走向消亡。

小斯当东对于是否继续来华工作，心情十分矛盾。他在回忆录中说："考虑到我在此时已经添附积聚了不少财富，我自然有心割断与中国的进一步联系，因为那里的工作，毕竟要牺牲掉个人太多安逸的生活。但在另一方面，因为商馆内我的几位前辈退休，故我在中国的前途有了希望。这显然是难能可贵的，我对这件事的考量不仅仅是出于财富的目的，更主要的是，它能够提升我的名望（my personal credit），我自认在最终告别这份事业之前，要尽量获得英国商馆中至高的职位，哪怕是一小段时间。"② 1814 年，他再次来到中国，这也是他一生中最后一次来华。

第二节　阿美士德使团来华

一　"多利斯号事件"和"阿耀事件"

小斯当东来华不久，发生了"多利斯号事件"，中英之间围绕澳门海域安全问题产生了冲突。1812 年，英美爆发第二次独立战争，战争波及了全球。1814 年 4 月，英国军舰"多利斯"号（Doris）以

---

① George Tomes Staunton, *Miscellaneous Notices Relating to China and our Commercial Intercourse with that Country*, 1822, p. 208.

② ［英］乔治·托马斯·斯当东：《小斯当东回忆录》，屈文生译，上海人民出版社 2015 年版，第 53 页。

澳门为基地,在老万山群岛海域俘获了美国商船"猎人"号(Hunter),将之挟持至澳门。5月,"多利斯"号附属小艇又在澳门海面追逐美国商船,这一行径严重侵犯了中国主权。两广总督蒋攸铦在给嘉庆帝的奏折中称:"近闻英吉利与米利坚彼此构衅,时相劫夺货财,此系洋商传闻之词,且事在夷洋,不值过问。本年夏间,有米利坚国货船一只进口,所有英吉利国罢尽仁兵船随带之小快艇卸尾驶追,经守口员弁登时将该船逐出外洋。臣等当饬洋商通事,严诘英吉利大班益花臣因何不行约束,令其切实禀覆,旋因英吉利国及米利坚时有货船驶至,而英吉利之护货兵船虽不敢驶入内洋,时至虎门海口往来游弋,屡经驱逐,倏去倏来,情形诡异,必须示之以威。……据通事译据该大班享称,实因米利坚曾在外洋抢过该国货船,挟有衅隙。希图间或报复。"①

广东政府迅速与东印度公司驻华商馆特选委员会进行交涉,对"多利斯"号的行径提出抗议,要求"多利斯"号立即离开中国海域。东印度公司特选委员会则称,该舰属英国海军,公司无权管辖。广东政府对于此种说法并不认同,认定东印度公司有能力处理此事,表示如果英军舰只不撤出澳门海域,将停止中英贸易,英国人亨利·埃利斯对此有过记述,他说:"委员会表示他们控制不了国王陛下的兵舰,因此就不能也不应该为其指挥官的行动负责。不过,这没有产生任何效果。像原本可以预料到的一样,两广总督拒绝接受这种解释,很自然地会选择居住在广州因而触手可及的一伙商人作为英国人所有行动的责任者,而不会选择最高当局,因为他们太过遥远,向他们进行申诉似乎产生不了任何作用。"②

广东政府官员还拘捕了长期为英国商人服务的中国人阿耀,阿

---

① 中国第一历史档案馆等编:《明清时期澳门问题档案文献汇编》第二册,人民出版社1997年版,第34—35页。

② [英]亨利·埃利斯:《阿美士德使团出使中国日志》,刘天路、刘甜甜译,商务印书馆2017年版,第35页。

耀名为李耀，又名李永达，英文文献称其 Ayew。有学者考证，阿耀自 1804 年起为英商服务，后为广州林广通事馆帮办，他的妻子的父亲、哥哥舒志孔也在林广通事馆做通事。在长期商务交往中，他与广州英国商馆特选委员会主席益花臣（John F. Elphinstone）等关系日渐密切。① 1810 年（嘉庆十五年），阿耀报捐从九品职衔。1813 年（嘉庆十八年），他又进京加捐中书科中书职衔。他在前往北京时，受东印度公司委托，给时任军机大臣的松筠带去了礼物及信件。1814 年 10 月 4 日，阿耀在广州被清政府拘捕，史家称为"阿耀事件"。阿耀被捕后，嘉庆帝亲自降旨，要求广东地方官员查实阿耀是否是天主教徒，如果是天主教徒，要予以重罪严惩，如果不是，即发配伊犁。

英国方面的态度也十分强硬，英国商馆特选委员会主席益花臣通过行商通知广东政府，停止中英贸易，并通知英国商船未到黄埔不进口，已进口船只离开黄埔，同时，益花臣提出东印度公司委派小斯当东为全权代表与广东官员谈判，如广东政府拒绝谈判或谈判未成，就前往北京"申冤"，双方关系一度陷入僵局。实际上，时任两广总督的蒋攸铦并不愿意完全终断中英贸易，只是想迫使英国军舰离开广东，同意进行谈判。他关注到英国人与阿耀的特别关系，因此，打算以阿耀为筹码，向英人施压。

小斯当东于 10 月 20 日到达广州。广东政府高度重视此次谈判，委派佛冈同知福荫长作为专司谈判的委员，广州知府杨健、南海县令龚鲤等参加谈判。谈判的结果是，英方所提的大部分要求都得到了满足。广东官员如此快速地答应英人要求是想尽快恢复贸易，避免英人北上"申冤"。小斯当东在谈判过程中，多次与清政府就阿耀案进行交涉，根据西方学者马士的研究记载，"在第一次及以后几次

---

① 参见吴义雄《国际战争、商业秩序与"通夷"事件——通事阿耀案的透视》，《史学月刊》2018 年第 3 期；王宏志《1814 年"阿耀事件"：近代中英交往中的通事》，《中国文化研究所学报》2014 年第 59 期。

举行的商谈中，都讨论通事阿耀的被捕问题"①。英国人亨利·埃利斯（Henry Ellis）的观点是："一位中国人受到不公正的控诉和残暴的刑罚，或许是一件让人觉得反感甚至憎恶的事。但是就此事正式提出申诉，就差不多等于干涉一个独立政府的司法程序了。不过特选委员会对此却持有不同的、肯定更宽仁的态度，因为在接下去的讨论中，抓捕这名中国通事的所谓理由被当作申诉的主要问题，收回这一理由被当作双方关系和好的必要条件。"②

从 10 月中旬至 11 月下旬，阿耀在狱中设法给英国商馆特选委员会主席益花臣和小斯当东等写了十余封信，告知案情并向他们求助，委托他年幼的儿子去拜见小斯当东，请求英国人能为其开脱。在谈判中，小斯当东表示英国人对清政府在有关处治阿耀文件中提出处治阿耀的理由之一是他与英人所谓"交通作弊"，将英人描述成与罪犯相勾结，有辱英国"国家名声"，要求必须做出改动。蒋攸铦为了尽快结束争端，两次正式给特选委员会发函，说明阿耀之案与英人无涉。但小斯当东仍对蒋攸铦的函件不满意，要求进行修改，还要求广东政府派遣官员到商馆商讨其他事项。小斯当东的态度激怒了蒋攸铦，他痛批小斯当东执迷不悟、任意妄为、无可化诲，并指令重审阿耀，究其与小斯当东"平日如何勾通，此时如何串属"③，称三日内英国人再不恢复贸易，永远禁止其来华贸易。小斯当东则毫不相让，宣称终止谈判，离开广州。

实际上，中英双方都不愿意见到关系决裂，在十三行行商的斡旋下，双方同意继续谈判，小斯当东也表示"李耀之事既然不牵

---

① ［美］马士：《东印度公司对华贸易编年史》第三卷，区宗华译，中山大学出版社 1991 年版，第 218 页。
② ［英］亨利·埃利斯：《阿美士德使团出使中国日志》，刘天路、刘甜甜译，商务印书馆 2017 年版，第 35 页。
③ 吴义雄：《国际战争、商业秩序与"通夷"事件——通事阿耀案的透视》，《史学月刊》2018 年第 3 期。

英吉利国或英吉利人，我等断无再享此事之意"①，希望重开谈判。福荫长、杨健和龚鲤再次前往广州英国商馆与斯当东谈判，12月2日，粤海关监督祥绍公布了经广东布政司、按察司、督粮道会详，蒋攸铦批准的贸易新章，在一系列问题上做出对英人有利的规定，基本上满足了英人的要求，英国军舰随后也撤出了中国海域。

小斯当东对此回忆道："我有一次不得不中断谈判，降下英国国旗，将全体英国人从广州撤出；当我们的轮船即将穿过虎门（Bocca Tigris），彻底离开港口时，我们的船被一艘总督方面的议和船只追上，他们说服我重新返回广州并重启谈判。……我们被迫用他们的母语汉语强有力地说明我们的立场，但对中国当局的这场胜利，绝不会那么容易得到谅解。当地官员或公开或私密地将我作为敌人奏到北京朝廷。他们从皇帝那里得到特别命令，皇帝授权两广总督在必要时对我采取极端手段。但是，于我而言，幸运的是由于那时在华的英国人整体上并不好惹，中国官员对此十分了解，这使得他们不敢贸然使出任何寻衅或暴力的手段，这样我才始终安然无恙。"②

"多利斯"号在广东和澳门近海海域劫掠他国船只，严重侵犯了中国的主权利益和威胁到了领土安全，亨利·埃利斯也承认"多利斯"号是"在中国领土范围内实施的劫掠活动，违反了国际法上有关口岸中立的原则"③。英国东印度公司作为英国对华贸易垄断者，完全有能力与英国政府沟通协调，让事态得到平静，但东印度公司驻华商馆任由事态发展，未采取任何措施，其态度立场明显是为英国侵略行径找托辞，归根到底是为英国殖民利益服务的。

---

① 吴义雄：《国际战争、商业秩序与"通夷"事件——通事阿耀案的透视》，《史学月刊》2018年第3期。

② ［英］乔治·托马斯·斯当东：《小斯当东回忆录》，屈文生译，上海人民出版社2015年版，第60页。

③ ［英］亨利·埃利斯：《阿美士德使团出使中国日志》，刘天路、刘甜甜译，商务印书馆2017年版，第34—35页。

应该说，在谈判过程中，小斯当东态度强硬，他发挥懂中文的优势，为英国商馆争得了更多的利益。而中英双方都曾给予高度关注的阿耀，则被发往伊犁充军。阿耀在这次中英交涉中始终是双方利用的工具。小斯当东抓住阿耀案中的表述问题向清朝官员发难，其意图在于挑战中国政府对于外国人的蔑视和固有偏见，改变中国人不愿平等对待英国的态度立场，使中国人能够认识到英国与中国是平等关系，为此甚至敢于冒两国贸易被禁的风险。这绝不仅仅是一种谈判策略，而是体现出英国不再局限于经济利益，而是要改变当时中英关系的交往模式，按照西方国家的规矩来与中国进行交往。由此可见，小斯当东在处理"多利斯号事件"和阿耀案问题上站位是很高的，远超出了同时代其他英国人和西方人。

就中方而言，阿耀开始是中方希望找到英国在华违规活动的突破口。随着形势发展，英国主动以停止贸易为手段威胁广东政府，阿耀又成为广东政府诱使英人尽快开仓恢复贸易的棋子。清政府官员不仅允许阿辉多次写信给特选委员会及小斯当东，而且经常将英国人的各种相关信函出示给阿耀，诱使阿耀能够促使英国恢复贸易。从中可以看出，当停止贸易这一方法失效时，中国已拿不出其他有力手段来制衡英国。在处理阿耀案的过程中，可以看出，清政府官员的出发点依然是维护既有的中外贸易体制，但英国人已经不满足于完全听从中国安排中英贸易制度体系，中西贸易体制的对撞势所难免，在谈判中达不到的目的，就要通过其他方式来解决。

不过，此时的英国尚没有决心通过武力打开中国的大门，1815年，以英国为首的反法同盟在"滑铁卢战役"中战胜法国。同年，英国召集欧洲主要国家在维也纳举行了国际会议，进一步削弱了法国的力量。此后，英国成为名副其实的世界海上霸主，这一地位持续了一个多世纪。但英国也为此付出了高昂的代价，同法国之间进行多年的战争，使英国经济发展受到很大影响，军费激增，政府债台高筑，社会经济压力很大。英国政府为缓解经济危机，急切希望进一步扩大中国市场。

进入 19 世纪后，英国兵舰在中国水域的不法行为引起中英矛盾摩擦的增多，导致中国政府多次提出要求停止两国贸易。"多利斯号事件"消息传到英国后，英国政府和东印度公司高度重视，十分担心对华贸易会出现问题。他们认为，一旦中英之间贸易终止，英国政府和东印度公司将会蒙受巨大的经济损失。东印度公司认为，中国皇帝受到蒙蔽，对于"多利斯号事件"的真相并不了解，必须向皇帝进行申诉。为了缓和两国的关系，稳定和扩展对华贸易，英国政府决定再次派遣使团来华，与中国政府商讨两国贸易问题。英国人亨利·埃利斯对此有较为精准的描述，他说："1815 年年初，广州的代理商们表示，他们在进行贸易活动时越来越多地受到来自地方官府的压制。代理商们遇到的困难，使得董事会开始认真考虑是否需要派出钦使前往中国。于是，他们便向英国政府大臣们提出了他们在这个问题上的看法。代理商们的信件被交给了管理委员会主席，这位主席建议，目前最好先由代理商委员会提出进一步的、更为详细的信息，然后再采取具体措施，因为尽管委员会可以向帝国政府提出申诉，但是，在能够证明这些反抗压制的措施（现已在广州推行）能成功解决实际存在的压制前，委员会不会采取任何行动。于是，董事们一致同意派出使团。董事会主席和代理主席在掌握了足够的信息以后，在代理商们重新提出的建议的支持下，于 1815 年 7 月 28 日写信给英国政府大臣们，请求他们同意所提出的措施，由摄政王委派某位地位较高的人作为特使去觐见中国皇帝。"① 东印度公司还建议，广州商馆特选委员会主席益花臣和小斯当东应作为使团主要成员来华，使团出使的费用由东印度公司承担。

---

① ［英］亨利·埃利斯：《阿美士德使团出使中国日志》，刘天路、刘甜甜译，商务印书馆 2017 年版，第 33 页。

二 阿美士德使团使华的准备工作

1816年1月（嘉庆二十年十二月），英国政府任命阿美士德（William Pitt Amherst）为特使，组成使团出使中国。特使阿美士德是英国世袭贵族，曾任英国国王的侍从官。此次英国使团出使的目的与马戛尔尼使团的目的基本相似，希望中国政府增加通商口岸，进一步扩大英商在华权益。英国外交大臣加索理弗在给阿美士德的训令中指出：

> 考虑到与中国贸易的重要，由于它影响及于不列颠居民的利益和福利，以及它与国家财政的大部分有关。王室伟大的摄政王，为了激励和促进此项贸易，并解决其他适宜于与中国政府商讨的事情，已欣然提名并指派你作为前往北京朝廷的特使，并将这一命令向我指示，给你在这次任务中可以作为最合宜的指导的一个训令。……第一，保卫公司免受当地政府的暴行与不公；为此，公司的权利应有更为明确和详细的规定。第二，保证不断地进行贸易（在已遵守法定的律例和规章时），不得被无故突然中断，该处这样巨大的投资财产必须有一个保证，同时该处的商业贸易所需的交换和流通没有保证则难以进行。大班亦应保证有雇用及与他们认为适宜的本地商人交易的权利。第三，中国官吏不得闯入公司商馆。准许商馆成员雇用中国仆役。不准中国官吏有辱骂、轻视和侮辱行为。第四，商馆人员与北京有关衙门的直接通讯，或者经由该处的不列颠使节，或以汉文书写的信函，并取得以汉文书写全部书信与文件递交当地政府的权利。①

---

① ［美］马士：《东印度公司对华贸易编年史》第三卷，区宗华译，中山大学出版社1991年版，第274—275页。

关于来华后的礼仪问题，英政府的训令指出：

> 你到达皇帝的朝廷后，尽快获得接见，而依照该朝廷的全部仪式进行，但这不能有损你的君王的荣誉或降低你的尊严，如此，就会危及你的使命的成功。①

加索理弗还要求阿美士德在访华期间，多向小斯当东等东印度公司驻华工作人员征询意见。加索理弗在给阿美士德的训令中指出：

> 你在进行这些工作时，你的行动将可以得到公司大班和其他熟悉中国政府和人民的习惯的人的忠告，以资调节；而我深信在大班的知识和经验中，你将找出达到目的的手段，经你自己的判断并斟酌决定，即可以得到对你的使团的主要目的最有效的办法，……关于委托给你及在使团内列名的人以权力，你要明白这是尊贵的摄政王的旨意。因此你必须与列名者中的前面二位先生（指益花臣和小斯当东——笔者注）共同执行这些权力。②
>
> ……
>
> 你可能与中国政府进行讨论的各种事情，可以从益花臣和斯当东爵士得到有力的帮助。③

但是，英国政府并没有任命益花臣（Elphintone）④或小斯当东⑤为副使，而是任命亨利·埃利斯（Henry Ellis）为使团秘书兼特使缺

---

① ［美］马士：《东印度公司对华贸易编年史》第三卷，区宗华译，中山大学出版社1991年版，第276页。
② 同上书，第277页。
③ 同上书，第278页。
④ 时任东印度公司驻华商馆特选委员会主席。
⑤ 此时小斯当东已继任东印度公司驻华商馆特选委员会主席。

席时的全权代理。亨利·埃利斯曾在东印度公司供职，后又在伊朗、土耳其等地担任外交官。

英国政府在训令中没有明确指出未任命益花臣、小斯当东等东印度公司人员为副使的原因，但从东印度公司秘密商务委员会致阿美士德函中可以看出，主要是考虑到中国政府对小斯当东的印象不好，担心由此引起中国政府对使团的反感，妨碍使团完成使命。在这封函件中，东印度公司秘密商务委员说：

> 在决定使团的组织以后的长时间内，国王陛下政府开始对使团的适当方式存在着严重的疑问。……但从中国人对斯当东爵士个人所提出的各种指责来考虑，因而恐怕这样的一个使团的组成，会不为中国政府所接受，以致它的目的一开始就受到危害。其他熟悉政府性情的人士，亦表示同样性质的感觉，虽然同时对提出的两位先生有非常赞成的意见。他们认为这样的组成人员将使中国人眼光中对使团的评价降低；立即表示出它是进行公司的重要事务的，亦可能暗示出它具有的目的性质；如此，则会增加执行这一艰巨任务的危险性。这些意见，引起摄政王政府的惊讶，他们恐怕或由于初次决定安排的人员会破坏使命的成功，并想到公司和国家大利所赖，无论如何，不应为保持这个安排而致发生危险，他们，正如我们所知道的，已经决定委派阁下、益花臣先生、斯当东爵士为摄政王的特使，而加入一个条款，即决定后面提名的两位先生的职务是有条件的，即只在这样的情况下生效，假定它的实行是不致损害所考虑的目的，不致有伤帝国朝廷感情的危险，或增加工作的障碍。虽然我们倾向于相信，没有什么比恐怕挫败使命的意图更能使董事部答应这种改变，至于对我们来说，真的亦只有这样的考虑才能劝说我们服从此事，然而，亦仍认为假如适当地将这样困难的问题对董事部加以任何商讨，他们不会认为以整个使命的成功作冒险是他们的责任，或者在事情已进行得如此成熟之

后，无论如何要能争取第一次的安排，而宁可停止它的实施，我们认为这样鼓动他们的情感，亦是我们自己所同样具有的，所以我们不觉得要反对这个任命的更改，由于这个任命是发自王室的，如果终于发出，是不能以违反君主意志的词句发出的。应当注意到，无论如何，这个改变一定是不太主要的，因为一开始就明白规定，第一特使拥有可以由自己负责，反对他的同僚意见而行动的特权。而我们是如此满意于益花臣和斯当东两位先生的大公无私精神，可以相信，假如他们见到使团的利益似乎由于他们的参加而有损害，他们自己将会选择放弃的行动。我们有一个相当恳切的请求，它将是阁下的愿望，如有可能使他们能够在你担任的工作中，作为助手而进行帮助。但是，如果从全局着想，他们不适于作为使团的成员，则这个委派阁下与这两位先生会同的特使的使命，将不是作废，只不过是暂时不用，而阁下或者在实际上将他们作为助手而与之商量，虽然他们在外表上不是担任这样的职位。无论如何，这一点是可以确定的，斯当东爵士担任的工作，是作为中国政府与使团之间来往的主要中介者，这将是很重要的，所以，我们相信没有什么可以剥夺他们伴随的权利，即使他们不是使团的一位成员，他们亦将有所贡献的。①

总之，东印度公司认为，小斯当东对于使团来说相当重要。但是，鉴于中国政府对他印象不好，他不适于担任使团成员。但中国行商建议应明确小斯当东是否作为使团成员，一起前往北京。

1816年1月，小斯当东得到英国政府将派遣使团来华的消息。当时他不太清楚此次使团来华的具体信息。他推测此次英国政府遣使来华的目的是："……中英双方的官员在广州的贸易谈判，由于未

---

① ［美］马士：《东印度公司对华贸易编年史》第三卷，区宗华译，中山大学出版社1991年版，第288—290页。

能解除双方的分歧而引发了英方的顾虑,担心没有别的可靠的办法继续与中国方面保持贸易往来,所以只有派出使节直接前赴北京提出要求。"① 小斯当东的判断是正确的。

1816年2月8日(嘉庆二十一年正月十一日),阿美士德使团成员分别搭乘三艘船只,由英国朴次茅斯港启程,前往中国。

二 阿美士德使团来华及清政府的应对措施

1816年5月24日(嘉庆二十一年四月二十八日),小斯当东等人接到正式通知,阿美士德使团已经启程前往中国。6月4日(五月初九日),英国专员加拉威礼(Theophilus Metcalfe)在行商武敦元的陪同下,前往广东巡抚衙门,面见兼署两广总督、广东巡抚董教增等中国政府官员,递呈禀帖,说明阿美士德使团即将来华,希望中国政府予以接待。董教增等人迅速将此事奏报嘉庆帝。在给嘉庆帝的奏折中,董教增写道:"据该夷官呈递夷字禀一,扣发交洋商等译出汉文,臣等公同查阅系因该国太子摄政,思念高宗皇帝恩德仰慕大皇帝仁圣遣使献以输诚敬,并铺张征服佛兰西功绩,声明贡使于一月后起程,查照二十三年前经由之路,由州山一路水程入都等情,臣等当询以该国太子何年摄政?所贡系何品物?使臣几人?随从几人?乘坐几船?何时由该国起程?由州山一路水程入都。州山是何处地名?贡船因何经赴天津,不由广东行走,施译据该夷官复称该国太子摄政已有四年,现因征战宁息,钦仰大皇帝德威远播,诚心进贡。"②

嘉庆帝在得到消息后,于6月24日(嘉庆二十一年五月二十九日)传谕董教增等人,命董教增通知阿美士德使团按照既定路线进京,同时要求各地方严密监视英国使团的活动,他在谕旨中说:"英

---

① [英]马礼逊夫人编:《马礼逊回忆录》,顾长生译,广西师范大学出版社2004年版,第119页。

② 《嘉庆二十一年英使来聘案》,故宫博物院编《文献丛编》第十辑,1935年版,第1页。

吉利国遣使入贡，由海洋水程至天津入都。业经准其入贡。第洋面风信靡常，该国贡船未知行抵何处。着福建、浙江、江苏、山东各督抚各饬知沿海州县一体查探。该国贡船经过之处如在洋面安静行走，即毋庸过问，倘近岸停泊或欲由彼改道登岸，即以该国遣使官向两广总督具禀后，业经奏明大皇帝准其由天津登岸，天朝定例甚严，不许擅自改道，亦不准私行登岸，仍密饬沿海文武员弁，加意防范，毋稍疏懈。"①

6月28日（嘉庆二十一年六月初四日），嘉庆帝传谕长芦监政广惠，令其按照惯例招待使团。要求广惠等人在接待时，一切从简，不得像乾隆五十八年迎接马戛尔尼使团时那样奢侈。在上谕中，嘉庆帝指出："英吉利贡船收泊天津海口，其拨用贡件船只自应循照预备，但亦须探明贡件多寡，酌量备用，勿致多縻。至该处海神庙、观海台、御诗碑亭。乾隆五十八年，徵瑞在监政任内捐资修葺，原系伊有意铺张，……国家柔远之道，俾令怀德畏威，自由法度，初不在此外观粉饰。"②

嘉庆帝这样做，有两个主要原因：一是嘉庆帝统治时期，进入所谓"嘉道中衰"时期，清朝的国力已经开始衰落，清政府没有财力来铺张地接待使团。二是嘉庆帝本人不像他的父亲乾隆帝那样好大喜功，认为没有必要盛情接待英国使团。三是嘉庆帝深知，此次英国遣使来华，绝非是仅仅为了"仰慕中国德威"，"倾心向化"前来"朝贡"，而是另有目的。嘉庆帝在给直隶总督那彦成的谕旨中说："……英吉利国遣使纳贡来禀所称仰慕中国德威，系外夷表贡常语，其实该国遣使远涉重洋，以纳贡为名，恐尚有干求事件，……如该贡使向该督言及有恳请赏给口岸贸易，如上次请于宁波互市等事，该督即先行正词驳斥，以天朝法度森严，不敢冒昧陈奏，绝其妄念。……若该贡使情词恭顺，届时率领入觐，倘其意在要求或礼

---

① 《嘉庆二十一年英使来聘案》，故宫博物院编《文献丛编》第十辑，1935年版，第2页。
② 同上书，第3页。

节不遵制度，即据实奏闻。彼时将贡品赏收。厚加赍。谕以大皇帝秋狩，回銮尚有数月，念尔等航海远来，特加体恤，不令久候，即在天津筵宴，遣回本国，均无不可。……营房墩台毋庸逐处油饰，……自应令该官兵列营站队，旗帜器械一律整齐，以资弹压。"①

他要求那彦成警惕英国使团，如果英国使团提出增开通商口岸和不遵守中国礼仪，应立即婉言回绝，礼送回国。值得注意的是，在这份廷寄中，嘉庆帝第一次特别强调了礼仪问题。

三 小斯当东争做副使与中国政府对小斯当东担任副使的态度

7月8日（六月十四日），阿美士德进入中国水域，他派人同小斯当东等人联络，约他前往南丫群岛海域与之会合。同时，小斯当东还收到英国寄来的一封私人信件。在这封信件中，小斯当东得知英国政府未将他及其他东印度公司成员任命为使团副使，极为不快。在当天的日记中，他记载道："我一直没有得到任何官方的函件，使我能够判断王室及政府的最终目的；但是，我的私人信件中谈到使团的组成上有一项完全没有预料到的人事变化，……现在，看样子益花臣和我自己（在使团中）的职位很可能要在会面地点与阿美士德勋爵会面后，由他来决定。更可能的是，埃利斯先生，使团的秘书，已经被授予秘密委任状，在特使死亡或缺席时全权代理特使职务。前一项变革，对使团原来的计划，影响相对较小，因为勋爵一旦做出选择，事情的发展或者会改变原来的步伐，我可能会按规定加入使团；或者被勋爵免除与使团的任何关系。两者中的任何一种情况，都不会损害我所担任的公职，特选委员会主席的信誉和荣誉。……但是，后一种情况，埃利斯被授予秘密委任状，优先于我和益花臣。我的理解是，这是一项较前者具有实质意义的变革；因为我相信，如果特选委员会的主席本人，不得不在很可能的情况下，成为任何人的普通随员，不管他的特点和才能如何，实际上最初没

---

① 《嘉庆二十一年英使来聘案》，故宫博物院编《文献丛编》第十辑，1935年版，第3页。

有被选为特使,在中国人的眼中,商馆的地位将会被极为严重看低。在中国,公司服务人员的功效也会相应地降低。"①

尽管小斯当东对未能被任命为副使非常不满,但他还是同马礼逊、德庇时②(John Francis Davis)、曼宁等人于次日登上东印度公司的船从澳门出海迎接英国特使。

7月10日(六月十六日)晨,阿美士德使团所乘坐船只抵达南丫群岛海域。此时,小斯当东已提前到达约定的会合地点,但没有急于面见阿美士德,而是派遣商馆的工作人员先与阿美士德联络。可能是阿美士德和埃利斯感觉到小斯当东态度有异,埃里斯决定亲自前往小斯当东所乘坐船只面见小斯当东。在会见过程中,埃利斯希望小斯当东尽早加入使团,但小斯当东没有接受邀请,他向埃利斯表示:"我目前没有拜会阿美士德勋爵,向他表示敬意的最重要也是唯一原因是,对于使团来说,我目前所处的位置既特殊又微妙,这使我加入有关下一步行动计划的讨论可能是无用和尴尬的,除非我们就此次出行的目的这一问题形成一个统一的意见;很明显,我们现在不能形成统一意见,除非勋爵阁下有时间去阅读和考虑委员会关于目前中国事务的报告……"③

很明显,小斯当东对英国政府在使团中没有给他满意的位置感到不满,暗示阿美士德应该认真考虑他在使团中的地位。

小斯当东的态度触动了阿美士德。7月11日(六月十七日),小斯当东和马礼逊登上阿美士德乘坐的"奥尔塞特"号(Alceste),

---

① George Thomas Staunton, *Notes of Proceedings and Occurrences, During the British Embassy to Pekin*, in 1816, Havant Press, 1824, pp. 3–5.

② 德庇时(1795—1890),19世纪英国外交家,汉学家。1816年,随阿美士德使团来到北京,充任汉文翻译,后升任英国驻华第三商务监督、第二商务监督。1844年,接替璞鼎查任驻华公使、商务总监督,兼任香港总督。1848年去职。著有《中国诗歌论》《中国人:中华帝国及其居民概述》《中国见闻录》和《中国杂录》等书。

③ George Thomas Staunton, *Notes of Proceedings and Occurrences, During the British Embassy to Pekin*, in 1816, Havant Press, 1824, p. 6.

面见阿美士德。他们就使团的日程安排和使团人员的组成等问题展开广泛讨论。在会谈中，阿美士德向小斯当东表示，他将任命斯当东为使团的第一副使，小斯当东对此感到十分满意。他在日记中写道："阿美士德勋爵表达了他的愿望，他希望尽快前行，不要耽搁，他有权要我协助使团的工作。——同时向我保证，现在，他没有考虑过有任何情况，在使团人员的构成上，能阻挡我永远比埃利斯位置更加靠前，甚至埃利斯被授予在特使死亡或缺席时全权代理特使职务的权利。——这一说明是非常重要和令人满意的……"①

阿美士德为何敢于改变英国政府的命令，以小斯当东代替埃利斯为第一副使呢？主要原因有三个：首先，在英国人眼中，小斯当东不仅精通汉语，而且熟悉中国政治、经济、社会各方面的情况。他的《大清律例》英译本在英国影响很大，在英国已是著名的"中国通"。其次，小斯当东在中国工作16年之久，亲身参与过很多中英外交、商务交涉活动，积累了丰富的与中国政府交涉的经验。最后，英国政府及东印度公司在给阿美士德的训令和信函中都反复提到小斯当东的意见对使团完成使命具有重要意义，阿美士德应该多听取他的意见。因此，阿美士德果断决定，任命小斯当东作为他的第一副手。

小斯当东担任副使后，即向阿美士德推荐了马礼逊、德庇时等人，这些人都精通汉语，在华工作生活多年，有着丰富的同中国政府打交道的经验。阿美士德立刻委派他们在使团内担任重要的职务。

中国政府对小斯当东的动向也极为关注。兼署两广总督、巡抚董教增和粤海关监督祥绍向嘉庆帝连上两折奏报了小斯当东的一些情况，称小斯当东出海迎接阿美士德使团。他们甚至错误地认为，英国政府选取小斯当东为副使的原因是小斯当东在中国居留多年，熟悉中国礼仪，是英国国王"敬事之诚"。董教增在奏折中称："英

---

① George Thomas Staunton, *Notes of Proceedings and Occurrences, During the British Embassy to Pekin*, in 1816, Havant Press, 1824, p. 8.

吉利国王以在澳夷商斯当东粗知汉语汉字，曾于乾隆五十八年随从贡使入都，谙习礼节，有谕令附搭贡船进京之语，正在批饬确查间。据洋商伍敦元等代斯当东递具禀词内称，奉伊国太子命，充任副贡使臣。现赴外洋迎探贡船同行，并据香山县探报，斯当东带同在澳贸易夷商彼臣马礼逊、孖宁、端爹比时一共六人，乘坐船只出洋等情。臣等查英吉利国王以夷商斯当东曾经入都，谙习天朝礼节，谕令充当贡使进京。系属外藩臣服敬事之诚。即斯当东禀明启程亦属小心恭顺，现在该国贡船并未经过粤洋。斯当东是否已经迎赴贡船，事在外洋，无从探悉。"①

在第二封奏折中，他们说："臣董教增、臣祥绍跪奏，再夷商斯当东曾与上年春间奉旨饬查，该夷商在澳门是否妥协。经督臣蒋攸铦曾会同臣等逐细访查，该夷斯当东粗通汉语兼识汉字。凡外夷在粤贸易多年，能通话，识汉字亦不只斯当东一人。斯当东前后在粤数年，尚无不妥。亦无教唆沟通欸迹等情。折覆奏在案，兹英吉利国王以斯当东曾经入都，谙习天朝礼节，谕令充当副贡使臣进京。此系该国王敬事之诚，非斯当东所能自主。且斯当东于乾隆五十八年随同贡船进京之时，年仅十三岁，尚属童稚，于天津浙江口岸未必熟悉，惟既通汉话，并识汉字，自应严禁与汉人交接往来，以杜勾串教诱之渐。"②

嘉庆帝得知小斯当东已经出海迎接阿美士德，并将担任副使后，预感事情复杂。8月4日（嘉庆二十一年闰六月十一日），他在给董教增等人的上谕中，斥责董教增等人不该随意放行，要其设法补救，同时，要求各地方严密监视小斯当东的行动。他在谕旨中说："董教增等奏英吉利国夷商斯当东奉伊国太子命，充任副贡使臣。现已带得在澳贸易夷商六人坐船出洋迎探贡船，即应驳斥不准，乃竟听其私出外洋，办理实属错误。董教增、祥绍具着传旨申斥，此时该夷

---

① 《嘉庆二十一年英使来聘案》，故宫博物院编《文献丛编》第十辑，1935年版，第8页。
② 同上书，第9页。

商既已出洋，亦无从查追，倘该夷商仍回广东，该督抚监督等即将该夷商严密防范，不许听其私自往来。若斯当东禀请来京，即谕以该国贡使已于闰六月行抵天津，现在早已宴赍遣回本国。伊到京已属无及，饬令留粤可也。"①

董教增等人辩解道："该国王以在粤贸易夷商斯当东，谙习天朝礼节、派充副贡使臣，随同入都。斯当东禀明出洋迎探贡船，附载同行。复经臣等，将尊旨办理。并查探筹办情形，会折附驿。覆奏在案。臣等查该夷商斯当东乘坐船只出洋迎探贡船，自系该贡船以距粤不远……"②

嘉庆帝为何如此关注小斯当东的行动，反对他随同使团入京呢？一是嘉庆帝对英国人没有好感。嘉庆帝继位后，中英矛盾冲突不断。英国向中国输入的鸦片数量大幅增长，给中国带来一系列社会经济问题。英国军队在中国海疆不断骚扰滋事，先后两次试图占据澳门，严重侵犯了中国的领土主权，致使中英关系一度十分紧张。二是嘉庆帝认为，小斯当东长期在华居留，对中国的政治经济情况比较了解，担心他随同使团前往北京，会对中国政府不利。三是嘉庆帝有传统的排外心理。嘉庆帝认为，中国是天朝上国，"远夷"来华对中国没有好处。

第三节 小斯当东与"礼仪之争"

一 使团内部关于礼节问题的讨论

小斯当东等人与阿美士德会合后，走水路前往天津。途中小斯当东同阿美士德、埃利斯等人就如何完成使团的使命展开了广泛讨论，并确定了到北京后要提出的要求。英方的主要要求有两点：第

---

① 《嘉庆二十一年英使来聘案》，故宫博物院编《文献丛编》第十辑，1935年版，第10页。
② 同上书，第14页。

一，争取在北京同广东之间建立直接联系渠道，尽量能够在北京设立使领馆，派驻使节常驻北京。第二，争取增开一到两个通商口岸。

7月28日（闰六月初四日），英国使团抵达天津白河口外。8月1日（闰六月初八），嘉庆帝命工部尚书苏楞额为钦差大臣，前往天津，会同广惠，接待照料英国使团。

8月4日（闰六月十一日），天津道张五纬、山永协副将寅宾前往阿美士德的乘船，面见阿美士德。张五纬、寅宾首先向阿美士德等致以问候，表示中国政府欢迎英国使团的来访。之后，询问阿美士德使团此行有何要求。阿美士德虚与委蛇，答复说，要到天津见到负责迎接的钦差大臣后再详细予以说明。接着，双方谈到了礼仪问题，即在参见中国皇帝时，应适用何种礼节，这也是此次会谈的重点内容。中方提出英国使团应遵从中国政府的规定，行三跪九叩之礼。阿美士德表示，将按照上次马戛尔尼使团访华时的先例行事，但具体细节仍需到达天津，见到中国中央政府派遣的钦差大臣之后再详谈。

此次会谈，是英国使团来华后，中英双方第一次谈及礼仪问题。中国方面希望探听到英方关于礼仪问题的态度，以便制定对策。而英国方面则虚与委蛇，百般拖延，希望蒙混过关。对此，小斯当东在他的日记中有详细的记载："在麦克斯威尔船长的船舱内稍作停留之后，两位大臣在马礼逊先生的引导下，来到特使的船舱，特使出舱门迎接。双方互致问候后，他们说，由于天气原因，他们没能早点前来问候，为此表示歉意。他们还为没有向使团提供更多的款待表示歉意，他们说，主要原因是他们没有收到像上次使团（指马戛尔尼使团——译者注）来华时那样详细的通知，但是，皇帝非常重视英国，他们着力向我们表示，我们享受的待遇是其他国家不可比拟的。他们说，内阁大臣董大人亲自在天津迎候特使，皇帝现在还在圆明园，离北京很近，皇帝要在那里待到七月十八（公历9月），每年七月十八，他都会前往热河。当我们较为随意地提到我们希望保持国家的尊严时，他们立即告诉我们，所有事务另有安排，使团会在北京受到接见。他们向我们索要成员和礼品名单的复件，实际上，名单已经给过他们了。他们进一步询问使团来访的目的，在得知使团出使的主要目的是巩固和加强两国之间的友谊和合作后，他们询问我们是否还有其他的目的，关于这一点，他们好向刚才提到的在天津等候会见我们的钦差大臣做详细的报告。我们只说是为巩固和加强两国之间的友谊和合作而来，有了这样一个答复，他们似乎满意了。还有一个类似的问答是关于摄政王的信①，我们许诺译本会在稍后交到天津的钦差大臣手中。他们接着将话题转移到礼仪问题，并且强调我们最好是同意，凡是相关事宜，应当按照皇帝最喜欢的方式行事，特使应当提前演练。我们对此的回答是，特使会按照上次来华英国使团的英国特使向已故中国皇帝所行的礼仪，向现在的皇帝行礼。一阵寒暄之后，他们将话题又转移到礼仪问题上。询问上次使团所采取的礼仪是什么形式，是叩头，还是跪拜，这是这次使团必须遵守的礼仪。问题最终解决方案是，这些问题及其他细节问题留待观察，等到同在天津的钦差大臣会面后，再详细讨论。但是，当他们得知我们期望尽力对皇帝表示尊重后，显得轻松了许多。"②

英国使团对礼仪问题十分重视。8月8日（闰六月十五日），特使阿美士德召集小斯当东、埃利斯等人开会，专门讨论此事。阿美士德向小斯当东等人传阅了英国政府给他的训令。小斯当东在阅读过训令后，感觉到英国政府认为，只要能够达到使团的目的，使团人员可以按照中国政府的要求，向中国皇帝行三跪九叩头礼。对此，小斯当东持反对意见。他认为屈从于中国政府，行三跪九叩礼，只会有损英国的尊严，不会有任何实质性的意义。他给阿美士德写了

---

① 即乔治四世。他的父亲乔治三世晚年精神失常，国会安排由他摄政。1820年，老王去世，摄政王即位，是为乔治四世。

② George Thomas Staunton, *Notes of Proceedings and Occurrences, During the British Embassy to Pekin*, in 1816, Havant Press, 1824, p. 23.

一封信，专门阐述了自己的观点，力主阿美士德按照英国礼仪向中国皇帝行礼。小斯当东在当天的日记中对此有详细的记载：

> 在黄海航行期间，正如原先设想的那样，阿美士德勋爵、埃利斯先生和我之间，多次进行紧急磋商，磋商内容主要是围绕着我们此次使团的使命：我们仔细考察了所有的任务，认真思考会阻碍或推进成功完成使命一切可能发生的情况，以便我们在对整个情况进行仔细考察基础上，采取措施和进行下一步行动，这样我们就会在有意外情况发生时，不会吃惊或毫无准备，在这当中，没有什么问题比遵守中国叩头礼更重要，更急需，更要仔细讨论的了。这一问题在本月四日中国官员同阿美士德勋爵的谈话中已经谈及，已经将可能转化为一个现实问题。因此，鉴于特使和使团已经做好准备，次日就要登陆，这可能是最后自由公开讨论这个非常重要问题的机会了。在首次阅读我国政府给勋爵的训令时，我很自然地推断，礼仪问题没有让我们公开讨论，因为特使直接宣布"要熟悉中国政府，他受尊贵的摄政王之命，在这方面要依据马戛尔尼勋爵先例。但是，我还是很清醒地认识到，管理委员会主席在次日给勋爵的信中，对训令做了解释。信中说，特使认为便宜时，只要对使团完成使命有利，就可以自行决定行叩头礼。初看起来，这两种交流意见很难调和起来，但我想，我从中可以得出推论，我们训令中的精神是这样：虽然，英国政府对于遵从中国礼节这一问题，在感情上是持反对意见的，但是，在特使认为是非常有利的情况下，由于考虑到东印度公司和英国政府同中国的贸易的利益，可以遵守这样的礼节。我认为，这不仅是为使团受到接待而对一些相对细节问题所做的考虑，而是通过行礼来表示某种特定含义，也是唯一的含义，为了达到使团的首要目的，政府容许特使最终可以遵守礼节，这与训令文字表面的意思是相反的。尽管政府训令的说明比我的意见更具权威，但是，作为使团的

成员之一，我有责任给出我个人深思熟虑的意见。遵守礼节是政府的不切实际愿望，我们要对所要遵守礼节认真加以考虑，对这一问题，不应受到训令的束缚，只是将其视作是在方便时加以考虑的一个问题，尤其是在考察其会对东印度公司在广州贸易产生的更多的影响的时候。作为东印度公司的一名服务人员和这次使团的重要参与者，应当对那些有关重大利益的事直接提出自己的看法，以上就是我对此问题的看法，鉴于此，我自然感觉到必须而且尽快考虑之。这也是我根据自己的经验得出的，是通过对中国人的习惯进行长期、深层考察得出的结果，我应该彻底地给出扎实稳妥的意见。由于身上的责任，我无论如何也要向勋爵阁下提出自己的意见，不能有任何保留。我对这一问题已经考虑过很长时间了，根据目前了解的情况，我依然坚持这种看法，那就是：即使我们不去考虑我们本来就反对这种礼节，相对于马戛尔尼使团的先例，做出让步，与其所做出相反的行动，屈从于中国礼节，这对于国家的尊严和国格是一种牺牲。这样也会对东印度公司在广州的贸易和利益造成伤害。这种服从（从我对于中国人的基本了解和经验来看，尤其是从 1795 年荷兰使团的结果来看①）将不会推动实现我们现在筹划的任何一个目标，或者通过某种途径使我们国家和商贸的利益受益。这一观点可以防止我们在这一重要问题上产生误判，我今天给勋爵写了一封信，信的内容如下。

勋爵阁下：

尊敬的阁下，我感到十分荣幸，您能征求我关于遵从中国行叩头礼的意见。考虑到其会对英国国格和在广东利益产生影响。我想说，尽管拒绝行礼可能会有使团被完全拒绝的危险，

---

① 1795 年，荷兰以庆祝乾隆登基六十年为名，派遣蒂进（Isaac Titsingh，1745—1811）为正使、范巴澜（Andreas Everardus van Braam Houckgeest，1739—1801）为副使的使团来华，受到清政府的热情款待。荷兰使团按中国政府要求行中国礼节，向乾隆行三跪九叩礼。

我坚定地认为，屈从这一主张是不可取的。对于目前使命的重要性，我有充分的认识。但是，我不能使自己相信，遵守礼节会对我们在达到使团出使目的这一问题上有推动作用，哪怕是一点点。遵守礼节仅仅是使使团受到接待（那很难说是尊贵的接待）。我想，那也是极大的牺牲换取的。有一些权宜之计，可以使反对礼节的主要障碍被去除，但是，我还是认为，中国政府更可能免除礼节，而不是坚持类似性质的任何安排，那会令人满意地接受。

此致

敬礼

您最忠实服务人员乔治·托马斯·斯当东[①]

小斯当东认为中国政府更可能免除礼节的观点，实际上误导了阿美士德。

使团秘书埃利斯与小斯当东的观点相左，他认为，叩头是无关重要的事。只要有利于完成使团的使命，可以行叩头礼。埃利斯认为："从叩头本身产生不同意见的原因和屈从的结果来考虑，以及其他对待使团并不满意等情况来考虑，拒绝这一点，对维持我们国家的尊严并不是主要的，我已经很自然地感到深为遗憾的是，由于坚持拒绝满足中国人意愿，而被拒绝接见的前景，同时，我仍一点不会有责备将自己的意见屈从斯当东爵士的经验之处……但我将会感到，假如为了两膝落地，三跪九叩与屈一膝而九个深鞠躬之间的区别，以致牺牲觐见，被迫返回，我怀疑这个相反的结局所付出的代

---

① George Thomas Staunton, *Notes of Proceedings and Occurrences*, *During the British Embassy to Pekin*, in 1816, Havant Press, 1824, pp. 29–32.

价太大了。"①

阿美士德对此则犹豫不决。他自觉身负重任。如果拒绝行礼，很可能触怒清政府，使团将被遣回英国，此次出使将以失败而告终，如果如此，他回国后不好交代。何况，政府的训令中已经暗示阿美士德可以行叩头礼，但小斯当东在中国工作居留多年，常年与中国政府交往，有丰富的经验，他的观点应当认真加以考虑。因此，阿美士德陷入了困境。

二 中英之间关于觐见礼仪的交涉

8月10日（闰六月十七日），嘉庆帝在给苏楞额的廷寄中，就觐见礼仪问题指示苏楞额和广惠，要求他们在会见英使时，将有关礼仪问题先行告知。如果英国使节不同意，则需加以开导，使其遵从中国礼仪。廷寄中写道：

> 一切礼节，苏楞额于会晤该使臣时，即先行告知。如该使臣悉，皆乐从，甚善。若稍有异说，苏楞额等当委屈开谕，务使遵奉。倘有必不遵依之处，即据实奏闻，再此次天津筵宴苏楞额、广惠当率该使臣一同谢宴行礼。该使臣若恭顺，随行先将情形具奏。②

8月12日（闰六月十九日），阿美士德等人抵达天津城外。苏楞额③和广惠④等人登上阿美士德的乘船，会见阿美士德。双方在互致问候后，苏楞额提出，希望阿美士德能够让他阅看英国摄政王乔

---

① ［美］马士：《东印度公司对华贸易编年史》第三卷，区宗华译，中山大学出版社1991年版，第260页。
② 《嘉庆二十一年英使来聘案》，故宫博物院编《文献丛编》第十一辑，1935年版，第16页。
③ 苏楞额，时任工部尚书。
④ 广惠，时任天津道长芦盐政。

治写给嘉庆帝的信件的汉译本,遭到阿美士德的拒绝。阿美士德坚持要将信件递交给嘉庆帝的近臣。苏楞额则表示,他已经被清廷授权全权处理此事。双方的会谈一度陷入僵局。为打破僵局,中方将话题转移到小斯当东身上。苏楞额问道,乾隆五十八年(1793)时,在来华的马戛尔尼使团中,有一个会讲汉语的儿童,是否就是此次使团的副使斯当东,翻译马礼逊表示犹豫,不知道是否应该透露小斯当东的身份。小斯当东认为这是一个打破僵局的机会,承认自己是那个儿童,双方会谈的气氛又活跃起来。小斯当东在日记中对此有比较详细的描述:

> 今天傍晚,讨论的主要问题是中国官员一方要求阅看摄政王信件的汉译本。这立即遭到阿美士德勋爵的拒绝,正如上次使团来华那样,国王的信件只能交给热河的大臣:但他们强烈要求阅看,说皇帝已经授权他们,全权负责与我们交涉所有事宜。……苏大人注意到在谈话期间,他想起在前一个使团中有一位少年,名叫托马斯·斯当东,能讲汉语。对此,马礼逊回答得不是十分痛快,但我认为利用机会介绍自己是正确的,我立即回答说我就是那个少年。他对自己的记忆力很满意,不过他接下来说,我在英国期间失去很多学说汉语的机会。这一相认,很快得到了另外两名官员的应和。特别是广大人,他说,他从他的朋友松大人那里知道我很多的事,他还恭维我,夸赞我在绘画方面的天才能力,我告诉他我不具备那样的才能,但似乎是徒劳的。①

此次会谈是英国特使与中国钦差大臣的第一次非正式会晤。在这次会晤中,虽然双方没有提及使团此行的要求和礼仪等敏感问题,

---

① George Thomas Staunton, *Notes of Proceedings and Occurrences*, *During the British Embassy to Pekin*, in 1816, Havant Press, 1824, p. 43.

但会谈的气氛并不十分融洽，中方的要求被拒绝，最后，只好将话题转移到小斯当东少年来访时的经历来打破尴尬的局面。预示着在使团将来行程中会有更多的问题和冲突出现。

会谈结束后，小斯当东提醒阿美士德：

> 虽然今天下午没有谈及礼节问题，我还是有强烈的预感，明天我们被邀请参加的皇帝的赐宴中，已经策划好要对我们是否会遵从礼节进行试探。"天颜""赐宴"这些词语被重复地使用——很明显，有更多的目的，不仅仅只是日常的礼貌，使我们不得不想起1806年，俄罗斯使团来华时的赐宴，那次赐宴对使团的行程和成功是至为关键的。因此，我觉得，对于明天关于礼节的问题，如果这些担心实现的话，我们要认真准备，加以讨论。①

阿美士德和使团的成员立即对此进行讨论，最终达成一致意见：使团成员不会向任何形式的中国皇帝的象征物行叩头礼。

8月13日（闰六月二十日），按照既定计划，阿美士德、小斯当东等人进入天津城内。苏楞额、广惠等人早已在天津道衙门等候，苏楞额等准备宴席和戏剧，招待阿美士德使团。入席前，苏楞额提出，阿美士德应随自己向供奉有嘉庆帝象征物的香案行三跪九叩礼，向清帝谢恩。苏楞额指出，英国使节应遵从中国礼仪，向嘉庆帝行叩头礼，这是对中国皇帝的尊重。英国上次使团来华，特使马戛尔尼曾向乾隆皇帝行过叩头礼。所以，此次使团来访也应该行三跪九叩的大礼。苏楞额的提议遭到阿美士德拒绝。阿美士德认为，他们对清帝表示最诚挚的敬意，但只能按照本国的礼仪行礼——向清帝鞠躬致敬，在英国他们向国王行礼时，也是鞠躬致敬。阿美士德否

---

① George Thomas Staunton, *Notes of Proceedings and Occurrences, During the British Embassy to Pekin*, in 1816, Havant Press, 1824, p. 44.

认上次马戛尔尼使团来华时,向乾隆帝行过叩头礼,依据是马戛尔尼在给英国政府的报告中,称他是按照英国礼仪向中国皇帝行礼的。因此,此次英国使团也要按照上次使团的先例办事,在觐见嘉庆皇帝时,要按照英国礼仪行礼。

嘉庆帝在给苏楞额的上谕中曾指示苏楞额,如果阿美士德不愿依从中国礼仪,行三跪九叩的大礼,苏楞额可当面质问小斯当东马戛尔尼觐见乾隆帝之事,必能迫使阿美士德就范。嘉庆帝在上谕中写道:

> 其副使斯当东是否即系乾隆五十八年副使之子,若系其人,苏楞额自必认识。斯当东在粤年久,谙习中国语言,如有应行询问之处,均可向其面询,或行礼时,有仪节舛错之处,并可以五十八年旧仪向其诘责,自当敬谨遵循。①

苏楞额按照嘉庆帝的指示,质问小斯当东当年马戛尔尼觐见乾隆帝是否曾向乾隆帝行过三跪九叩头礼。小斯当东虽然没有直接予以否认,但以当时年龄太小,现在已经记不清当时的情况为由,间接地否认了马戛尔尼曾向乾隆帝行过叩头礼。小斯当东对整个交涉过程做了详细的记载:

> 在相互致意后,叩头一事被引入,他们(指中国大臣——笔者注)说,我们即将参加的招待是皇帝的赐宴,我们应该不可缺少地通过叩头表示谢意。我们的回答是我们非常期望和渴望在所有场合,都对皇帝陛下致以诚挚的敬意,我们愿意在皇帝形象的代替物前行以相同的鞠躬礼,以证实我们的诚意。这是我们在我们国王面前习惯所行的礼,即一个低的鞠躬。敬仰

---

① 《嘉庆二十一年英使来聘案》,故宫博物院编《文献丛编》第十辑,1935年版,第17页。

及崇敬之情尽在其中,他们的形式是叩头,我们的形式是一个低低的鞠躬。除此之外,我们没有被授权去遵循,如我们王室要求我们通常遵循的那样,关于礼节的所有问题,循前一个使团的先例。他们争论道,实际上,我们前一位使节,在礼节问题上,做了所有要求他做的事,尤其是行了叩头之礼。特别是在皇帝面前,如在其他时候一样,还有,苏大人说他自己记得他在广东时行过礼,之后,官员都诱导我作为在场者,对他们认定的事实作证。对于这样的谎话,可以非常容易地给出简短的和坚决的回答。但是,对这个问题,很明显,不能真正地让我给出肯定的答案。实际上,他们自己恰恰也明白这一点。但是,很明显只是将此转变为一个个人问题,这只会导致双方相互激怒对方,触怒对方。另外,在证实情况究竟是怎样时,我的证词不是在任何场合下,都是需要的。我避开讨论这一话题,回答道,关于上次使团情况的信息,是来自最高当局真实的记录,马戛尔尼勋爵回国后呈送给政府的记录,我们现在的训令也是基于此上的,根本不是我的观点或证言。有关于一个事实,23年前发生的事,当时我还是一个12岁的孩子。①

最后,中方做出让步,英国使团按照英国礼节鞠躬行礼。苏楞额等按照中国礼节行礼。但苏楞额等告知阿美士德,如果使团不行叩头之礼,使团将有可能不被接见。小斯当东记载道:

> ……在经过很长的讨论后,他们一再坚持在所有场合下,遵循皇帝愿望的重要性,并且威胁我们假如使团拒绝,使团将不会被接见。他们最终同意我们根据我们的礼节致以谢意,同时,他们按照他们的礼节行礼。但是,我们也应该记在心里,

---

① George Thomas Staunton, *Notes of Proceedings and Occurrences, During the British Embassy to Pekin*, in 1816, Havant Press, 1824, p. 47.

无论皇帝对我们多么不满意,也不是根据他们汇报的结果。——尽量迎合他们的需要,我们同意,他们叩头几次,我们就鞠躬几次。①

宴会结束后,双方关于礼节问题的争论又起。阿美士德提议,英国使臣愿意单膝跪地,之后俯首致敬,如是重复九次,以代替三跪九叩之礼。这样既依照英国礼节行礼,又最大限度地迎合了中方的愿望。苏楞额让阿美士德当场示范,观看过演示后,苏楞额等担心嘉庆帝不会满意。小斯当东记述了这一过程:

……坐了大约一个小时后,宴会结束了,特使和使团的其他成员又被中国官员邀请到里面的房间内,重新开始谈判。他们的话题当然是接着讨论礼节问题,……阿美士德勋爵重复说,他被要求遵循前一使团的先例,在那次出使过程中,马戛尔尼勋爵在皇帝面前单膝跪地,如同他在我们国王面前那样,由于中国官员渴望看到英国形式的礼节究竟是什么样子,小阿美士德(特使阿美士德之子)应他们的要求,在他们面前,单膝跪地,亲吻他父亲的手。在经过很多讨论后,阿美士德勋爵说,为了证明他在最大限度内,急切渴望迎合他们的愿望,同时,在我们看来,仅仅是重复同一礼节,并不会改变其实质和内涵,他自己可以负责,在皇帝面前,重复行刚才所目睹的礼节九次,因此,我们的礼节和他们的礼节不同的地方仅仅是,一条腿跪地代替两条腿跪地,低头没有我们那么深。这两种礼节的同化,使他们十分高兴。但是,他们说,他们还是担心结果可能不会

---

① George Thomas Staunton, *Notes of Proceedings and Occurrences, During the British Embassy to Pekin, in* 1816, Havant Press, 1824, pp. 47–48.

令人满意。①

此次天津会晤,中英双方在礼仪问题上发生了正面冲突,矛盾冲突的焦点集中在马戛尔尼使团是否曾向乾隆皇帝行过叩头礼上。对此,中英双方各执一词。小斯当东是那次觐见的当事人,他的证言至关重要。小斯当东否认马戛尔尼曾向乾隆帝行过叩头礼,给中国方面造成很大的困难。

次日,苏楞额等陪同阿美士德等人一道启程,前往北京。苏楞额、广惠担心,如果英国使团继续违抗嘉庆帝的旨意,不行三跪九叩礼,自己便完不成任务,到时嘉庆帝一定会降罪于己。在途中休息时,苏楞额找到小斯当东,希望他能说服阿美士德,但遭到小斯当东的拒绝。小斯当东记录道:

> 在和我的谈话过程中,没有译员,他们(指苏楞额、广惠)表现得非常友好和推心置腹。他们旁敲侧击地表达了一个强烈的愿望,我可以用我的影响力去影响阿美士德勋爵,使他同意行叩头礼。我会证明马戛尔尼勋爵在上次使团来华时,行过叩头礼。另外,皇帝可能会亲自问我这个问题。我努力以一种合适的方式,去回应他们的彬彬有礼和推心置腹的谈话。但是,我反复地向他们说明,如我先前所说的,关于此事件的回忆,是发生在我还是一个小孩时,23 年以前,即使在他们看来是非常有利的,当然那不是,也不能被视作是任何证据。——阿美士德勋爵的观点是基于更高和更好的权威,基于真实的文件。基于政府的训令,这是决不能违背的。——我说,我坦诚地告诉他们这一观点,是作为我私人的观点。我让他们将此记在心

---

① George Thomas Staunton, *Notes of Proceedings and Occurrences, During the British Embassy to Pekin*, in 1816, Havant Press, 1824, p. 50.

中……①

小斯当东还说：

> 我再次向他们保证，我很有信心，在这方面，特使会在最大程度上满足他们的需要。②

在这里，小斯当东再次误导了中国官员。

8月15日（闰六月二十二日），苏楞额等收到嘉庆帝的廷寄。嘉庆帝在阅读过苏楞额关于天津筵宴的汇报后，大为恼怒。嘉庆帝在廷寄中严厉申斥苏楞额等人办事不力，要求苏楞额继续开导阿美士德。他还特别强调了小斯当东的作用，在廷寄中写道：

> 苏楞额等奏英吉利国贡使于天津筵宴望阙谢恩时，只向上三免冠九拜揖，九俯首。礼节究有不合。俟沿途再行开导。俾知顺从，已定于二十一日带领起程进京等语。所奏错误极矣。前派苏楞额前往天津照料英吉利国贡使时，曾面谕务将该贡使等礼节调节娴熟，方可令其入觐。如稍不恭顺，即令在津等候。毋庸亟亟启程来京。该贡使既不肯行中国礼仪，即应奏明候旨。乃苏楞额、广惠，竟于十一日带领起程，实属冒昧。苏楞额、广惠具着传旨严行申斥。此时，苏楞额等既已登舟，唯有向斯当东详细开导。谕以尔曾于乾隆五十八年随贡使来至天朝。一切瞻觐宴赉礼仪具经目睹。其时先朝大皇帝不准尔国使臣行本国之礼。嗣经三跪九叩头始蒙恩赉，骈繁礼，遣回国。当今大皇帝事事恪守先朝制度，尔等不肯遵循中国礼仪，断不准尔等

---

① George Thomas Staunton, *Notes of Proceedings and Occurrences, During the British Embassy to Pekin*, in 1816, Havant Press, 1824, p. 53.

② Ibid., p. 54.

瞻觐。我等亦不敢具奏，天朝定制，凡属大小臣工以及外藩，如：朝鲜、越南、琉球、暹罗、南掌、缅甸并番回各部落，不只数十百处来京朝觐者，皆行三跪九叩头之礼。从无敢违定制者。至于免冠乃有过者之礼。中国朝见时无此仪文，尔可将此言详细告知正贡使，罗耳阿美士德等，令其敬觐顺从。先将三跪九叩之礼（令我二人目睹）演习娴熟，我等方敢带领进京。倘执意不从，我等不敢具奏。贡品亦不能赏收。一切宴赉恩荣俱不能邀。即由此处将尔等送回原船归国。尔等航海远来岂非徒劳。……倘该使臣等虚辞应允，并不演习。苏楞额等希图将就到京，将来进表之日，行礼仍不如仪。彼时将贡使等立刻遣出宫门，另派大员押送天津，登舟回国。定将苏楞额、广惠革职，拏交刑部治罪，以为办理不善者戒。决不姑息。……与其到京逐回，不若中途转回为妙。朕实不愿受此虚誉。有损国体也。若至园后，日劳唇舌，皆汝二人之罪，彼时毋悔。①

从嘉庆帝到苏楞额、广惠都曾寄希望于小斯当东，希望小斯当东能说服阿美士德遵从中国礼节，但他们的愿望都落空了。

苏楞额、广惠接到嘉庆帝的上谕后，十分惶恐。他们于当天向嘉庆帝上奏折请罪，并于8月16日（闰六月二十三日）命令使团停止前进。

苏楞额等在奏折中写道：

奴才等跪读之下，恐惧悚惶，莫知所措……奴才等实属糊涂错误。本日即可将各船停泊，到该贡使等船只面见罗耳阿美士德、西雅治斯当东。谨尊圣谕，层层开导，详细晓喻，恩威并示，设法引喻，令其演习三跪九叩之礼，自辰至午，语无不

---

① 《嘉庆二十一年英使来聘案》，故宫博物院编《文献丛编》第十辑，1935年版，第20—21页。

详。据译生马礼逊传罗耳阿美士德话，云：贡使等由海外远来，实不敢稍存不恭顺之心。况天朝定制，敢不遵依。又蒙大皇帝恩典，心中实在感激，但不敢私自更改本国礼节。将来回国时，必然重治我等之罪。如今，就是不准朝觐，不收贡物，着令回国，虽心中不愿，又不敢不从。再想不出两全之法。惟有求于大皇帝怜念海外夷人，格外施恩等语。据西雅治斯当东云：乾隆五十八年来时，所有礼节虽经目睹，实系年幼不记得。惟有感念先朝大皇帝恩典，至今犹有收藏恩赏荷包。无时不心怀诚敬。前所说跪一膝，一俯首之礼。贡使等所到各国，从无行过。今情愿加行九数，并非违背三跪九叩之礼。实系不敢私改我国王礼节。贡使等奉国王之命恭进贡物，倘不蒙赏收，又不能得大皇帝恩典，徒劳回国，心中岂不害怕。惟求将贡使等恭敬不得已之心转奏。可以得受大皇帝的恩典等语。奴才等复谕以汝非他人可比，前次来过，又在澳门多年，岂不知中国法制。倘仍推诿，必致圣怒，拘囚治罪。该贡使别无言语。甚觉恐惧。奴才等再四晓喻，伊等仍执前说。惟有合词求恩。词色加倍恭敬。为难不安。始据西雅治斯当东云：乾隆五十八年，贡使等来朝回国时，闻得正使告知国王云：系依照本国礼节行礼，是以此次不敢更改等语。奴才等细思其言自系辞穷暂为支饰，诚如圣谕。与其到京逐回，不若中途转回。奴才等断不敢希图将就。不目睹该贡使等演习三跪九叩之礼，率行带领到园，致进表行礼，稍不如仪，自干重咎。现将各船停泊武清县蔡村地方。①

8月17日（闰六月二十四日）上午，双方继续讨论礼仪问题。英方只同意三次单膝下跪，每次下跪后三俯首。英方称，这是使团在礼仪问题上的底线。就在中英双方就英使觐见礼节争执不下时，

---

① 《嘉庆二十一年英使来聘案》，故宫博物院编《文献丛编》第十辑，1935年版，第21页。

嘉庆帝又得到苏楞额奏报，称搭载阿美士德进津的英国船只在未通知中方的情况下，离津赴粤。嘉庆帝闻后大怒，他斥责苏楞额、广惠等人形同木偶，怒斥英人奸诈欺罔。嘉庆帝对英舰的不辞而别恼怒是有一定道理的。首先，英方具备条件通知中方，英船即将离开。就在英船离开的前一天，中国政府还为英船提供了食物、淡水等物。其次，这些英国船只均为武装舰船，在中国沿海随意游走，对中国的领土主权构成了威胁。

尽管嘉庆帝对英国使团表示不满，但嘉庆帝不愿把事情搞得太僵，依然希望英国使团能够到北京觐见，下令英国使团继续前进。

8月18日（闰六月二十五日），嘉庆帝派理藩院尚书、三等承恩公和世泰、礼部尚书总管内务府大臣穆克登额前往通州迎候。和世泰是满洲镶黄旗人，其父恭阿拉曾任兵部尚书、礼部尚书，死后追封三等承恩公。恭阿拉之女是嘉庆帝的皇后。穆克登额也是嘉庆朝的重臣。嘉庆帝派此二人迎候英国使团体现了他本人对英使团此次来访的重视。但是，这并不等于嘉庆帝可以在礼节问题上做出让步。是日，嘉庆帝在给苏楞额的上谕称：

> 据苏楞额等奏，面问斯当东仍称不敢改易本国礼节。又夷船五只俱已开行各一折。阅奏益增愤恨。斯当东于乾隆五十八年随同伊父入贡。今乃诡称所行礼节全不记得，且告知正使亦不敢改易本国礼节，其海口所泊贡船，并不先行告知，竟自开行赴粤。其奸诈欺罔之情可恶已极。苏楞额等并不预为防范，致使该夷船私自开行。办理亦太疏忽。（甚属怠玩）现在，苏楞额等已带领该贡使等，由津北来，沿途仍善为开导。①

值得注意的是，在这份廷寄中，嘉庆帝特别斥责了小斯当东的

---

① 《嘉庆二十一年英使来聘案》，故宫博物院编《文献丛编》第十辑，1935年版，第25页。

负面作用。也可以看出，嘉庆帝是愿意接见英国使团的，他认为，这是远夷来朝，追慕向化，是自己显示皇帝威严的机会。

8月22日（闰六月二十九日），和世泰等在通州会见了阿美士德一行。和世泰向阿美士德发出最后通牒：如果使团不愿遵循中国礼仪，即刻返回英国，不必进京。英方对此早有准备，面对最后通牒，丝毫没有让步，只是要求和世泰将一封写给嘉庆帝的信转交嘉庆帝。和世泰原本以为英使会做出让步，没有想到英方态度如此坚决。和世泰可能考虑到，如果就这样将英国使团遣返回国，等于自己无能，不能完成任务，会受到嘉庆帝的怪罪。他没有将信转交嘉庆帝，继续与英使团谈判。和世泰派遣天津道张五纬前往使团住处，希望英方能转变态度，但英方态度强硬，阿美士德提出，如果嘉庆帝由于礼仪问题，不会接见英国使团，希望中国政府尽早通知使团返回英国的时间。双方的交涉再次失败。

8月23日（七月初一），嘉庆帝指示和世泰，以1816年8月28日（七月初六日）为限，如果英国特使到时还不肯依从中国礼节，行三跪九叩大礼，和世泰则不必继续开导，听候嘉庆帝的旨意。嘉庆帝在谕旨中说：

> ……和世泰等自己向该贡使等反复开导，如该贡使已敬谨遵依，当面演行三跪九叩之礼，无论何日，一面奏闻，一面即带领进京。若该贡使执意不从。总以本月初六为断。据实奏闻，候旨饬办。无庸频将开导情形奏陈渎听也。①

和世泰等人则奏报嘉庆帝：

> 奴才等会同演习，该贡使等礼节尚未如仪。奴才等现仍设

---

① 《嘉庆二十一年英使来聘案》，故宫博物院编《文献丛编》第十辑，1935年版，第29页。

法开导。俟遵照行礼，即行奏闻。①

这份奏折在礼仪问题上打了一个马虎眼，所谓"会同演习"说明英国特使同意按中国礼节行礼，已经开始练习。"礼节尚未如仪。奴才等现仍设法开导。俟遵照行礼，即行奏闻。"即英国特使仍未学会按中国礼仪行事。

接到嘉庆帝的谕旨后，和世泰等人感到事态严重，他们希望能在小斯当东身上找到突破口。8月24日（七月初二）和世泰派遣张五纬前往使团驻地，希望能够单独约见小斯当东，但遭到小斯当东拒绝。

小斯当东在当天的日记中记载道：

> 大约一点钟，张大人又来找马礼逊，这一次谈话同样是不愉快的和没有预料到的。他说，皇帝刚刚收到广东的报告，称那些和我一起从澳门来的人，全部都是商人。结果不寻常地加入到使团中来，特别是我，在贸易往来中发了大财，有好的房子，有鸟舍，还买了我现在使团的位置。对于此，应该加一点，好像皇帝本人，毫无疑问，我被选中是由于在上次使团来华时，我获得了中国人的习惯的知识。因此，我有义务尽全力劝告特使按中国礼节行礼，而不是鼓励他反对。……此次谈话，应该看得出，是被命令做出的，不是讲给特使和他的译员听的，而是讲给我个人单独听的，但是，我认为最好谢绝和他就此问题，撇开阿美士德勋爵和埃利斯先生，单独谈话。②

中国官员希望小斯当东能说服阿美士德在礼仪问题上做出让步。

---

① 《嘉庆二十一年英使来聘案》，故宫博物院编《文献丛编》第十辑，1935年版，第31页。

② George Thomas Staunton, *Notes of Proceedings and Occurrences, During the British Embassy to Pekin, in* 1816, Havant Press, 1824, p. 85.

但他们不了解正是小斯当东坚决反对阿美士德按中国礼仪向嘉庆皇帝叩头。由此可见，中国官员对阿美士德使团内部情况知之甚少。

嘉庆帝被和世泰的奏折误导，误以为英国使团同意行三跪九叩之礼。次日，即8月25日（七月初三），传谕和世泰等：

> 至该贡使等僻在荒夷。其于中国礼节原不能中规合度。此时，总令该贡使等遵依行三跪九叩之礼。即起跪之间，稍觉生疏，均无足深责。将来行礼时，必派员带领，始克如仪。和世泰等当善为开导。使其敬谨遵从。①

嘉庆帝还特别强调：

> 凡事不必过于苛细，转失驭外之礼。即五十八年，亦系将就了事。此一事耳，总之逐回，不如接见之为是。②

8月26日（七月初四），中英双方又开始了新一轮的谈判，但没有取得任何进展，双方始终争执不下。虽然中英双方的交涉陷入破裂的边缘，阿美士德依然不愿因礼仪之争导致出使失败。使团秘书埃利斯同意阿美士德的意见。小斯当东在日记中写道：

> 按照阿美士德勋爵和埃利斯先生的观点，依然非常强烈地反对将谈判的大门关闭，通过让步，使团还有一丝希望，完成此行任务中的一些任务。在对形势经过一段时间的考虑后，一致同意，因为公爵（指和世泰）态度的慷慨，给了我们有了达

---

① 《嘉庆二十一年英使来聘案》，故宫博物院编《文献丛编》第十辑，1935年版，第30页。
② 同上。

到使团出使主要目的这样一个非常美好的希望。①

8月27日（七月初五），双方继续谈判。阿美士德认识到，如果不遵从中国礼节，使团一定会被遣送回国。他开始考虑做出让步，使团秘书埃利斯同意阿美士德的意见。小斯当东在日记中写道：

> 在我们回到旅馆后，我们立即就此问题开始商讨，结果是，根据对整个情况的判断，阿美士德勋爵认为，遵从中国的礼节更好些。勋爵的这一观点为埃利斯先生所完全支持。②

小斯当东则表示反对向中国政府让步，他的观点是：

> 同我以前所持的观点一样，现在我依然坚持与他们相反的观点。对我来说，对他们的观点进行评判非常困难，也不愿意去进行评判。……现在的形势，可以给我们一个确定的保证，那就是我们坚持一直在做的事不会对我们的利益造成严重的和永久的伤害。普遍认为，中国人的性格不会诉诸暴力手段，或者把事情推向不必要的极端，特别是当他们看到做这些事（我敢肯定地说）没有效果和没有基础时。还有，至于在广东的贸易，由于皇帝、高官、普通大臣的个人利益与之相关，我们冷静地判断，很难会有很大的损失或减少的痛苦。最近一些事件是我们可以暂时激动的，我们知道，实际上，1806年，俄国使

---

① George Thomas Staunton, *Notes of Proceedings and Occurrences*, *During the British Embassy to Pekin*, *in* 1816, Havant Press, 1824, p. 94.

② Ibid., p. 99.

团的被拒，① 并没有打断两国之间的商贸往来。②

小斯当东认为，中国人性格软弱，不会把事情推向不必要的极端。阿美士德和埃利斯通知小斯当东，他们已经下定决心，遵从中国礼仪，将行三跪九叩之礼。小斯当东表示他依然坚持自己的意见，反对屈从于中国政府。为了取得其他人的支持，小斯当东随即召集随行的东印度公司工作人员托尼、马礼逊、曼宁、皮尔逊及德庇时五人开会，专门商讨此事。托尼、马礼逊、曼宁、皮尔逊四人在中国工作了9—10年，德庇时虽然年轻，但亦是东印度公司驻华商馆的重要成员，他们的意见，对阿美士德来说，自然是举足轻重的，托尼、皮尔逊及德庇时三人，表示坚决反对叩头。马礼逊、曼宁虽然没有坚决表示反对，但也没有明确支持叩头。阿美士德最终决定，采纳小斯当东等人的建议，坚持不让步，不向嘉庆帝行三跪九叩之礼。同日，任使团翻译的马礼逊将此决议写成文告，递交给和世泰等人。

和世泰等人得知这一消息后，并没有恼怒，而是向阿美士德、小斯当东等人表示，明天即可启程，前往北京。小斯当东听到这一消息后，非常吃惊，他多次提醒和世泰，英国特使不会向嘉庆帝行叩头礼。和世泰表示，即使英国特使不向嘉庆帝行叩头礼，嘉庆帝也会接见使团。

---

① 指1805—1806年俄国商船海上来华请求通商一事。1840年前，按照中国政府的规定，俄国只能同中国在陆路通商。1805年年底，三艘俄国商船来到澳门，要求通商。时任粤海关监督的延丰知道，这是俄国商船首次来华，事关重大，他一面上奏嘉庆帝，一面准许俄国商船卸货贸易，俄国商船获利丰厚。嘉庆帝得知此消息后，大怒。敕令俄国商船连船带货，一起返回俄国。同时，将延丰革职，严厉处理了有关责任人。

② George Thomas Staunton, *Notes of Proceedings and Occurrences*, *During the British Embassy to Pekin*, *in* 1816, Havant Press, 1824, p. 100.

三 阿美士德使团使华的失败和小斯当东黯然离开中国

8月28日（七月初六），和世泰上奏嘉庆帝，称英国特使愿意遵从中国礼仪，行三跪九叩的大礼：

> 奴才等于初五日将该贡使等仍行传至公所。面为周详开导，使其敬谨遵依。该贡使等仰荷天恩，至诚感服。奴才等遂令其演习礼节。起跪不甚自如，勉力尚堪成仪。……该贡使感称海外远夷，得仰天颜。不胜战栗恐惧。倘蒙恩派员带领行礼，得所遵循，实为感激。惟有向化倾心，敬承恩典。①

嘉庆帝阅后，非常高兴。他立刻传谕和世泰，迅速安排英国特使觐见，并就英国特使接下来几天的行程做了安排。他在上谕中说：

> 和世泰等奏英吉利国贡使，连日演习礼仪，极为敬谨。该国远隔重洋，输诚慕化。乾隆五十八年，入贡后，复遣使来庭纳贶，恭顺可嘉。本日，和世泰、穆克登额已带领该贡使等来至海淀蝎子湖公馆。著以初七日在正大光明殿瞻觐。初八日于正大光明殿筵宴颁赏。礼成后，仍带至同乐园赐食。初九日，陛辞，是日并赐游万寿山。初十日，和世泰等带领该贡使入城。十一日，在太和门外颁赏，赴礼部筵宴。十二日，遣令回国。②

很明显，和世泰向嘉庆帝谎报了情况。和世泰自己拟定了一个计划：28日下午，他陪同英国使团向圆明园进发，使团一路夜行，于次日（8月29日，七月初七）清晨抵达圆明园外。随后，他带领英国特使阿美士德、副使小斯当东、埃利斯等人立即觐见嘉庆帝。

---

① 《嘉庆二十一年英使来聘案》，故宫博物院编《文献丛编》第十辑，1935年版，第30页。
② 同上书，第34页。

是时，英国特使等人一定疲惫不堪，行礼时，派员将特使挟拉带到正大光明殿，凭强力迫使其屈膝俯首，完成三跪九叩之礼。这样，和世泰即可交差。然而，和世泰的这一计划落空了。8月29日早上五点半，英使团抵达圆明园外。早上六点半，嘉庆帝传旨英国使团觐见。阿美士德告知和世泰，现在不能马上觐见嘉庆帝，经过一天的行程，已经精疲力竭，而且觐见时所需物品，如服装、国书等尚在途中。因此，请求明天早上再觐见嘉庆帝。阿美士德还特别声明：他不会行三跪九叩之礼。和世泰无法，只好上殿向嘉庆帝称，使节不能快走。第二次传见时，和世泰称，正使病泄，稍缓片刻。第三次传见时，和世泰称，正使病倒，不能觐见。嘉庆帝遂下令正使回寓所调制，副使觐见。和世泰称，副使也病了，不能觐见，要等正使病愈后，一同觐见。嘉庆帝闻后大怒。他认为："中国为天下共主，岂有如此侮慢倨傲，甘心忍受之理。"① 于是，下令立即将英国使团遣送回国。同时，下令将和世泰等人交部严加议处。当日，阿美士德使团返回通州。

8月30日（七月初八），嘉庆帝从身边大臣处得知，英使不肯觐见，是庸臣误事。遂令人准备礼品追送至良乡，交给阿美士德，转赠英国国王。

阿美士德使团来华不欢而散。嘉庆帝对英国人的印象更糟了。特别是对小斯当东，更加警惕。当天，他在给两广总督蒋攸铦的谕旨中指出：

> 该副使斯当东久住粤门，通晓内地语言。人本谲诈，此次该使臣等反复狡猾，料必系伊从中播弄。斯当东到粤时，即敕令同该正使一并回国，勿许停留。伊若请于回国后，仍来粤门充当大班，亦严词饬禁。断不许其再来，并谕知各洋行，勿许

---

① 《嘉庆二十一年英使来聘案》，故宫博物院编《文献丛编》第十辑，1935年版，第37页。

私自容留，违者治罪。①

至此，小斯当东无法在中国继续工作居留。1817年1月，小斯当东随同阿美士德使团离开中国返回英国。此后，他再也没到过中国。

阿美士德使团来华前200多年间，有很多西方国家使团来华。在礼仪问题上，有的使团也曾与中国政府发生过争执，但问题最终都能得到圆满解决。为什么唯独阿美士德使团被驱逐回国呢？笔者认为，中英两国相距遥远，社会历史发展情况不同，文化习俗存在差异是非常正常的。小斯当东从实用主义的角度出发，向阿美士德指出，遵守或是违反中国礼仪对英国发展对华贸易影响不是很大。他认为，只要坚持强硬态度，极有可能迫使中国政府就范，免除行礼。他的这些观点最终误导了阿美士德，使阿美士德最终下定决心，不按中国礼仪向中国皇帝行礼，遂致使团未能完成扩大在华贸易的任务。在这一问题上，小斯当东对中英关系的发展起了消极作用。

---

① 《嘉庆二十一年英使来聘案》，故宫博物院编《文献丛编》第十辑，1935年版，第40页。

第 五 章
小斯当东与英国中国学的发展

第一节 小斯当东与《异域录》的翻译

一 小斯当东回国后谋职受挫

受到阿美士德使团访华失败的影响，小斯当东已无法再回到中国供职，但他"中国通"的名声已经为很多英国人和机构所熟知。他回国后不久，就被牛津大学授予荣誉法学博士学位，很快又被选为皇家科学院对外荣誉秘书（Foreign or Honorary Secretary of the Royal Academy）、亨特藏馆议会受托人（Parliamentary Trustee of the Hunterian Collection）及不列颠科学协会副会长。此时的小斯当东已经积累了一定财富，谋生对他来说，已不是问题。如何成就人生理想，进一步提升社会地位，成为他对待事业发展的出发点，因此，他开始考虑谋求在政界发展，特别是其对中国深厚的情节，使他更希望能够发挥他熟悉中国事务的特长，为英国在华利益服务。

小斯当东发现阿美士德和亨利·埃利斯回国后不久均获得了职务晋升，特别是阿美士德被任命为孟加拉总督，这激起了小斯当东希望到海外谋任殖民地高官的欲望，他认为，他为国家所做的贡献不应被忘记，特别是在阿美士德使团访华期间，他所做的贡献全部是无偿的，因此，即便是被授予某种皇家荣誉，也绝非过分，而是应得的奖赏。于是，他向英国政府提出，应给予他适当安排，最好能担任枢密院顾问官。

对于他的要求，英国政府予以婉拒。时任英国首相的利物浦伯爵（Lord Liverpool）在给小斯当东的信中说："我很抱歉地说，我不觉得你的情形与你申请之荣誉通常可被授予的条件相吻合。在我这么讲的同时，我必须恳请你公允地对待我所说的话，相信我，我并非无意公平地对待你为国家所做的贡献，我觉得我无法转达你的看法。"① 英国政府主管东印度事务的坎宁在答复小斯当东时说："至于埃利斯先生在好望角的职位，我的确知之甚少，我只知道，这主要是他的朋友们在为他个人的康乐考虑，与嘉奖无关，只能算作优待。至于阿美士德勋爵，我完全可以有把握地说，他的任命与他出使中国的关系很小。他的任命在很大程度上与我有关，我的意思是，这是出于我们多年的友情，也出于他在总体上胜任这一职务的考虑而做出的。"②

对此，小斯当东非常失望，他认为，如果他在内阁中有私人关系，他的请求绝不会因这样的理由而被拒绝。他坚定地认为，阿美士德使团使华期间，他发挥了至关重要的作用，是他为英国赢得了荣誉，他说："英国在华官方机构（毫无疑问才是最胜任的评委）评价我在最为艰难的环境下，以其决断与可靠的判断维护了英国的国家荣誉，促进了英国的商业利益，在诸如我承受的这般沉重责任重压下，意志稍显薄弱者都会被压垮。"③ 他提出："特别是当使团其他人已选择了相反的、无法令人盛赞的道路时，唯独我力排众议，独自挽救使团，使大家免遭真实的羞辱，实在应该给予双倍的嘉奖。

---

① ［英］乔治·托马斯·斯当东：《小斯当东回忆录》，屈文生译，上海人民出版社2015年版，第151—152页。

② 同上书，第152页。

③ 同上书，第153页。

在使团的其他人不管因什么理由都已获得了荣誉或升职时,他最终不会拿所谓的'惯例'说事,相反他会对拒绝给予嘉奖的想法嗤之以鼻。"① 对于埃利斯先生被任命为枢密院顾问官,他认为,是由于埃利斯是里彭勋爵(Lord Ripon)的朋友。

在枢密院谋职未果后,小斯当东通过购买议员席次的方式,成为英国下议院议员。他在回忆录中记述道:"我最初是在1818年的换届选举中,以康沃尔郡的圣米迦勒或米德歇尔(St. Michael's, or Midshall, in Cornwall)选区成员的名义进入议会的,那时我刚从国外公职上退下来一年,而在此期间,我在国内无法找到一个与我平生所学对口的正式职位,就这样,我的志向自然而然地就落在了议员这样既受人关注又荣耀的职缺之上。"②

二 《异域录》一书的西传

小斯当东任议员后,向英国政府、议会递交了很多涉及中英关系的研究报告,他著书立说,撰写和翻译出版了一系列专著、译著和文章,并积极推动英国的中国学发展,为英国人认识中国、了解中国起到了非常重要的推动作用。1821年,小斯当东翻译出版了图理琛所著的《异域录》一书(英文名为 *Narrative of the Chinese Embassy to the Khan of the Tourgouth Tartars, in the Years* 1712, 13, 14, 15)。

《异域录》一书具有很高学术价值。首先,《异域录》是研究清代民族关系的重要资料。清代是中华民族大交流、大融合的时代,民族关系特别是清廷同蒙古各部的关系非常复杂,影响至今。康熙朝,蒙古准噶尔部不断向外扩张,引发了同蒙古其他部落及清廷的大规模战争,影响到整个国家的统一、边境的安宁和全社会的政治、经济的正常运转。加之俄国人也趁机介入,使得问题更加复杂。图

---

① [英]乔治·托马斯·斯当东:《小斯当东回忆录》,屈文生译,上海人民出版社2015年版,第153页。

② 同上书,第102页。

理琛使团就是在这样一个特殊历史背景下出使的。《异域录》是唯一一部详细记载出使经过的书籍，是研究图理琛使团出使土尔扈特部的一手材料。书中不仅记载了使团出使的过程，而且还交代了康熙对蒙古诸部政策的一些看法和认识，为当时政治家和后世史家研究相关问题提供了不可多得的材料。

其次，《异域录》是研究中俄关系史和清朝对外政策的重要史籍资料。清初以来，俄国不断东侵，几度侵入中国境内，引发了中俄之间大规模武装冲突，中俄关系比较紧张。《尼布楚条约》签订后，中俄关系有所缓解，但只解决了中俄东部边界问题，俄国对中国蒙古地区依然虎视眈眈，加之喀尔喀蒙古准噶尔部连续几代的叛乱，中俄边界形势十分复杂。图理琛使团途经俄罗斯，在俄境内行程数千公里，行走停留近两年。受到中俄两国政府的高度重视。俄国沙皇一方面令人严密监视使团动向，一方面派遣政府大员接见使团。《异域录》中详细记述了使团多次同俄国高级官员会晤的情况。根据《异域录》记载，康熙在给使团的谕旨中明确指出，使团出使的任务除慰问土尔扈特部，"颁发谕旨并赐恩赏"① 外，还要向俄罗斯传达中国愿与其交往保持和平信任关系的意愿。他在谕旨中指出："鄂罗斯国察罕汗倘遣使欲会尔等，即往相会，……至相见礼仪，依彼国礼见之可也，……两国和议年久，朕无他意，有调用边兵之处，即行调拨，不必疑惑。"② 在一定程度上反映了当时清政府对俄的基本政策。

再次，《异域录》在历史地理学方面也有极高的学术研究价值。图理琛使团是清代第一个途经西伯利亚到达欧洲的使团。康熙要求使团注意考察，对"俄罗斯国人民生计、地理形势亦须留意"③。《异域录》详细记述了沿途经过地方的地理交通、山川河流、动植物

---

① 《异域录》卷上。
② 同上。
③ 同上。

分布状况，并且对俄罗斯国家的起源、政治、社会、周边国家、地区及对外扩张的情况做了一些介绍。书中谈道："俄罗斯国地方分为八道，每道所辖城堡十余处、二十余处。"① "俄罗斯国向无汗号，原辟处于西北近海之计，……传至衣宛窟西里委翅之时，其族内不睦，以致于乱。……乃求助于式费耶忒国王，而式费耶忒国王许助衣宛窟西里委翅兵八千并粮饷，……因假此兵力，衣宛窟西里委翅征收其族类，并自号为汗，至今三百余年……"② "俄罗斯国之西北诸国名曰：图里耶斯科、式费耶忒……南面所有诸国部落名曰：土尔扈特、哈拉哈儿叭、哈萨克……"③《异域录》中所附的由图理琛绘制的地图是中国历史上较早根据实地考察绘制的西伯利亚及伏尔加河流域地图，在准确性上甚至超过了当时西欧的地图。图理琛在书中还介绍了俄瑞北方战争的基本情况，《异域录》中写道："（俄罗斯国王）因遣使索取归于式费耶忒国之那尔瓦城，式费耶忒国王不许，遂成仇敌已五十年。……初战败俄罗斯，……再战为俄罗斯察罕汗所败。伤人甚多，失城无算。"④ 这些记述在中国是前所未有的，对中国了解俄罗斯乃至整个欧洲的各方面情况起到了积极的推动作用。

《异域录》一书在一定程度上反映了当时清政府的对外政策，特别是对西方国家的外交政策。《异域录》中全文收录了康熙给使团的谕旨，从谕旨的内容来看，只有一小部分内容是交代使团出使的目的、任务，谕旨的大部分内容是在论述出使过程中使团成员与俄国人接触过程中可能出现的情况、应注意的事项等，且内容非常详细。

康熙在谕旨中允许使团与俄方官员会面，会面时可以按照俄方礼节相待，康熙在谕旨中提道："至往返之时，尔等即往相会，或俱

---

① 《异域录》卷上。
② 《异域录》卷下。
③ 同上。
④ 同上。

往相会，去见。若彼不欲见，不使人来请，则已，至相见礼仪，依彼国礼见之可也。"康熙还要求使团向俄方表示中国愿与俄罗斯和平相处。康熙提道："数年前闻得，鄂罗斯国与其邻国不睦，互相攻伐，鄂罗斯国欲调用边兵，或疑我边人，不行调拨，亦未可定，两国和议年久，朕无他意，有调用边兵之处，即行调拨，不必疑惑。"① 但康熙对俄国亦存在防范之心。康熙在谕旨中明确指出，如果俄国谈及从中国进口火炮等武器装备，使团应予以拒绝。谕旨说："朕思鄂罗斯国必言及火炮之类，倘若恳求，尔等言路途遥远，难于行走，沿途皆高山峻岭，林木丛薮，险隘之处甚多，我中国并无如此地方，亦不曾见如此道路，致之甚难，且中国法禁，凡火器物件，不许擅自出境，法令森严，虽我皇上恩赐，断难至此，伊若求尔转奏，尔等只言我等俱系恃遣往土尔扈特国阿玉气汗处去，奉使之事各异，此等情节，难于奏闻。"② 康熙还要求使团成员在出使过程中需注意外交礼仪和国家形象，不能过度饮酒，不可随意收受俄方赠予的礼物。值得注意的是，康熙特别强调，对于俄国人向使团展示的物品，使团成员既不能表现出过度好奇，也不能盲目轻视。他说："鄂罗斯国尚矜夸，必出陈其所有之物，以示尔等。倘若出示，尔等不可惊讶，亦不可轻藐，但言此等物件，我中国或有或无，我等职司各异，有我所见而众未见者，亦有众见而我未见者，所以不耗尽知。此役，尔等同合意而行，不可饮酒无状，严禁随役，……尔等随役不可无礼妄行，须严加约束，至鄂罗斯若馈送尔等物件，毋遽收受，必须再三却辞，……"③ 清初，俄国侵略者多次入侵中国，康熙坚决予以抗击，有效地维护了国家主权。从这份谕旨可以看出，康熙对曾侵略中国的俄罗斯尚持能和平共处的态度，由此可见，康熙对于其他希望与中国平等往来的西方国家，是愿意与其和平交往的。

---

① 《异域录》卷上。
② 同上。
③ 同上。

对于《异域录》的价值，历代学者都给予很高评价。《四库全书提要》这样评论该书："国朝图理琛撰。……五十四年三月，回京师复命。因述其道里、山川、民风、物产以及应对礼仪，恭呈御览，冠以舆图。次随日纪载见闻，其体例略如宋人行记。但宋人行记以月日为纲，而地理附见。此则以地理为纲，而月日附见。所历俄罗斯境，曰楚库柏兴，曰乌的柏兴，……皆其大聚落也。其地为自古舆记所不载，亦自古使节所未经。如《史记》述匈奴北海，颇作疑词。故儒者类言无北海。今据图理琛所记，知伊聂谢柏兴距北海大洋一月程。又《唐书》称薛延陀夜不甚暗，犹可博奕，仅得之於传闻。图理琛以五月至其地，知夏至前后确有是事。……见所未见，闻所未闻，纂述成编，以补亘古黄图所未悉。"① 清代学者何秋涛认为，《异域录》问世之前，清人所著有关俄罗斯的书籍"皆叙内外蒙古地势情形耳，既未至俄罗斯，则绝域风土概未有闻也，……迨五十一年图理琛衔命扶绥土尔扈特，假道俄罗斯境，往返几及四载，归而笔其山川、风物、程途，汇为此录。盖我国使臣实抵俄罗斯境而撰述足以传信者惟是编为然"②。法国学者加恩认为，《异域录》是"中国人第一次直接认识西伯利亚，以及俄国的一般情况。历史学家图理琛以中国人特有的精细和其他克尽职责所必要的品质，……巧妙地完成了他所肩负的了解舆地概况的特殊使命。他所绘制的地图从任何方面来说，都不亚于当时西欧的地图，有时在准确性方面甚至胜过西欧的地图"③。

总之，《异域录》的价值在于它是一部"拓荒之作"，其价值与意义是鸦片战争前中国历代同类著作不可比拟的。

随着工业革命的兴起，西方资本主义开始快速发展，西方主要

---

① 《四库全书提要》。
② （清）何秋涛：《朔方备乘·考订异域录》。
③ ［法］加恩：《彼得大帝时期的中俄关系史（1689—1730年）》，江载华、郑永泰译，商务印书馆1980年版，第128页。

资本主义国家逐步加快了在东方殖民扩张的步伐，中国凭借着广袤的国土、富足的国力吸引了欧洲人的目光，在欧洲出现了"中国热"。欧洲各国纷纷研习中国政治、思想、文化，很多中国著作被翻译成欧洲文字，在西方世界广为传播，推动了欧洲人对中国的认识，欧洲人对中国的熟悉程度达到顶峰。大文豪伏尔泰曾说过："对中国，甚至比对欧洲的若干地域还要熟悉。"① 中国同西方国家的商贸往来也有了较大的发展。以沙俄为例，据有关学者统计，18 世纪下半叶，恰克图贸易额占俄国同亚洲国家贸易额的 68%，关税收入的 20%—38%，② 成为其重要的财政支柱之一。但 18 世纪的中国正处于"康乾盛世"，政治稳定，封建经济发展达到最高峰，由于中国封建经济天然的自给自足性，清朝的最高统治者对于发展中西贸易并不热衷，相反，由于惧怕西方人对封建政权产生威胁，清朝统治者对西方国家充满戒备，尽量避免与西方人接触。因此，中国的对外政策特别是对外商贸政策成为西方人的重要关切。当时在欧洲流行的多数中国著作是《论语》《孟子》等哲学书籍，或是《赵氏孤儿》等文学作品，反映中国对外政策的著作实属寥寥。《异域录》无疑为欧洲人认识了解中国的对外政策提供了良好的参考资料，填补了这一领域的空白。《异域录》出版后，很快引起了欧洲学者的注意。

第一个翻译《异域录》的西方人是法国人宋君荣（1689—1759）。宋君荣本名安托万·戈比（Antoine Gaubil），宋君荣是他的中文名。宋君荣是耶稣会士，他精通天文学、历史学，是法国著名汉学家。1722 年来到中国。他来华后，随同另一位法国汉学家、耶稣会士巴多明（Dominique Parrenin）学习满文，后又研习汉语。在巴多明的帮助和推荐下（巴多明曾为康熙讲授拉丁文、人体解剖学，长期在内廷供职），宋君荣进入宫廷并得到了雍正的赏识。法国著名

---

① ［德］利奇温：《十八世纪中国和欧洲文化的接触》，朱杰勤译，商务印书馆 1962 年版，第 69 页。

② 韦庆远、叶显恩：《清代全史》第五卷，辽宁人民出版社 1991 年版，第 263 页。

汉学家雷慕沙（Jean Pierre Abel Rémusat，1788—1832）认为："所有欧罗巴人精通中国文学者，抑能以其所学做最有益与最繁复之应用者，当首数此人。"[①] 宋君荣在华工作生活了近四十年，此间，他为法、英、俄等国提供了大量的有关中国的情报。先后被选为俄国彼得堡皇家科学院院士、法国科学院通讯院士、英国皇家研究院联络院士。即使是雍正禁教期间，他亦能常伴雍正左右，并长期负责管理教授八旗子弟学习拉丁语的"译学馆"。

《异域录》刊印后不久就引起了宋君荣的关注。他摘选了《异域录》中一部分内容翻译成法文，取名"中国人从北京至托波尔，从托波尔至土尔扈特国土的旅行记述"，于1726年寄给了他的好友耶稣会士苏西埃（Etienen Souciet）。1729年，苏西埃将其刊登在耶稣会士合编的《印度、中国数学、天文、地理、历史及物理观察》一书中，在巴黎刊印出版。

《异域录》也引起了俄国汉学家的重视。首先对《异域录》给予关注的是德裔俄籍历史学家、探险家、科学家穆勒（Gerard Friedrich Muller，1705—1783）。穆勒出生于德国威斯特伐利亚，20岁时来到俄罗斯，在俄罗斯科学院任职，是俄罗斯远东问题及西伯利亚学的专家。穆勒在宋君荣法文本《异域录》的基础上，将《异域录》翻译成德语，收录在他编写的《俄国历史文集》一书中。

将《异域录》翻译成俄文的是罗索欣（И. К. Россохин，1717—1761）。罗索欣被称为俄国汉学第一人，在俄国汉学界有极高的声望。1729年，罗索欣作为俄国东正教驻北京传教士团学员赴北京学习满文和汉语，由于表现出众，被聘为理藩院通译，并在俄罗斯文馆任教。在北京工作居住了12年。回国后，罗索欣在圣彼得堡皇家科学院从事满汉语翻译与教学工作，直到1761年去世。

罗索欣翻译《异域录》的具体时间待考，他翻译的《异域录》文本是根据《异域录》满文本译出的，在他去世后三年即1764年出

---

① ［法］费赖之：《在华耶稣会士列传及书目》，冯承钧译，中华书局1995年版，第685页。

版，题名为"1714年前往伏尔加河地区晋见卡尔梅克汗阿玉琦的中国使团旅俄记"（Ежемесячные сочинения и известия ою ученных делах，владивосток），收在穆勒的《关于科学问题的著作与消息月报》中。由于罗索欣精通满文，又在华工作生活多年，整本书的翻译质量很高。特别是他译出了汉文版未有的序言和准许印制的谕旨，因此，《1714年前往伏尔加河地区晋见卡尔梅克汗阿玉琦的中国使团旅俄记》成为当时西方世界最完整的一部西文版《异域录》，价值更高。

《异域录》的另一个俄文译本出自俄国汉学家阿列克谢·列昂季耶维奇·列昂季耶夫（Леонтиев，1716—1786）。列昂季耶夫也曾在华学习，并在理藩院供职。列昂季耶夫汉学成就很高，有关学者统计，18世纪俄国出版的有关中国的书籍和论文有五分之一是由列昂季耶夫翻译的。[①] 列昂季耶夫所译《异域录》中文题名为"中国使臣出使喀尔木克的阿玉奇汗记，附有关俄国领土和风俗习惯的描述"，于1782年出版。列昂季耶夫的译本也是根据《异域录》满文本译出。可能是为了增强可读性的需要，列昂季耶夫在翻译时将文本改成了对话的形式，而且很多地方译得不够准确。因此，有学者认为他的译本"毫无科学价值"。[②]

二 《异域录》英文版的价值与影响

进入19世纪后，世界贸易额迅速增长，并呈现出加速的趋势，世界逐步连接成一个完整的贸易体系。英国的地位十分突出，1820年，英国占世界工业的比重达到50%，占世界贸易的比重达到27%。[③]，成为世界第一工业强国。英国工业巨大的产能远远超出了

[①] 黄长著、孙越生、王祖望：《欧洲中国学》，社会科学文献出版社2005年版，第1088页。
[②] ［法］加恩：《彼得大帝时期的中俄关系史（1689—1730年）》，江载华、郑永泰译，商务印书馆1980年版，第124页。
[③] ［德］库钦斯基：《资本主义世界经济史研究》，陈东旭译，生活·读书·新知三联书店1955年版，第41页。

国内需求，英国人迫切希望打开中国的大门，特别是阿美士德出使中国失败，英国人开始质疑派遣使节前往中国政府沟通的有效性和合理性①。在这一背景下，小斯当东翻译《异域录》体现了时代的需求。小斯当东在译者序中主要论述了翻译《异域录》一书的原因、目的以及他对清政府对外政策的认识与理解。

小斯当东认为，欧洲时人作品中关于中国情况的描述都存在不精准的地方。要透彻了解中国，阅读中国人的著作更加可靠，这是他翻译《异域录》的主要原因。小斯当东称，他翻译《异域录》的目的是让英国人透彻地了解中国人的性格，了解清政府制定对外政策的原则和依据，这有助于英国人制定政策。他说："翻译这本书并非是为公众提供一本典型的中国著作，而是通过这本书，让人们了解这个奇异民族的性格和他们的成就，……在已经出版和能够出版的以中国为题材的著作中，都有一个问题，那就是几乎没有一部作品能被认为是精准的，能够令人完全信服。……关于他们的信息，可能只有他们自己的著作更可靠些。……在这里，他（指斯当东本人——译者注）的主要目的之一是阐释他们的对外政策；这一政策给我们带来的在政治和商业关系上的不利影响是众所周知的。"②

小斯当东翻译《异域录》的目的是让英国人了解清政府制定对外政策的原则和依据，这有助于英国人透彻地了解清政府的对外政策，制定对华政策。他说：

> 在这里，他（指小斯当东本人——译者注）的主要的目的之一是阐释他们的对外政策；他们的对外政策在政治和商业关系上给我们带来的不利影响是众所周知的，但是，这种对外政策产生的根源，包括对外政策与内政的联系，人们知道的并

---

① 张顺洪：《了解与行动：英国社会对华的认识与鸦片战争》，《江海学刊》1999年第5期。
② George Thomas Staunton, *Narrative of the Chinese Embassy to the Khan of the Tourgouth Tartars*, preface, London, 1939, pp. Ⅲ-Ⅴ.

不多。

只有我们同时转而去考察这种政策所遵循的一些原则，否则，我们肯定无法理解中国人在和其他国家交往时为什么执行这种排外政策，对他们性格也不能得出正确结论，不能知晓这种对外政策执行的特殊的背景。①

小斯当东认为，在处理对外关系问题上，中国的文明程度很低。其主要原因在于清政府没有国际法的概念，而国际法是维护主权国家平等、自由与维持和平的基础。他说：

不难承认的是，只就这点来说，中国人在世界上的文明国家中，其文明程度实际上是非常低的。

他们（指中国人——译者注）对一些准则的认识，同其他国家相比，是很模糊、很不完整的，起码在最近的历史时期内一直是这样，经验已经显示，这些准则在所有的自由和独立的国家在交往过程中普遍遵循的规则中是最基本的原则，这些准则，其他国家在刚进入文明社会时就已经认识到其必要性。

中国的内政制度，确实是高效简练，巧妙地努力构建一个稳定的政府，这是世界上所能见到的拥有最多人口（至少到目前为止）的一个中央集权政府。由于被野蛮落后的部落包围着，在很大程度上免遭自然敌人的入侵，所以他们既没有场合，也没有机会学习国际法的准则，国际法准则是欧洲的自由和独立国家在冲突过程中形成的；是他们之间维系和平与友好关系的基石……②

---

① George Thomas Staunton, *Narrative of the Chinese Embassy to the Khan of the Tourgouth Tartars*, preface, London, 1821, p. V.

② Ibid., p. VII.

小斯当东认为,中国缺少国际法的概念是中英关系发展受到阻碍的主要原因。他说:

> 主要是由于这种缺陷,还有猜忌,……而不是实际存在的腐败或政府不愿贸易,或者不愿与其他国家交往的态度及其民众普遍的性格,在这种情况下,我们伟大的和不断增长的在广东的贸易,实行起来有那么多的困难。[①]

小斯当东提到的国际法是指近代国际法(Early Modern International Law)。鸦片战争前,中国长期处于封建社会,小农经济占主导地位,这种经济模式最大的特点是以家庭为生产单位,自给自足,这一经济基础决定中国在对外关系上实行保守政策。因此,在中国不存在产生近代国际法的条件,也就没有近代国际法。[②] 小斯当东说中国不存在国际法在一定程度上是正确的。

近代国际法发轫于欧洲,出现于 16 世纪,17—18 世纪形成体系。近代国际法明确了国家享有主权、内政不容干涉、民族自决权、和平解决国际争端、公海自由及战争法中贯彻人道主义精神等原则,为协调欧洲秩序、和平解决国际争端起到了积极作用。近代国际法具有进步意义,其一些重要原则至今仍是现代国际法的重要组成部分。19 世纪初,近代国际法发展到一个新阶段,更加强调了举行国际会议协商解决国际争端,维持世界秩序,突出独立、自保、平等的国家基本权利。因此,小斯当东认为近代国际法是欧洲国家"维系和平与友好关系的基石",在一定程度上是正确的。但他据此认为,中国不存在国际法是影响中英关系,特别是经贸关系发展的主

---

① George Thomas Staunton, *Narrative of the Chinses Embassy to the Khan of the Tourgouth Tartars*, preface, London, 1821, p. Ⅶ.

② 关于中国古代是否存在国际法,国际法学界存在分歧。有学者认为中国古代存在国际法,也有学者认为中国古代社会没有国际法。参见孙玉荣《古代中国国际法研究》,中国政法大学出版社 1999 年版,第 1—3 页。

要原因是没有道理的。影响中英关系的主要原因，一是中国封建经济基础决定中国长期采取对外封闭的政策，二是中国对英国的侵略野心有所警惕。乾隆帝曾讲过："英吉利在西洋诸国中较为强悍，且闻其向在海洋有劫掠西洋各国商船之事，……或因不遂所欲，借词生事，不可不预之防。"①

实际上，近代国际法本身存在诸多缺陷。近代国际法的区域性很强。近代国际法发源于欧洲，它是欧洲文明的产物，主要适用于近代欧洲国家之间的关系，广大亚非国家、殖民地被视为"非文明"国家或"半文明"国家，被排斥于国际法适用范围之外。著名国际法学家奥本海（Lassa Francis Lawrence Oppenheim）在他的名著《奥本海国际法》中指出，近代国际法"在来源上，它主要是基督教文明的产物"②。国际法院法官埃利亚斯（T. O. Elias）认为："自格老秀斯以来，特别是1684年威斯特伐利亚和约以来，国际法在性质和在适用上，主要是欧洲的。"③ 近代国际法体现了维护欧美资本主义国家利益的原则，存在一些反动的原则、规章和制度，严重损害了广大亚非拉国家，特别是殖民地、半殖民地国家的利益。例如，正统主义、势力范围、领事裁判权以及不平等条约制度等。欧美列强经常将不平等条约强加给弱国，而殖民地国家被视为欧洲列强的附属物品被任意处置。例如，1814年，奥地利、俄国、英国和普鲁士同法国签订的和平条约第八条中规定：

> 英王陛下以自己的名义和其盟友的名义，保证在下述规定期限之内，将法国于1792年1月1日在海上和在美洲、非洲、

---

① 中国第一历史档案馆编：《英使马戛尔尼访华档案史料汇编》，国际文化出版公司1996年版，第60页。

② ［英］奥本海：《奥本海国际法》第一分册（上卷），王铁崖、陈体强译，商务印书馆1981年版，第4页。

③ T. O. Elias, *New Horizons in International Law*, Sijthoff & Noordhoff International Publishers, 1979, p. 21.

亚洲大陆所拥有的任何种类的殖民地、渔场、商行和建筑归还法王陛下，但多巴哥岛和圣卢西亚岛以及法兰西岛和其附属地，尤指罗德里格和塞晒勒两地除外，此两地系法王陛下将其一切所有权和主权让给英王陛下……①

马克思在评价曾在近代国际法发展历程中起到重要作用的维也纳会议时指出：维也纳会议不过是人类历史记载上曾经有过的最怪诞的国际法虚构物之一。②印度学者阿南德（R. P. Anand）指出，近代国际法是"欧洲列强的地区法律"③。美国学者亨金（Louis Henkin）说，近代国际法"反映着它们（指欧洲国家）的基督教资本主义和帝国主义的利益"④。

欧美列强在执行国际法过程中，经常以自身利益为出发点，引用国际法中对自身有利的条款，回避自身的权限和应承担的义务，粗暴践踏国际法，破坏国际法，损害他国利益。例如，沙俄、普鲁士和奥地利三国同波兰签订的第一次划分边界和约中（即第一次瓜分波兰），都引用国际法中睦邻友好的原则，表示愿意维护同波兰的友谊与和睦关系，实际上阴谋吞并波兰。再如，英国东印度公司在1815年同尼泊尔签订的和约中提到，"东印度公司和尼泊尔大君之间应保持永久的和平和友谊"⑤，事实上，此后，东印度公司从没中断支持尼泊尔反对派，于1846年扶植拉纳家族夺取军政大权，使尼泊尔大君成为傀儡。拉纳家族的统治一直持续到1950年才被推翻。

---

① 《国际条约集（1648—1871）》，世界知识出版社1984年版，第263页。
② 转引自［苏联］B. П. 波将金等编《外交史》第一卷（下），生活·读书·新知三联书店1979年版，第637页。
③ R. P. Anand, *New States and International Law*, Delhi, 1972, p. 114.
④ 转引自王铁崖《第三世界与国际法》，邓正来编《王铁崖文选》，中国政法大学出版社1993年版，第35页。
⑤ 《国际条约集（1648—1871）》，世界知识出版社1984年版，第349页。

在很长一段历史时期内，中国周边国家相对弱小。中国在同这些国家交往过程中，实行朝贡制度，主张"薄来厚往"，极少同他国发生战争。反观欧洲大陆，近代国际法诞生以来，欧洲国家之间的战争连绵不断，国际法不但没有遏制战争，反而为欧洲列强发动战争提供了"合法外衣"。因此，小斯当东提出，中国文明程度很低，没有和平与战争的概念，显然是错误的。事实上，中国也有按照国际法准则处理外交关系的案例，如：1689年，中俄签订《尼布楚条约》，在形式和内容上都体现了近代国际法的一些基本原则。①

关于《异域录》一书的价值，小斯当东认为，中国学者极少关注国外情况，《异域录》一书是他见到的唯一的描述中国人到国外旅行的官方出版物。他说：

> 根据前文所述，可能很容易联想到在中国学界作品中，有关中国外交关系的题目，在过去和现在都不占有很显著的位置。的确，中国作家很少关注国外，他们明显不愿意这样做，……因此，到他国航海和旅行，到国外谈判和历险的描述，在中国的出版物中确实非常罕见，但在欧洲，有如此多这类出版物，我们如饥似渴地阅读这些著述；甚至那些非常必要的，为数不多的同他们周边政权有限的一些交往和联系，在他们的公开出版物中也很少觅到踪迹；以下这部著作，是译者所见到的，在严格意义上，唯一的一部属于这类作品的官方出版物，同时，在一定程度上，可以了解他们对外政策的原则。②

鸦片战争前，中国人依据海外游历经历所著的游记有唐代玄奘所著《大唐西域记》、明代马欢的《瀛涯胜览》、费信《星槎胜览》、

---

① 参见杨泽伟《宏观国际法史》，武汉大学出版社2001年版，第414—415页。
② George Thomas Staunton, *Narrative of the Chinese Embassy to the Khan of the Tourgouth Tartars*, preface, London, 1821, p. Ⅷ.

巩珍《西洋番国记》等书，但赴欧游记则极为罕见。很多介绍欧洲情况的书籍错误很多，如将"佛郎机"（葡萄牙）混为法兰西。① 相对西方人来说，多数中国知识分子对世界形势变化关注较少。小斯当东认为中国作家很少关注国外情况是正确的。

小斯当东认为，图理琛使团出使土尔扈特部是中国历史上非同寻常的事件。《异域录》一书对研究中国的外交政策，乃至整个民族的精神性格都具有重要意义。他说：

> 这个特殊的使团值得铭记，毫无疑问，这是中国历史上一件独特而值得关注的事件。代表团的任命，包括几个政府官员，还有一批随从，历经艰难跋涉，在某种程度上，是很冒险的探险，远行几千英里，经过强大的邻居的领土，他们与这个邻居曾经打过交道，但并不常来往，其态度并不总是友好，这似乎能够证明还有一丝进取精神。我们应该发现，在亚洲国家中，中国政府在那一时期，其观念更宏大和更开明。②
> ……
> 但无论指导这次使团的政策是什么，这次使团出使都可以被认为是中国历史上不寻常和不一般的事件。这部游记至少在文体上和情感色彩上，都非常具有中国特色，能够让每位读者看到其中蕴含着民族的精神和性格。③

值得注意的是，小斯当东提出，"在亚洲国家中，中国政府在那一时期，其观念更宏大和更开明"。图理琛使团出使土尔扈特部时正值康熙朝晚期，中国社会安定，传统经济发展到新的高峰。康熙帝

---

① 参见张天泽《中葡早期通商史》，姚楠、钱江译，中华书局香港分局1988年版。
② George Thomas Staunton, *Narrative of the Chinese Embassy to the Khan of the Tourgouth Tartars*, preface, London, 1821, p. X.
③ Ibid., p. XI.

本人具有一定的国际视野。台湾回归后，清政府逐步解除了海禁，允许包括英国在内的西方国家来华贸易。康熙帝在图理琛出使归国后对他提拔重用，是看重其出使经历以及由此积累的处理蒙古部落事务的能力和与沙俄交涉的经验。康熙帝重视《异域录》一书，是因为这部书填补了相关领域的空白。

小斯当东认为，《异域录》一书对研究中俄关系也具有较高的参考价值。他在序言中写道：

> ……从这部游记中，可能会发现，有助于了解俄国同中国之间交往历史过程中的一些情况。①

值得注意的是，小斯当东提出，同中俄陆路贸易相比，同中国进行海上贸易的西方国家有更多的便利之处。他说：

> ……无论如何，根本没有表现出和同时在海上同中国贸易的欧洲其他国家那样，在贸易的进步的增长和扩展上的优势。②

小斯当东在书中没有明确指出西方同中国开展海上贸易的国家要比中俄陆路贸易有何优势。但可以肯定的是，英国在对华贸易过程中获利颇多。但英国人并不满足，为了进一步扩大对华贸易，英国不惜发动罪恶的鸦片战争，用武力打开中国大门。

小斯当东在序言中批评清政府对待西方国家使团的态度鲁莽而粗暴。他认为，在这方面，中国不值得被看作一个伟大和文明的国家，而且中国长期奉行这一政策。他说：

---

① George Thomas Staunton, *Narrative of the Chinese Embassy to the Khan of the Tourgouth Tartars*, preface, London, 1821, p. XV.

② Ibid., p. XVI.

北京朝廷对待这些使团的行为是很多的，在我们眼中，似乎完全不配被看作是一个伟大和文明的国家；而且从这部游记的中国作者的语言中，会很清楚看到，他在给这种过分保守的行为和信条找托辞，而且绝不是最近的发明，他们一直在竭尽所能地维持着这样的行为理念，甚至对那个国家产生重大影响的、最为开明的统治者的代表也是这样。①

中国政府在对待外国使团来华，特别是西方使节态度上是非常重视的，都能予以隆重接待。只是东西方国家在外交礼仪上存在分歧，造成了一些西方使团未被清朝皇帝召见，这样的案例很少。因此，小斯当东的这种说法是片面的。

小斯当东在英文版《异域录》中还附有长达100多页的附录。内容有中国小说《玉娇梨》② 前四章的摘要，《士女雪冤录》（即《窦娥冤》）等四部元曲的剧情简介③，中国植物学著作《群芳谱》以及清政府的公文40件，包括檄文、廷寄和奏折。

小斯当东认为，阅读清政府的公文有助于了解清政府的日常活动内容。植物学著作则可以展示中国人对待科学技术的态度。小斯当东提出，在中国人眼中，同中国传统经典相比，中国小说的地位要低得多，但内容非常精彩，引人入胜。很多小说取材于历史故事或日常生活，对了解中国人的习俗、性格很有帮助。小斯当东还特

---

① George Thomas Staunton, *Narrative of the Chinese Embassy to the Khan of the Tourgouth Tartars*, preface, London, 1821, XVII - XVIII.

② 《玉娇梨》又名《双美奇缘》，主要描写青年才子苏友白与宦家小姐白红玉（又名无娇）、卢梦梨为了爱情经历了种种磨难，最终大团圆的爱情故事，是明末清初才子佳人小说的代表作之一。该书曾先后被译为法、英、德文，在国外有较大影响。

③ 此四部元曲均出自《元人百种曲》，又名《元曲选》。

别提到了法国传教士马若瑟①（Joseph de Premare，1666—1736）翻译的元曲《赵氏孤儿》。他批评《赵氏孤儿》所体现的道德观。他认为，在这部悲剧中，复仇成了第一要务，而追求正义成了第二位，这是欧洲人所反对的。造成这种道德观的原因是没有接受过基督教的洗礼。

由于小斯当东汉语水平很高，又是根据汉语版全文译出，英文版《异域录》的翻译质量较高，加之英语本身在全球影响力大，因此，英文版《异域录》逐渐成为海外学者，特别是不懂中文的学者最常用的版本，社会影响很大。小斯当东曾在其回忆录中写道："我出版了一部令人感到稀奇的译著《异域录》，即《康熙皇帝 1712 年出使土尔扈特纪实》（Embassy of the Emperor Kang-Hee to the Tourgouth Tartars in 1712），该书出版后反响良好，脱销已经有好一段时间。"②

英文版《异域录》也引起了英国媒体的关注，《不列颠批评》评价道："乔治·斯当东爵士今向大众展示的译本极富价值。它第一次让我们了解到，指导这一庞大帝国对外关系的大政方针是什么样的。……我们要感谢译者把这本书翻译出来，能够胜任这样增值工作的人实在少之又少，没有人比他对此了解得更加深入或者更为实际。"③

《折衷评论》的评价是："我们眼前的这部作品展现了中国的对外关系；但是康熙出访这部分内容本身在趣味性上远不及书中

---

① 马若瑟（Joseph de Premare，1666—1736），法国著名汉学家，耶稣会士。1693 年来华传教。他将元曲《赵氏孤儿》译成了法文（法文标题为 Tcho - chi - cou - eulh；ou，L'orphelin de la Maison de Tchao, tragédie chinoise），这是欧洲人首次将中国戏剧翻译为西方文字，后被收录于杜赫德（Père Jean Baptiste Du Halde）编的《中华帝国全志》（1735 年出版）第 3 卷内。当时欧洲很多名声显赫的文学巨匠、大诗人、大思想家，如意大利的梅达斯塔苏、法国的伏尔泰、德国的歌德等对此剧都给予高度评价。

② ［英］乔治·托马斯·斯当东：《小斯当东回忆录》，屈文生译，上海人民出版社 2015 年版，第 70 页。

③ 同上书，第 96 页。

其他内容——即乔治爵士以附录的形式所添加的部分。我们查证了在这方面极为关键的权威资料，从它可判断出，这本书无论在意思还是在措辞方面，皆是贴近原著的，是对原著准确和忠实的翻译。"①

《布莱克伍德杂志》（Blackwood's Magazine）评论说："在我们读完这本独特而有趣的书时，如果对译者那种能够克服各种困难的高超本领装作没有看到，那就是对他极大的不公，因为它比任何一部我们曾仔细阅读过的书都能让我们对中国人和中国政府有更好的了解。"②

小斯当东去世后，《异域录》英文版多次再版，直到20世纪还在重印。

第二节　小斯当东与英国皇家亚洲学会的创建

一　英国皇家亚洲学会的创建

随着西方列强对亚洲殖民扩张的不断深入，他们对亚洲各国历史、文化、经济、社会等各个方面的认知需求日益增长，特别是进入18世纪后，欧洲国家对东方国家的殖民侵略进入了一个高潮阶段，印度及东南亚部分国家逐渐沦为欧洲列强的殖民地，为了更加有效地控制东方殖民地和做好侵略更多亚洲国家和地区的准备，荷兰、法国等国家先后成立了不少有关亚洲研究的协会、学会。1781年，荷兰人在爪哇岛成立了巴达维亚艺术与科学学会（Bataviaasch Genootschap van Kunsten en Wetenschappen），这是欧洲人创办的最早

---

① ［英］乔治·托马斯·斯当东：《小斯当东回忆录》，屈文生译，上海人民出版社2015年版，第97页。

② 同上。

的亚洲学会，该会办有刊物《巴达维亚艺术与科学学会评论集》（*Verhandelingsen van het Bataviaasch Genootschap van Kunsten en Wetenschappen*），至 1845 年共出版了二十卷。1784 年，英国威廉·琼斯①在加尔各答成立孟加拉亚细亚学会（Asiatic Society of Bengal），该学会刊行有刊物《亚细亚研究》（*Asiatic Researches*），至 1833 年共发行二十卷，同时刊印有《孟加拉皇家亚细亚学会会刊》（*Journal of the Royal Asiatic Society of Bengal*）。1822 年，法国著名汉学家雷慕沙与当时旅居法国的德国语言家克拉普罗特②一道在巴黎发起创建了亚细亚学会（Société Asiatique），该学会很快成为法国亚洲研究尤其是中国学研究者聚会交流的场所，该会出版会刊《亚细亚学报》（*Journal Asiatique*）是欧洲最具权威的亚洲研究刊物，是法国亚洲研究学者，特别是中国学家发布其研究成果的重要刊物，发行量甚大。

相对于欧洲大陆国家，英国在亚洲，特别是东亚研究方面明显处于滞后状态。1822 年，德庇时（John rancis Davis，1795—1890）在著作《中国小说》一书中对此评论说："目前我们国人在知识领域所取得的成果中，与中华帝国及其文学相关的研究几乎微不足道。这种忽视让我们损失惨重，……而法国早在一个世纪之前，就已经开始涉足这一领域并取得了成功。对于这种奇异的漠视，不能简单地以缺少兴趣来解释，因为考虑到中华帝国政府、语言的非凡特性，

---

① 威廉·琼斯（William Jones，1746—1794），英国著名东方学家、语言学家、法学家、翻译家。精通拉丁语、法语、意大利语、希腊语、阿拉伯语、波斯语、梵语，粗通西班牙语、葡萄牙语、德语、如尼克语（Runick）、希伯来语、孟加拉语、印地语、土耳其语等多种语言，学习过汉语。他翻译和注释过一大批东方国家的重要典籍，为西方人了解东方做出了巨大贡献。他翻译过印度很多典籍，如《罗摩衍那》《沙恭达罗》等。

② 克拉普罗特（Julius Heinrich Klaproth，1783—1835），德国语言学家，14 岁开始学习中文，19 岁创办《亚细亚杂志》（*Asiatisches Magazin*），后移居俄国。1804 年，他随俄国戈罗夫金（G. A. Glovkin）使团赴华，但未获准进入北京，只能滞留在恰克图，在恰克图期间，他学习了蒙文、满文。1828 年他翻译出版了中国道教名著《太上感应篇》。

应该是我们'必须'要了解的知识才对。"①

为了进一步推动英国的亚洲问题研究，1823年，在亨利·托马斯·科尔布鲁克、小斯当东和亚历山大·约翰斯顿②等人的组织推动下，在伦敦成立了"大不列颠及爱尔兰皇家亚洲学会"（Royal Asiatic Society of Great Britain and Ireland），简称英国皇家亚洲学会③。

英国皇家亚洲学会的创办受到英国高层的重视，据史料显示，英国皇家亚洲学会资助人为英国国王威廉四世，副赞助人包括比利时国王利奥波德一世、苏赛克斯公爵、韦尔斯利侯爵、印度事务部主席。理事会理事共25人，其中查尔斯·W. 威廉·韦恩为主席（President）、科尔布鲁克为事务长（Director），小斯当东等四人为副主席（Vive President），小斯当东还担任学会的通讯委员会执行主席（Deputy Chairman）。根据学会章程，小斯当东每年应缴纳的会费为10英镑10先令。学会成立时，会员超过了300名。④

科尔布鲁克在学会成立大会发表的演讲中，提出学会的宗旨是"调查研究亚洲的历史（包括人类和自然）、古迹、艺术、科学及文学，其范围是人和自然，包括农业、（手）工业和商业"。他还说："大不列颠及爱尔兰皇家亚洲学会的研究范围也要包括亚洲各国的政治事务、哲学经典，也要注意他们的神话、地理方面的知识。"⑤ 学会创办有刊物《大不列颠及爱尔兰皇家亚洲学会会刊》（Journal of Royal Asiatic Society of Great Britain and Ireland）。

---

① John Francis Davis, *Chinese Novels*: *Translated from the to Which are Added Proverbs and Moral*, London: J. Murray, 1822, pp. 1 – 2.

② 亚历山大·约翰斯顿（Alexander Johnston, 1775—1849），英国殖民主义者，曾长期从事殖民活动，曾任英国锡兰殖民地检察长。

③ 也有学者将其翻译为英国皇家亚洲文会。

④ 参见 "list of the members of Royal Asiatic Society of Great Britain and Ireland", *The Journal of the Royal Asiatic Society of Great Britain and Ireland*, Vol. 1, No. 2 (1834), pp. xxix, xxxi – lxiv.

⑤ 胡优静：《英国19世纪的汉学史研究》，学苑出版社2009年版，第11页。

二 小斯当东对英国皇家亚洲学会的贡献

作为学会主要的创办者之一，小斯当东主要负责学会图书馆的建设工作。学会成立初期，他向学会捐献了自己所收藏的 3000 余册中文书籍和近 200 部欧洲人撰写的有关中国的书籍。他在给学会秘书长的信中表示，他在中国期间收集了相当多的中文书籍、词典、手稿及欧洲人关于中国的著作，旨在帮助学习者获得中国语言与文学知识。他相信，他所捐赠的这批图书不仅能极大地推动学会的发展，而且能够推动整个英国中国学的发展。他说："我在中国居留期间，搜集了大量中国出版的书籍，还有一些字典的手写稿和欧洲人的其他作品，这些书籍一定能够帮助学习中文的人学习中国的语言和文学，将这些书集中起来，捐献出来，我相信这是我能做的最为有效的方式来推动中文学习者尽快学会中文这个目标的实现。我期望这些书能得到妥善保管，而且保证其随时被允许借阅给英国及其他国家地区的学习中文的人。"①

在小斯当东的带动下，一些英国中国学家也将自己搜集的中文图书或关于中国的书籍捐赠给了英国皇家亚洲学会图书馆。如托马斯·曼宁（Thomas Manning）将他的大约 200 种私人藏书捐赠给学会。小斯当东对曼宁所捐赠的书籍的价值予以了高度评价，他认为这是非常厚重的礼物，他提议皇家亚洲学会应该对曼宁致以特别感谢。在小斯当东的建议下，学会图书馆将这批书独立存放，并以"曼宁特藏"命名，以表明学会对曼宁慷慨无私贡献的敬意，小斯当东的其他一些老朋友，如马礼逊、德庇时以及郭实腊、罗伯聃（Robert Thom）、弗里尔（Sir H. Bartle Frere）等人也参与了捐赠，在这些人的努力下，皇家亚洲学会图书馆不仅成为当时英国收藏中文图书最多的图书馆，而且成为欧洲收藏有关中国问题书籍最为丰

---

① "Note on the a collection of Chinese books presented to the royal Asiatic Society", *Journal of the Hong Kong Branch of the Royal Asiatic Society*, Vol. 1 (1960 – 1961), pp. 124 – 126.

富的图书馆。

小斯当东捐助图书的分类

序号	内容	数量（部）
1	中国典籍	15
2	字典	22
3	艺术与科学	25
4	游记与地理	17
5	诗歌、剧本和小说	23
6	历史和传记	9
7	法律和政府	30
8	当地信仰	14
9	基督教书籍	7
10	杂记	23

由于没有精力和时间为这些图书编目，小斯当东未能向学会图书馆提供他所捐献图书的书目，只是随信附上了一份备忘录，大致描述了他所捐赠的图书的种类，这些书籍共分为十类：中国典籍（Chinese Classics）；字典（Dictionaries）；艺术与科学（Arts and Sciences）；游记与地理（Travels and Geography）；诗歌、剧本和小说（Poetry, Plays and Novels）；历史与传记（History and Blography）；法律和政府（Laws and Government）；当地信仰（Native Superstitions）；基督教书籍（Books on Christianity）和杂记（Miscellaneous）。从图书种类来看，小斯当东收藏的书籍范围很广，涉及中国方方面面的情况，对于开展中国问题研究十分有价值，直到1838年，伦敦大学首任汉学教授基德（Samuel Kidd, 1799—1843）编纂出版了《皇家亚洲学会中文图书馆书目》一书，小斯当东捐赠给皇家亚洲学会的图书目录才得到全面整理，完整地出现在世人面前。

在英国政府的大力支持下，英国皇家亚洲学会迅速扩大，自1829年至1924年，先后在亚洲十多个不同的国家和地区设立了分会，包括孟加拉支会、孟买支会、斯里兰卡支会、香港支会、日本支会、朝鲜支会等，发展成为英国中国学研究的重要阵地。值得注意的是，1857 年，皇家亚洲学会在中国设立了分会，并一直运行至 1952 年。2006 年，学会在中国又恢复活动，在北京、上海和苏州设立了分会。

第三节　小斯当东与英国中文教学的发展

一　小斯当东与伦敦大学大学院中国学教授职位的设立

根据现有史料，英国中文教学的开创者是马礼逊。1818 年，马礼逊在马六甲创办了英华书院（Anglo-Chinese College），书院的直接目的是培训学生学习中文，推进英国教会在中国和东南亚传教工作。曾在英华书院任职的中文教师基德、理雅各（James Legge，1815—1897）等人日后都受聘成为英国国内高校最早一批中国学讲席教授。马礼逊还希望能够在英国本土成立一个学会，他提出："在大伦敦地区内，应创立一个学会，成为全世界所有语言学家们的交流中心，这个学会要坚定不移地以传授基督教真理为其主要目标，同时顾及当前人类的其他有益之事"①，但他的愿望没有实现。

1824 年，马礼逊在法国访问期间，参观了法国亚洲学会的中文图书馆，拜访了法国中国学家雷慕沙（Jean Pierre Abelré Musat，1788—1832），他有感于法国中国学教学蓬勃发展，于是回到伦敦后，他联系了数个传教会，希望能够资助他在伦敦开设语言学校，教授中文。1825 年，马礼逊在伦敦传教会等四个教会的资助下，在伦敦成立了语言书院，但该学院因经费问题只坚持了三年就解散了，仅培养了 20 名学生，但语言书院开启了英国国内教授汉语的先河，

---

① ［美］马礼逊夫人编：《马礼逊回忆录》，顾长声译，广西师范大学出版社 2004 年版，第 242 页。

具有标志性意义。

马礼逊在华期间，搜集了大量中国图书。根据英国中国学家约翰·威廉姆斯（John Willams，1797—1874）统计，马礼逊带回英国的书籍有9371册。马礼逊即将去世时，委托小斯当东为他的遗产执行人，将他毕生的藏书交付给小斯当东。1834年马礼逊去世后，小斯当东一直希望给马礼逊的藏书找一个妥善的保管地点。由于牛津大学、剑桥大学不愿意接收这批图书，小斯当东将这批图书捐赠给了伦敦大学大学院（London University College），附带条件是伦敦大学大学院设立一个为期五年的中国学讲席教授职位，伦敦大学大学院接受了这个条件，并于1837年聘请基德担任首位汉学教授，年薪60镑。目前遗存的关于基德的资料很少，学术界普遍认为基德的中国学研究水平一般，但他在教授课程方面投入很多，他提出学生不能只是简单地学习语言文字，而应进行全面的学术研究，因此，不满足于将中国学仅仅作为一门语言训练课程，而是要将中国学研究建设成为一门学科，这一思想理念在当时很具前卫价值。

实际上，伦敦大学大学院内部对于收藏马礼逊中文图书以及设立中国学教授教席一事存在不同意见。伦敦大学大学院院务委员会在1837年4月22日举行的行政例会上，研究讨论了关于小斯当东提出的在学院内筹办中文图书馆和永久收藏马礼逊捐献图书以及设立中国学教授职位等问题，会议在投票表决时，投票的结果是8票赞成，5票反对，甚至委员会主席威廉·杜克（William Tooke）也投了反对票，这就是说，伦敦大学大学院领导者中不少人根本不重视甚至反对收藏马礼逊藏书和设立中国学教席，这就预示着中国学研究工作在伦敦大学大学院内不会得到大力支持，甚至会遇到很多障碍，阻力必然很大。由于身份限制，小斯当东不能参加伦敦大学大学院有关决策会议，所以，他只能通过写信给委员会或委托基德向伦敦大学大学院反映自己的意见。1843年，基德去世后，伦敦大学大学院中国学教授教席这一职位也就随之终止了。直到1917年，伦敦大学才成立了亚洲研究学院，教授亚非语言、文化、历史、宗教等方面课程,该学院后更名为亚非学院。1922 年,马礼逊藏书被正式移交至亚非学院,他的藏书至此才得到有效利用。

总的来说,在小斯当东看来,伦敦大学大学院中国学教授职位的设立是不成功的,他既没有发挥个人在中国问题上的专长,也没有获得任何收益,反而将好友托付给他的珍藏图书捐献给了一家并不重视中国问题研究的机构。因此,小斯当东后来很少提及伦敦大学大学院中国学教授设立一事,也很少提及有关马礼逊藏书的问题。

二 小斯当东与伦敦国王学院中国学教授讲席的设置

1838 年,小斯当东前往欧洲大陆考察,他拜会了法国著名中国学专家儒莲,得知在儒莲的倡议下,在巴黎创建了一所中文学校,他更加感到英国在中国问题研究上处于落后状态。他在回忆录中写道:"我还有机会见识儒莲教授在中国语言及文学方面的极高造诣,他已在巴黎建起了一所正规的中文学校,这足以让伦敦方面因彻底忽视中国语言及文学而蒙羞。"①

此时的欧洲列强已经开始觊觎远东,小斯当东认为,如果英国继续漠视中国,漠视中国学研究,必将严重损害英国在华利益。1845 年,小斯当东再次发起倡议,称英国与中国已建立了重要的政治和商贸关系,必须要研究中国,英国国内大学应该设立中国学研究教席。

小斯当东的提议受到了伦敦国王学院(King's College London)的重视。1846 年 2 月 13 日,伦敦国王学院理事会召开会议,讨论开设汉语课程问题。小斯当东出席了当天的会议,并在会上发言,他说:"大英与中国现在建立的重要政治及商贸关系以及在神恩的惠泽下,我国国民有越来越多的机会去了解并融入那个广大的帝国,造就了获得中国文学及语言知识的渴求,为了响应这一要求,我们要

---

① [英]乔治·托马斯·斯当东:《小斯当东回忆录》,屈文生译,上海人民出版社 2015 年版,第 70 页。

在国王学院创设汉语教席，并诚挚邀请国内四方善长共襄善举。若捐赠款项超出创立汉语教席基本需要，盈余将会用作增购书籍、创立奖学金、展览以及奖项之用，以奖励学生，另外更急需的是要出版可携袖珍版汉英双语字典，俾各界人士都能获得基本汉语知识，以替代现行极具价值，但费用昂贵，加上过于沉重的由已故硕学马礼逊博士编制的版本。"①

对于小斯当东的发言，伦敦国王学院理事会表示完全支持，唯一条件是开设中国学教授的资金要由小斯当东来募集，小斯当东对此欣然允诺。6月12日，学院理事会召开会议，讨论了有关设立中文教授职位问题，小斯当东向理事会汇报他已募集到了822英镑，他还向学院建议，成立专门的中文讲席基金（Chinese Professorship Fund），用以资助学院的中国学研究。伦敦国王学院对小斯当东的建议高度重视，学院聘请小斯当东加入院学术委员会以便于他能够在推进国王学院中国学研究方面更好地发挥作用。小斯当东对此记录道："在1846年6月12日举行的伦敦国王学院理事会会议上，伦敦主教大人、理事会主席主持了会议，坎特伯雷大主教大人、学院督察员及其他理事和成员出席了会议。乔治·托马斯·斯当东提交的'关于在学院设立中文教授职位的捐资提议'获得一致通过，会议决定，将此决议在公开报刊上予以公告。"②

小斯当东对于伦敦国王学院中文教授职务的设立投入了大量心血，对于包括课程的筹划在内大小事务，他都亲力亲为，从不假手于人。他在回忆录中谈到他竭力推动在英国设立中文教授职务的原因。他说："要让不列颠臣民继续同这一庞大的、人口众多的国家开展最广泛的、最有益的交往，我们最要紧的就是迅速获得通行于该

---

① 关诗佩：《英国伦敦国王学院首任汉学教授费伦——兼论斯当东赞助人的角色》，载张西平主编《国际汉学》第二十四辑，大象出版社2013年版。

② ［英］乔治·托马斯·斯当东：《小斯当东回忆录》，屈文生译，上海人民出版社2015年版，第173页。

国的一种行之有效的方式——掌握中国人所使用语言的能力,而这种行之有效的方式,在别的欧洲大国首都,都已经有了,唯独在不列颠帝国的大都市还没有确立。我们的传教士要能胜任在这个估计有着全人类人口 1/3 之多的国家,传播基督教不可估量的福音;我们的商人要有能力向这些数不胜数的人们推介我们的产品,这一灵活、勤劳的民族势必会反过来销往英格兰一些商品,全面摸清哪些是欧洲最欢迎的商品,将为两国间开展更大规模的商业交往奠定良好的基础;最后,我们学者要努力开垦地球上这片唯一有待探索的土地,在很大程度上,富有开拓精神的英国旅行者们对这个国家还没有详加开拓。因此,毫无疑问,这是一个名副其实的大众关心的事;无论是从宗教角度、商业角度,还是科学角度来看,都是如此。我们要尽可能快地提供行之有效的方式,在这个大都市提供必需的中国语言及文学的基本教育,以使所有打算访问这个国家的人,都能在他们到达后就立刻开始履行他们的职责,或完成他们的任务。尽管仅通过在本国接受教育这种方式的确很难让人全面谙熟中文的书面语言特点及口头方言,但对于学习者而言,至关重要的是在他出发前,就有机会打下学习中文的基础,或者至少他还有学习这门语言所需的时间、空闲或者年轻的资本。"[1]

小斯当东凭借其在英国的人脉及社会名望,很快募捐到了足够的款项。1846 年 12 月 11 日,学院已筹得 2066 英镑,超过最低所需款项 2000 英镑。捐款人既包括英国皇室成员、贵族、坎特伯雷大主教,也有马地臣、颠地等鸦片贩子,东印度公司也捐款 200 镑。由此可见,小斯当东在英国中国问题研究方面具有重要的影响力和号召力。

对于中文教授人选,小斯当东先是推荐了法国中国学家儒莲(Stanislaus Julien,1797—1873)和荷兰中国学家荷夫曼(Johann Jo-

---

[1] [英]乔治·托马斯·斯当东:《小斯当东回忆录》,屈文生译,上海人民出版社 2015 年版,第 174 页。

seph Hoffman）。儒莲是享誉欧洲的中国学家，曾追随雷慕莎学习中文和满文，撰写了大量有关中国的书籍，翻译了很多中国传统文化典籍。荷夫曼也是欧洲享誉盛名的东方学家，他是欧洲极少数既懂中文也懂日语的人才。小斯当东认为，如果能聘得荷夫曼赴英国任教，对英国将来远东研究的发展有极大的帮助，但由于种种原因，小斯当东的愿望没有实现。小斯当东还推荐过汤雅各①（Jacob Tomlin），但也未能如愿。

  国王学院最终选定的首任中文教授是费伦（Samuel Turner Fearon，1819—1854），费伦的父亲曾在东印度公司驻广州商馆工作，因此，费伦幼年时就随父母到中国生活，这使他有机会学习中文。1838 年费伦被雇用为广东商馆翻译，鸦片战争后，他在港英殖民政府工作。1846 年，费伦回到英国修养，小斯当东得知后，主动与费伦联系，并将他举荐给国王学院理事会。费伦在香港工作期间，受到时任香港总督的德庇时的重视。德庇时在给英国殖民地事务大臣史丹利（Lord Stanley）的信中夸赞费伦说："已选出现任副裁判司的费伦，担当总登记官一职，并于明年 1 月 1 日起负责征税。任用他的原因，在于他卓越的中文能力以及他熟悉市民，他是担当此职位的最适当人选。"② 费伦当时的年薪已经达到 625 英镑，这与国王学院中文教授的 100 英镑年薪相比，差距非常明显。费伦之所以能出任中文教授应该说是与小斯当东的努力分不开的，费伦递交学院的申请表是由小斯当东代交的，小斯当东亲自游说费伦，并承诺其完成第一个五年聘期后不再勉强费伦续约，费伦由此才同意出任中文教授。当时《晨间纪事报》（*The Morning Chronicle*）还刊登了费伦上任的消息："伦敦国王学院正式成立汉学课程，并委任费伦成为

---

  ① 汤雅各（Jacob Tomlin），英国传教士。曾在马六甲、巴达维亚、新加坡和曼谷等地传教。1832 年，任英华书院的校长，1834 年，创办了"慈善协会"，即"各国基督教学校"，主要作品有《传教日志及书信》等。

  ② 关诗佩：《英国伦敦国王学院首任汉学教授费伦——兼论斯当东赞助人的角色》，载张西平主编《国际汉学》第二十四辑，大象出版社 2013 年版。

该学院的首任汉学教授。费伦曾在广州商馆担当译员以及香港总登记官。课程成立目的，旨在指导有意到中国内的英属殖民地传教及发展的人士。"①

费伦在五年聘期到期后没有续约。1852年，退休传教士苏默思（James Summers，1828—1891）接替费伦的职位，他一直工作到1872年，因接受了日本东京开成大学（今东京大学前身）的聘请，苏默思离开了国王学院，去了日本。他的学生道格拉斯（R. K. Douglas，1838—1913）接替了他的职位，直到1905年退休。②

小斯当东还制定了一个国王学院为外交部培训驻中国使馆人员的计划。1854年，在小斯当东的努力下，英国外交部提出国王学院可以推荐学生到港英殖民政府担任临时中文翻译，并同意国王学院中文教授为外交部工作人员培训中文和培养中文翻译。1859年《天津条约》签订后，英国在北京设立公使馆，急需懂中文的人才，英国外交部聘请了数位国王学院的学生前往北京使馆工作，这对于国王学院来说，本是一次机会，但苏默思等人学习的都是广东话和上海话方言，培养的学生不能讲北方官话，所以，国王学院培养的学生到北京后语言不通，不得不从头再学中文，英国外交部对此很是失望，国王学院的声誉也受到一定影响，由此导致小斯当东为外交部培训中文人才的计划流产了。

---

① 关诗佩：《英国伦敦国王学院首任汉学教授费伦——兼论斯当东赞助人的角色》，载张西平主编《国际汉学》第二十四辑，大象出版社2013年版。
② 参见刘莉《务实的漠视——英国汉学专业化的开端》，《历史教学问题》2018年第3期。

第六章
中英关系转折时期的小斯当东

第一节　英国议会中的中国问题专家

一　反对英国东印度公司对华贸易垄断权的废除

19世纪初,工业革命使英国的生产力水平大幅度上升,英国占世界工业生产总额的一半,把其他国家远远甩在后面。以棉纺织工业为例,19世纪20年代初,英国拥有的纱锭数比法国多3—4倍,比德国多10倍以上。在冶金工业方面,1825年英国的生铁产量为59万吨,而同年法国、俄国、美国和德国四国生铁产量总和只有48万吨,工业产品价格也大幅度降低。1786年英国每磅棉纱的价格为38先令,1800年为9.5先令,1830年只是3先令,使得英国工业产品极具竞争力,对外贸易得到迅猛发展。① 工业革命改变了社会结构,随着传统的农业社会向工业社会转变,英国工业资产阶级队伍也越发壮大,他们迫切需要扩大海外市场,而人口众多,地域广阔,具有无限市场潜力的中国成为英国工业资产阶级垂涎的对象,他们对东印度公司享有对华贸易垄断权极为忌恨。

---

① 钱乘旦主编:《英国通史》第五卷,江苏人民出版社2016年版,第64—65页。

代表英国经济和社会改革势力的《爱丁堡评论》连续刊登文章，对东印度公司垄断对华贸易提出批评。1824 年，该刊刊登了《东印度公司的垄断：茶价》（East India Company's Monopoly：Price of Tea）一文，文章批评东印度公司垄断茶叶贸易牟取暴利，有损于英国消费者利益。文中指出英国茶叶售价高出欧洲大陆与美国，是因东印度公司所致，该文同时抨击东印度公司驻广州商馆大班年薪与其工作量相比不相称。作者主张开放自由贸易，认为如果开放中国茶叶贸易，英人每年将可节省两百万英镑的支出。① 该文引起了小斯当东的注意，他对于该文的观点持反对意见，他在《亚洲期刊》（Asiatic Journal）中连续刊文，批评《东印度公司的垄断：茶价》一文的作者不懂实际茶叶市场，指出东印度公司在广州市场上所购买的茶叶都是选择品质较好的新茶，而散商及美国商人购买的是次品或者陈年旧茶。②

对于东印度公司驻广州商馆大班的工资待遇，小斯当东给出他自己的观点。他认为，广州商馆大班非常繁忙，而且面临着来自各方的压力，还要应对各种突发情况，所以，他们的待遇是应得的。他说："下面我要说说大班的责任，这位作者对待该问题的方式是十分滑稽的。……他说大班们日常和严格意义上的商业责任还不如英格兰的账房先生，这种说法在各个方面都与事实不符，然而两者也有可比之处，如果我们统计两者的工作量，一位大班的工作量大约是 10—12 位伦敦账房的伙计工作量的总和，他们的工作是如此的繁忙。"③ 他还提

---

① 游博清、黄一农：《天朝与远人——小斯当东与中英关系（1793—1840）》，《中央研究院近代史研究所集刊》第 69 期。

② 1813 年，小斯当东在接受议会特选委员会询问时，即表达过此立场。在咨询会上，小斯当东认为，东印度公司集中采买茶叶，一方面可以保证价格方面可以获得更多优惠，另一方面，可以保证茶叶的品质。散商由于购买茶叶数量少，渠道有限，在价格上必然高于东印度公司，只能购买次等茶叶才能获取利润。

③ George Thomas Staunton, *Miscellaneous Notices Relating to China, and Our Commercial Intercourse with the Country, Including a Few Translations from the Chinese Language*, London: John Murray, 1822, p. 159.

出，目前无论是英商或美商贸易方面所享有的特权，都是源于英国东印度公司驻广州商馆大班的努力。小斯当东举例说，1814 年，中国广东政府受到个别行商挑唆，上奏皇帝，要求对广州贸易体制进行调整，并且获得了皇帝的批准。在这些改革措施中，行商的数量下降到三家，三家行商关系非常紧密，很难产生竞争，这对于外国商人而言无疑是令人绝望的。根据这项计划，保守估计，将会抬高中国货物的价格，压低欧洲工业品的价格，可能会有 30%—40%，在商馆大班们的努力下，中国政府的这项改革措施出现了逆转，这件事就发生在阿美士德使团访华前不久。对于此事，英国人知之甚少，只有查看东印度公司的档案才能知晓。①

小斯当东作为英国知名的中国问题专家，他主动发声，回应外界对东印度公司的质疑，显示出了曾作为东印度公司的职员的担当精神。但东印度公司的领导层却认为，对华贸易垄断权的废止只不过是时间问题了，1825 年 6 月，东印度公司董事会发出指示，与中国商人签订契约，全部签订截止日期为 1834 年的短期契约。小斯当东当选议员后，英国议会上下两院对其进行了考察，1830 年，小斯当东被任命为下议院东印度委员会委员。小斯当东对此项人事安排非常满意，他自己认为："我终于能将平生掌握的有关中国事务的知识与经验服务于众。"② 小斯当东积极履职，向下议院东印度委员会委员提交了数篇报告，阐明他支持东印度公司垄断对华贸易的观点，但他的愿望还是不能抗拒形势的变化，主张维持公司垄断权的人已经很少了。

进入 19 世纪 30 年代后，英国社会对于废除东印度公司对华贸易垄断权的呼声越来越高。1829—1830 年反对公司垄断的集会即多

---

① 参见 George Thomas Staunton, *Miscellaneous Notices Relating to China, and Our Commercial Intercourse with the Country, Including a Few Translations from the Chinese Language*, London: John Murray, 1822, p. 160。

② ［英］乔治·托马斯·斯当东:《小斯当东回忆录》，屈文生译，上海人民出版社 2015 年版，第 72 页。

达 157 起。① 1830 年 12 月，47 名英国散商和巴斯商人联名向英国议会上书，指责中国政府不按照国际法处理中英商贸事务，要求英国政府采取措施，改变广州一口通商贸易的状态，在北京设立使领馆机构，直接与清政府进行交涉，以确保英国人在华利益。

1832 年，以查尔斯·格雷为首的辉格党改革派和托利党自由派在英国议会改革选举中大获全胜，在新政府的推动下，英国议会改革拉开帷幕，通过议会改革，工业资产阶级在政治上确立了统治地位，反对东印度公司垄断对华贸易的力量大大增强了。同年年底，在英国议会改革后第一次选举中，小斯当东通过竞选再次当选议会议员。根据 1813 年英国政府给东印度公司的特许状，东印度公司对华贸易的垄断权终止日期为 1834 年 4 月，英国议会关于是否维持东印度公司对华贸易垄断权最后的讨论开始了。

1833 年 2 月，英政府负责监督东印度公司事务的管理委员会主席格兰特（Charles Grant，1778—1866）写信给东印度公司董事会主席和副主席，提出全面开放对中国的贸易、对发展与中国的关系是完全不会造成任何风险的，为此他提议政府任命专人负责对华贸易及其他商榷事宜，他在信中写道："我需要说的是，如果对中国的贸易开放了，政府有必要在广州任命一位官员或者多名官员，根据法律有足够的权力来全权负责处理对华事务"②，格兰特随后又正式向议会提出提案，要求废止东印度公司对华贸易的垄断权。

一向支持维持东印度公司对华贸易垄断权的小斯当东于 6 月 4 日和 13 日在下议院发表了两场演说。在 6 月 4 日的演说中，他称，东印度公司在发展对华贸易关系方面起到了重要作用，政府宣布终止东印度公司对华贸易垄断权的决定有些仓促，他在发言中提出，

---

① 徐方平：《东印度公司对华贸易垄断权废止的原因和影响》，《湖北大学学报》1997 年第 2 期。

② George Thomas Staunton, *Corrected report of the speeches of Sir George Staunton, on the China trade, in the House of Commons, June 4, and June 13, 1833: With an Appendix*, London: Edmund Lloyd, 1833, p. 45.

他相信下议院不会认为他的发言是空话，他说："我在这里为我鲜明的立场辩护，是基于丰富的贸易经验与外交经验基础上的，我在中国内地多次深度游历，我的公职让我有机会与他们联系，使我有机会了解他们的国民，了解他们的语言，了解他们独一无二的政府和民族。"① 小斯当东认为，"目前的问题不在我们是否应该开放中国贸易，而是我们如何以最安全与最有利国家的方式，从目前的模式过渡到自由贸易的模式。……为确保开放中国贸易完全有利于英国，且不会与目前模式有断裂之虞。……现存东印度公司的垄断权只能逐渐地移除。除非制定适当规范与条款，否则东印度公司垄断中国贸易的权利不应完全终止"②。他强调，很多英国商人的请愿书中的观点是不全面的，完全忽略了东印度公司在维护英国商人利益方面做出的贡献。

英国议会下议院的议员对于小斯当东的发言兴趣不大，小斯当东的发言没有完毕，议长即以人数不足为由，终止了他的发言。

6月13日，格兰特向议会递交了英国政府调整对华商务政策的议案，小斯当东就格兰特的议案提出九项修正案，小斯当东的这九项修正案实际上并非反驳格兰特的动议，主要是阐述了他对于中英贸易的认识，有学者研究称，小斯当东这九项修正案实际上早在5月就已经准备好提交议会审议，只是没有机会，这九项议案的主要内容包括：

第一，英国与中国的交往，源于英国对中国茶叶的依赖。茶叶是英国人生活的必需品，不仅会给英国政府带来丰厚的税收，而且带动了英国的交通运输业发展和印度的汇兑业务。

第二，尽管一口通商具有一定的局限性，但对于英国的利益来

---

① George Thomas Staunton, *Corrected report of the speeches of Sir George Staunton, on the China trade, in the House of Commons, June 4, and June 13, 1833: With an Appendix*, London: Edmund Lloyd, 1833, p. 9.

② Ibid., pp. 11 – 13.

说，依然具有重大意义。中国是一个巨大的市场，一旦开放，潜力无限。

第三，对西方人猜忌是东方国家共同的特点。日本、中南半岛国家都是如此，中国也是一样。

第四，遵守国际法，在对方国家首都派驻大使，实施领事制度在西方文明国家中是普遍惯例，但在中国则完全不同，中国政府完全按照自己的意志处理对外关系。

第五，造成目前中英关系出现问题的原因在于中国政府方面，而不是东印度公司的不作为。东印度公司采取了各种方式来维护英国人在华利益。

第六，东印度公司对华贸易额很高，这是有效对抗中国政府的砝码，因此，两国贸易制度要发生变化，必须要两国签订相应的条约，才能保证贸易的顺利进行，中英两国尚未签订国际条约，若贸然在广州派驻政府官员，不仅无法改善当地贸易环境，严重的话更会危及国家的尊严与荣誉。

第七，尽管英国派往中国的使团都失败了，但使中国政府认识到英国是一个主权国家，这对于日后开展谈判是有利的。俄国通过派遣专员与中国进行谈判，签订了条约，不仅调整了边界，而且规范了贸易。经验证明，与中国政府签订两国间的条约是可能的。

第八，在未签订条约之前，废止东印度公司对华贸易的垄断权，单方面改变中英贸易制度是不可行的。

第九，中国涉外法律制度极不公正，特别是在刑事命案方面更为不公，让人无法容忍。中国政府经常以停止双边贸易来迫使外国人接受刑事案件的审判结果，因此，有必要建立海事法庭来处理相应案件。

小斯当东的提案未及投票即遭否决。对于自己的提案被否决，小斯当东自然感到十分遗憾，他认为，是他的习性和接受过的教育使他不善于在公开场合辩论，而他向下议院提出议案的机会不好。

随后，英国议会讨论了格雷内阁所提出的政府决议案，议案提议废除东印度公司对华贸易垄断权,允许英国人与中国开展自由贸易。格兰特在对议案做说明性发言时提出,东印度公司贸易利润的减少和港脚贸易的显著发展,恰好反映了与垄断贸易相比,自由贸易更具优势。他认为,即使维持东印度公司对华贸易的垄断权,最终也竞争不过港脚商人。针对小斯当东提出的,没有与中国政府进行谈判就改变贸易制度会对中英贸易带来损害的说法,格兰特答复说:"如果我们自己不主动提示这种变化的影响,中国人是不会有所怀疑和猜忌的,他们会接受我们所任命作为英国国家代表派驻到广东的任何官员,并且我们与他们之间的日常商业交易中断的可能性极小或者根本不会中断,……我的意见非常坚定,以谈判开始计划中的制度变化,完全是不明智的。"①

格兰特的议案获得了绝大多数议员的支持,下议院通过了该提案,6月17日,上议院也通过了该议案。7月15日,上下议院表决通过了在此提案基础上形成的《中国与印度贸易管理法》,按照该法案规定,东印度公司对华贸易和茶叶贸易垄断权将于1834年4月22日终止,对华贸易与茶叶贸易应向所有的英国臣民开放,②该法案还规定了英国政府在华设立英国驻华商务监督,由英国国王亲自签署委任"不少于三位的英国臣民担任英国驻华臣民商务监督","以保护和促进"对华贸易。法令特别强调了商务监督的权力和权威性,赋予商务监督管辖在该地区各地从事商务贸易的英国臣民,制定发布有关商务贸易管理的规章制度,行使司法权力等职能。同时,英国驻华商务监督作为英国政府的正式驻华官员,受到法律的制约和监督,不可以参与任何商业经营行为,不能收受贿赂和牟取私利。③

---

① George Thomas Staunton, *Observations on Our Chinese Commerce*, London: John Murray, 1850, p. 17.

② 徐方平:《东印度公司对华贸易垄断权废止的原因和影响》,《湖北大学学报》1997年第2期。

③ 参见孙山亦《英国驻华商务监督职能考》,载《暨南史学》第八辑,广西师范大学出版社2013年版。

《中国与印度贸易管理法》的颁布标志着东印度公司230多年的对华贸易垄断权结束。

尽管小斯当东的提案失败了，但他的对手格兰特对他则表示尊重，他说："我在这些方面完全与我那位受人尊重的朋友意见相左，对此我感到很遗憾。我这样做实际上也无把握，因为在这样的问题上，我很清楚他才是备受推崇的权威。考虑到我这位受人尊重的朋友对于中国人的语言、行为、感受及思维习性十分熟悉，我重申我真无把握，于是我在经历了不小的困难之后，才在这些方面斗胆提出了与他的意见相反的看法，而这些方面与中国的情况是密切联系的。"①

东印度公司结束对华贸易垄断在英国对华贸易史乃至中英关系史上都具有重大意义。在中国经商达15年之久的英国散商最重要的代表之一马地臣指出："1834年4月本国贸易的开放将形成广州史上的一个大时代。"1836年，对东方贸易素有研究的菲普斯（Phipps）出版了《中国及东方贸易概论》（*A Practical Treaties on the China and Eastern Trade*），其中指出："公司垄断权的消灭以及对华贸易的同时开放，给英国制造业和航运业标志出英国商业史的一个新的、重大的时代。"②

二 小斯当东对于律劳卑事件的看法

英国政府起初对于东印度公司对华贸易垄断权废止将给中英贸易带来的风险和影响缺乏充分评估，因而在驻华机构的设置和人员任命方面极为谨慎。时任英国首相格雷希望印度总督奥克兰（Lord Auckland）出任该职，但被奥克兰拒绝，他认为，中国人不会接受

---

① [英]乔治·托马斯·斯当东：《小斯当东回忆录》，屈文生译，上海人民出版社2015年版，第76页。

② 郭卫东：《转折——以早期中英关系和〈南京条约〉为考察中心》，河北人民出版社2003年版，第366页。

该职务，在广东履职会很快遭到驱逐。① 1833 年 12 月，英国国王签发枢密院令，任命律劳卑男爵为驻华商务总监督，次年一月，又任命部楼东、德庇时为第二、第三监督。

律劳卑（1786—1834）是贵族出身，英国上议院议员，他常年在海军服役，属于行伍出身。他与英国国王威廉四世私交甚好，因支持议会改革失去了苏格兰贵族议席。英国学者蓝诗玲认为律劳卑被委任为驻华商务总监督是不合适的，她说："理论上看，律劳卑不是申请这个职位的人中最突出的。诚然，他有多方面的才能：航海、办养羊场（在这方面，他是发表过论著的权威）、修理风笛、吹奏长笛。然而，调解与这个世界上最大的、文化最难理解的帝国之间的微妙的外交纠纷，却不是他的强项。"②

律劳卑起身来华前，英国政府连发三道训令给律劳卑，明确了他在中国的任务。

第一，管理英国人在华活动。核心任务有三项：一是规范英国人在华的贸易活动；二是可以制定发布法规制度，来统一领导和约束英国人在华活动；三是落实这些规章制度的执行。

第二，在华设立法庭。训令明确规定，在广州或者广州附近设立具有刑事和海事管辖权的法庭。法庭由首席商务监督负责管理，基本审判原则，应与英国巡回刑事审判法庭（Courts of Oyer and Terminer and Goal Delivery）规定的方法和程序相一致。首席商务监督可以充当法官。训令非常详细地规定了法庭的审判程序，包括实施陪审团制度，案件裁决结果应公开宣判，实施卷宗备案制度等。

第三，负责向来华贸易的商船依据吨位和货物价值征收税金，但由于内部原因，该项条款实际上并未执行。

---

① Glenn Melancon, *Britain's China Policy and the Opium Crisis: Balancing Drugs, Violence and National Honour*, 1833 – 1840, Aldershot, Hampshire: Ashgate, 2003, p. 35.

② ［英］蓝诗玲：《鸦片战争》，刘悦斌译，新星出版社 2015 年版，第 3 页。

律劳卑对于英国政府赋予其的权限表示不满，他私下致信英国国王，要求进一步扩大其权力。他还致信时任英国外交大臣的巴麦尊，要求赋予其更多权限，包括必要时作为特使前往北京，直接与中国政府交涉的权力。但他的请求并未得到英国政府的批准，英国首相格雷和外交大臣巴麦尊拒绝了律劳卑要求扩大其职权的要求，要求他如果发现中国政府有改善贸易的计划，应及时向英国政府汇报，英国政府会派遣使节赴华，巴麦尊甚至警告律劳卑，尚未发现中国政府有改变中英贸易的实质性意愿，因此，如果律劳卑擅自行动，采取单方面行动，可能会引起麻烦，对中英贸易产生损害。首相格雷也要求律劳卑恪尽职守，不要"牵连到与他无关的麻烦"。英国国王签署的给律劳卑的训令只是对商务监督的职能做了一些补充，主要涉及以下几个方面。

第一，保护英国商民在华利益。向前往中国通商和常驻的英国人提供必要的信息和帮助，保护其合法产业不受侵犯，处理英国人之间及英国人与其他国家人之间的民事纠纷。

第二，协调与中国政府的关系。在同中国政府交涉时要不卑不亢，避免与中国政府发生激烈对抗，除非迫不得已，不威胁使用武力，谋求进一步发展对华友好关系。

第三，搜集与中国相关的情报信息，特别是与商贸相关的信息。一方面要查明中英贸易的状况，另一方面，要弄清其他国家与中国的贸易情况。了解可能影响和阻碍中英贸易进一步发展的因素。

值得注意的是，尽管英国政府没有明确商务监督的隶属关系，但英国国王的训令和枢密院令要求律劳卑向外交部及时报送信息，接受英国外交大臣巴麦尊的指令。巴麦尊在给律劳卑的指令中一再强调，尽量避免刺激中国政府，对中英贸易产生不利影响。他指示律劳卑："您不应忽视任何鼓励您在中国官员们中间可能发现的愿意与英王陛下政府进行贸易交往的有利机会……您应该常记住，在这个问题上必须特别小心谨慎，以免激起中国政府的恐惧或触犯她的偏见，并且不要因匆忙试图扩大机会，而使现有的交往机会甚至遭到危险。"① 英国首相格雷在给律劳卑的私人信件中也提示他："用的方法应该是说服和合作，这比使用有敌意的、威胁性的语言更为可取。"②

然而律劳卑从内心深处并没有完全接受英国政府的指令，他在行前阅读了不少有关中国问题的文献资料，在看到小斯当东有关中国问题的稿件后，他认为，小斯当东可能极其精通中国的语言文字，但其政治观点十分幼稚荒谬，小斯当东指望中国会像东印度公司的老仆人一样取消其限制贸易的政策，他还讽刺小斯当东在议会的有关中国问题演讲非常乏味，他开口五分钟，所有人都睡着了。③

律劳卑抵达广州后，受到查顿等鸦片贩子的鼓动，在未经清政府允许的情况下，乘坐兵船闯入虎门，在与两广总督卢坤的交涉过程中，态度强硬，试图以武力威胁为手段，迫使清政府官员接见。卢坤下令停止中英贸易，最终迫使律劳卑返回澳门。1834年10月11日，律劳卑在澳门病逝。作为英国首任驻华商务总监督客死他乡，自然受到英国各界的关注，西方很多媒体对此进行了报道，如澳门影响较大的英文报刊《中国丛报》（*Chinese Repository*）对"律劳卑事件"的关注持续半年之久。对于律劳卑的行为，英国在华商人有着不同看法，查顿等人认为律劳卑的行为是完全正确的，英国政府必须要与中国政府进行交涉，甚至有必要进行军事威胁；另一些英国商人则认为，律劳卑的行为对于中英贸易损害很大，《广州日报》对此描述道："许多英国商人，看到他们（因律劳卑的行为）面临重大损失，就向他们国家的代表指出这点，要他停止实行导致这种损失的措施。我们认为这是很自然的，不必加以指责，考虑到律劳卑预定采取的策略几乎没有可能取得成功，而且英国商务监督

---

① 参见胡滨译《英国档案有关鸦片战争资料选译》，中华书局1993年版，第2—7页。
② ［英］蓝诗玲：《鸦片战争》，刘悦斌译，新星出版社2015年版，第9页。
③ 参见 Priscilla Hayter Napier, *Barbarian eye*: *Lord Napier in China*, 1834, *the prelude to Hong Kong*, London: Brassey's, 1995, p. 82, p. 225。

的行为造成的损失很可能无法得到补偿。"①

律劳卑事件给中英关系带来了两个最为重要的消极影响。一是使英国国内民族主义恶性膨胀,对华态度产生了重大变化,把中英关系推到了武装冲突的边缘;二是使英国人普遍认同对华采取武力措施是道义之举。

律劳卑去世后,德庇时继任总监督职务,他在给巴麦尊的报告中指出:"在中国人方面没有任何改进的情形下,我方在未来接奉进一步训令之前,保持绝对沉默状态,似乎是最合适的方针。"② 这就是所谓的"对华沉默政策"。"对华沉默政策"引起了查顿、马地臣等英国激进商人的不满,他们联合了 80 余名英国商人联名给英国枢密院呈交了一份请愿书。他们首先表达了对德庇时的不满,他们写道:"陛下任命监督英国臣民在广州贸易事务的几位委员没有被这个国家的合法当局所承认……禁止他们向北京清朝政府提出申诉,并且他们完全没有权利对清朝官员们施加已故首席监督的侮辱行为表示愤怒,或强迫清朝官员们对最近无故停止贸易给陛下臣民们所造成的损害进行赔偿。"③ 他们要求英国政府应当任命一位与东印度公司没有任何关系且具有一定职衔和外交经验的使节,在海军的护送下,直接前往北京,与清朝中央政府进行交涉,要求清政府就此事道歉。

对于此份请愿书,德庇时在寄给巴麦尊的报告中予以驳斥,他写道:"总督的那些布告,要求推举或由本国任命一位'贸易首领',暴露了本地政府因拒绝承认律劳卑勋爵而给他自己带来的困难……本地政府确实认为贸易具有重要的意义并急于避免一次破裂……广州的一部分英国商人向英王陛下呈递的那份粗糙的、整理不好的请愿书(因为一些最体面的商号拒绝在请愿书上签名),是一

---

① *The Canton Press*, November 3d, 1838.
② 胡滨译:《英国档案有关鸦片战争资料选译》,中华书局 1993 年版,第 44 页。
③ 同上书,第 57 页。

位临时来自印度的访问者起草的,他完全不了解这个国家的情况。"①

1835年,马地臣回国休假期间,在曼彻斯特、格拉斯哥、利物浦等英国工业城市游说新兴工业资产阶级支持他所谓的对华"前进政策",鼓吹英国政府对华采取行动。他还设法面见时任外交大臣的威灵顿和巴麦尊②,提出应对华使用武力,他还策动律劳卑的遗孀写信给巴麦尊,请巴麦尊采纳其建议,但威灵顿和巴麦尊都认为,商业利益应该用和平手段而非用武力去获取,律劳卑的所作所为是咎由自取,马地臣的图谋没有实现。

尽管巴麦尊没有接受,但马地臣的观点受到了一些英国商人的支持。代表性人物是林赛(Hugh Hamilton Lindsay,1802—1881),他的父亲曾任东印度公司主席,林赛本人长期在东印度公司驻广州商馆工作,1820年他作为东印度公司大班来到中国,1830年被委任为东印度公司驻广州商馆书记员。1832年,他化名胡夏咪,带领"阿美士德"号(Ship Lord Amherst)对我国沿海进行窥探航行。"阿美士德"号从澳门出发,途经厦门、福州、宁波、舟山、上海、威海、庙岛群岛等地,广泛搜集沿途政治、经济、军事方面的情报信息,他们还窜到吴淞炮台,深入要塞内部进行侦察。通过侦查,他认定清朝军队组织涣散,装备陈旧,缺乏战斗力,他说:"如果我们这次是作为敌人来的,这里的全部军队不能抵抗半小时","只要50名意志坚定,训练良好的士兵,或者比这数字更少些就可彻底消灭比这500人更多的军队"。③

同为东印度公司雇员,林赛的观念与小斯当东大相径庭,他写信给巴麦尊,支持马地臣的观点。林赛提出,目前中英之间的异常状态必须改变。他说:"如果东印度公司的垄断权没有被废止,中英

---

① 胡滨译:《英国档案有关鸦片战争资料选译》,中华书局1993年版,第66页。
② 威灵顿自1834年至1835年4月短暂出任外交大臣。
③ Hugh Hamilton Lindsay, *Report of Proceeding on the Voltage to the Northern Port of China in the Ship Lord Amherst*, Lodon, 1833, pp. 209–210.

两国的政治关系没有必要进行大的调整，尽管时常会有些争端，但掌握处理争端的权力的双方都是希望进行保守贸易的，因此，虽然中国人经常找麻烦，而英国人总是饱受压迫的痛苦，但双方还是能够合作下去，现在情况变化了，东印度公司的垄断权废止了，中国人依然保留着，……很明显政府有必要来替代公司的权威，等效地控制和保护商业利益。基于此，王国政府派出了贵族律劳卑，他的职衔和能力足以来履行首席商务监督职责。……我不得不承认，律劳卑在某些方面的行为不是十分妥当，但我还是坚持认为，中国人预先已经决定好要羞辱他，对他来说，没有缓和的余地。"①

林赛认为，英国有两条道路可以选择，一是直接使用武力，要求中国政府对英方以前所受到的伤害进行赔偿，二是彻底断绝与中国的所有政治联系。他认为，英国驻华商务监督从中国撤走会使得中国当局陷入尴尬的境地，因为当中英之间发生问题时，中国政府需要有"管理英国事务的人"与之对话。

林赛提出，律劳卑的死亡与他在中国所受的待遇有着直接联系，英国政府内阁应对是否采取报复措施进行认真讨论。他指责英国人在中国完全得不到法制保障，认为英国有充足的理由采取武力报复措施。他说："我们有如此多的机会使用威慑手段来反制他们，我不怀疑中国人会拒绝任何妥协，仅仅是谈判，那样使用武力是必要的了。"② 但对于马地臣等人要求割占中国岛屿的意见，他表示反对，他说："我们全部的要求仅仅是签订平等的商业条约，在（中国）北部开辟两个或两个以上的通商港口使我们能自由贸易，我建议绝不能占据沿海岛屿，哪怕是最小的。我认为，采取这样的措施，会对我们单纯地想发展扩大贸易的目标产生反作用，扩展贸易对两国

---

① Hugh Hamilton Lindsay, *Letter to the Right Honourable Viscount Palmerston on British Relations with China*, 1836, p. 3.

② Ibid., p. 7.

都是有利的，割占岛礁将会产生不确定的后果。"①

林赛列举了六条所谓"英国人在中国遭受到的不公正待遇"。包括：在政府公文中使用带有贬义的词语；税率不透明；不允许建立货仓，行商垄断贸易；过高的港口费；一口通商；对于凶杀案适用法律不当。② 林赛由此建议，应该组织一支小型舰队，陪同一名大使前往中国，舰队包括 1 艘装备 74 门大炮的战列舰，2 艘大型三帆快速战舰，4 艘小型三帆快速战舰，2 艘轻型巡洋舰，3 艘武装汽船，另外配备步兵 600 人，总兵力 2940 人。他同时强调，武装介入应注意控制规模，以避免过度刺激中国人民，以防激起中国人的民族主义情绪，从而对英国人实现目标带来阻力。

林赛提到，沿海贸易对中国来说是十分重要的，他举例说，1832 年，他在福州港停留期间，每天有 10—20 艘载重 300—500 吨的船舶进入港口，在七天时间内，不少于 400 艘载重 100—300 吨的货船进入港口。由此他大胆提出，对天津等港口进行封锁突袭，会促使中国政府认真思考中英贸易问题，这样做也可以在很短的时间内，将中国沿海的海军击溃。中国的地理环境非常有利于展开军事行动，只要对中国沿海渔民友好，就能获得补给。他建议舰队最好是 2 月季风来临时在马六甲海峡集合，4 月展开军事行动，这样也不会对贸易产生影响，法国人和美国人也会支持英国人采取军事行动。

针对林赛的观点，小斯当东于 1836 年撰写了《论英中关系》一文，他提出，他有关英国政府派遣律劳卑前往中国担任商务总监督必将失败的预言"几乎一字不差地成为了现实"③。对于律劳卑，小斯当东的评价是："目睹律劳卑勋爵这样一位勇敢侠义的军官、名门

---

① Hugh Hamilton Lindsay, *Letter to the Right Honourable Viscount Palmerston on British Relations with China*, 1836, p. 8.

② Ibid., p. 11.

③ George Thomas Staunton, *Remarks on the British Relations with China and the Proposed Plans for Improving them*, London: Edmund Lloyd, 1836, p. 2.

望族的代表，因被出卖而身陷尬境，几乎无法体面而有尊严地脱身一事，不免心情沉痛。"①

他在文中反对对华发动战争。他说："我国对中国的敌意入侵失败所带来的后果则很致命，至少也是无可挽救。不仅将对我国对华商业造成致命打击，即便不是完全破坏，也将在很大程度上削弱我国在整个东方树立的正面形象。"② 小斯当东指出，林赛小册子的直接目的就是让英国与中国进入全面敌对状态，而与中国这样一个人口众多的大国开战是不明智的。他认为，林赛的军事行动方案事实上是不可行的，只是按照对英军有利的思路去设想行动的进程与结果。他同时指出，中英交恶最大的受益者将会是法国人和美国人，如果英国战败，将会被永久驱逐出中国。③

小斯当东认为，取消东印度公司垄断权是中英交恶的最重要的因素，英国议会取消东印度公司对华垄断权的政策过于操切，没有认真考虑由此带来的对中英贸易的消极影响，更没有制定应对措施。

小斯当东在文中对于律劳卑事件进行了分析，他对律劳卑在广州的活动提出了诸多批评意见，他批评律劳卑的行为非常唐突，包括违反中国有关外国人未经批准不得进入广州，更不能从事商贸领域以外的其他活动等规定，他还批评英国政府给律劳卑的指令不够清晰。对于律劳卑提出的英国政府派出军舰前往广州的要求，小斯当东更是提出，"让我们先设身处地想象一下，三两艘法国的护卫舰顺泰晤士河上行，蒂尔堡要塞被攻陷，为的是助力法国大使在波特兰街的谈判，我们可能就能感觉到中国在虎门被袭击

---

① George Thomas Staunton, *Remarks on the British Relations with China and the Proposed Plans for Improving them*, London: Edmund Lloyd, 1836, p. 3.
② Ibid..
③ Ibid., p. 10.

时的感觉了！"① 他认为，律劳卑勋爵本人并没有遭遇到任何过激的对待，就律劳卑勋爵一事问罪中国人不太占理，因此，以侮辱英国的官员或国旗要求赔偿，因被拒绝赔偿而采取军事行动，强迫中国政府接受英国政府开列的商业条件，只会玷污英国的国旗和名誉。

从林赛和小斯当东的观点来看，所讨论的问题都是老问题，并无新意，但关注度却明显提升，很多英国报纸对此进行了大量转载和评论，这反映出19世纪30年代以后，英国内部围绕着中英贸易问题的争论升级了。产生这种现象的一个重要的因素是英国在华商人群体发生了变化，一方面是由于东印度公司驻华商馆对中国政府的对外政策对抗情绪加重，另一方面，随着英国散商集团势力不断壮大，散商不再甘于做东印度公司的附庸或补充力量，他们要谋求更多的利益，寻求更多的自主权，有学者将之概括为"在对华关系方面的胃口，就不再是局部的改善所可以满足的了"②。这种讨论的结果必然会导致中英冲突的急剧升级。

第二节　小斯当东与鸦片战争

一　中英矛盾升级

19世纪20年代之后，中英之间的矛盾冲突显著增多。黄亚胜案之后，来华英国人更加肆无忌惮。1820—1821年，英国人制造了多起命案。1820年，英国人在番禺官洲海面故意射杀中国渔民张顺存，英国人将一名因患精神疾病自杀的人顶替罪犯，腐败的清政府居然认定其为凶手，并严厉处分了对此持异议的死者家属。1821年，英船"麦尔威里夫人"号水手杀害一名中国妇女，因英国人使

---

① George Thomas Staunton, *Remarks on the British Relations with China and the Proposed Plans for Improving them*, London: Edmund Lloyd, 1836, p. 21.
② 吴义雄：《鸦片战争前在华西人与对华战争舆论的形成》，《近代史研究》2009年第2期。

用了收买死者家属的手段，死者家属未向清政府报案，此案不了了之。同年，英船"巴资"号水手在伶仃岛上偷盗中国农民黄亦明所种植的番薯，英国人所携带羊群踏损黄亦明的番薯田。黄亦明及其家人追夺索赔，与英国水手发生冲突，英国人逃至船上，用炮轰击追赶的黄亦明等人。次日，英国人竟持枪闯入黄亦明家中，枪杀黄亦明及其亲属一人，射伤黄亦明亲属多人。清政府与英国人进行了严正交涉，以暂停贸易为手段，迫使英方承诺交出罪犯，但是在中方恢复贸易后，英方未按照协定交出凶手，而颟顸的清政府也未采取进一步措施讨要杀人犯，该案件最终也未结案。此后，类似情况屡有发生。

为了谋取更多利益，英国人大量向中国走私鸦片。从1800年到1818年，鸦片每年平均输入量稳定在4000多箱，1821—1822年，走私进口鸦片达5959箱，按每箱140磅，约合100斤计算，约为595900斤，走私鸦片中多数为英国人所为。① 新继位的道光帝对此十分痛恨，下令严厉禁烟，迫使外国商人不得不改变走私鸦片的模式，他们不敢再将鸦片直接运送到黄埔，而是将鸦片卸载到停泊在伶仃洋的一些趸船上，然后带一些样品到黄埔，在与中国烟贩接洽成交后，开具提货单给中国烟贩，然后用"快蟹""扒龙"等武装走私船只将鸦片运送上岸。1823年、1829年和1830年，清政府颁布了《酌定失察鸦片烟条例》《查禁官银出洋及私货入口章程》和《查禁纹银透漏及鸦片分销章程》等规章，期望全面整治鸦片问题，达到禁烟目的。

令人遗憾的是，道光帝的禁烟令在实践过程中并未实现预期目的，到1831年达到将近2万箱。东印度公司对华贸易垄断权废止后，鸦片以前所未有的数量激增，到19世纪30年代末，鸦片销售

---

① 萧致治、杨卫东：《西风拂夕阳——鸦片战争前中西关系》，湖北人民出版社2005年版，第310页。

再次翻了一番多。① 鸦片的大规模输入给中国社会经济带来了巨大灾难。鸦片摧残人们的身心健康，严重影响社会生产和社会治安，很多年富力强的劳动者由于吸食鸦片变成了无所事事的游民。鸦片泛滥还造成大量白银外流。有学者估算，19世纪30年代，中国每年鸦片消费白银达1633万多元，折合纹银1175万多两，而清政府1830—1838年关税总收入也只有1227万多两。②

导致鸦片泛滥的一个重要因素是一些腐败的清政府官员在执行禁烟令时执法不严，敷衍了事，有的甚至收受贿赂，故意为鸦片贩子和走私者通风报信，绿灯放行。为了更加严格控制外商活动，广东地方政府对乾隆时期的《防范外夷规条》进行了修订，颁布了《防范夷人章程八条》（1831）、《防夷新规八条》（1835）。道光帝对官员腐败导致鸦片泛滥深恶痛绝，1836年9月19日（道光十六年八月初九），他谕令时任两广总督的邓廷桢，严查走私贩卖鸦片的商人，他在谕旨中写道："着邓廷桢等将折内所奏，如贩卖之奸民，说合之行商，包买之窑口，护送之蟹艇，贿纵之兵丁，严密查拏各情节，悉心妥议，力塞弊源，据实具奏。"③

1836年年底，英国任命查理·义律（Captain Charles Elliot，1801—1875）为驻华商务总监督。义律在英国海军服役多年，1834年随律劳卑来华，后被任命为驻华商务第三监督。他不完全赞同"对华沉默政策"，他在给英国外交部的信件中称："照我看来，英王政府所要用以维持和促进同这个帝国商业交往的那种和平妥协政策，在广州五六十名侨商中，一般是很不受拥护的，要是想把这种政策的实施靠我来做决定的话，那么这将会是我所要做的一件最不

---

① ［英］蓝诗玲：《鸦片战争》，刘悦斌译，新星出版社2015年版，第5页。
② 萧致治主编：《鸦片战争史：中国历史发展中第三次社会大变革研究》（上册），福建人民出版社2017年版，第229页。
③ 《清宣宗实录》卷二百八十七，道光十六年丙申八月。

得人心的事。"① 对于鸦片贸易，义律很清楚鸦片的危害性，对于鸦片贩子，他也表示厌恶，但在利益面前，义律作为殖民者的本性暴露出来了，他认为，如果没有鸦片，英国对中国的贸易就会陷入逆差，他说："鸦片走私的中断，一定会严重削弱我们在中国市场的支付手段……鸦片滞销会造成我们在广州的贸易差不多要全部用现金支付。这个市场已经饱和，在这种状态下，阁下可以判断出目前鸦片销售的不景气势必给英国对华贸易带来怎样严重的危害。"②

不过，义律也认识到与中国政府进行直接对抗并不会取得实际成果，因此，他采取了更多灵活措施，通过谈判，从广东地方政府获得了一些有利于英国的政策。

1837年7月（道光十七年六月），道光帝下旨，驱逐贩卖鸦片的趸船，邓廷桢随后向义律发出谕令，催促其尽快让英国趸船离开，并宣布如果趸船不撤走，就封仓停止中英贸易。为了警告外国烟贩，还在澳门城外公开处死了一名与外商勾结的中国人，并且陈尸示众。

清政府禁烟和加强外贸管理的规定引起了英国国内一些政客的不满。1838年7月28日，英国外交大臣巴麦尊再次提出在中国设立法院的议案。巴麦尊的议案遭到包括小斯当东在内的很多议员的反对，议员霍斯提出："似此干涉中国法律，中国当局是否承认？贵爵现欲设立公堂一所，其职权能否实行？"他指出巴麦尊的方案执行过程是不可行的，他说："假如华人为被告，不肯到案，一经判定其罪，试问除用实力外，尚有何权力可以执行该公堂之法权乎？"他还指出，如果不尊重中国法律和传统，必然会遭到清政府的抵制，进而影响中英之间的商务往来，会使英商的地位更加不利。他说："阁令实即贵爵（指巴麦尊）之命令，具有法律效力，复与将来所设公堂之裁判权一样广大。……彼辈不过凭借互换利益之简单通商原则

---

① 萧致治、杨卫东：《西风拂夕阳——鸦片战争前中西关系》，湖北人民出版社2005年版，第376页。

② ［英］蓝诗玲：《鸦片战争》，刘悦斌译，新星出版社2015年版，第82页。

而已。"因此，巴麦尊的方案是不可取的，"通过任何法案，实非所宜"。①

小斯当东对巴麦尊所提议案也持反对态度。他的观点与霍斯一致。他在回忆录中提出，"1838 年，巴麦尊勋爵（Lord Paimerston）在下议院中提出一项被称为'在中国设立法院之议案'（China Courts Bill）的议案。尽管这个议案旨在实现的目标本身很有吸引力，但在我看来，在英中关系的实际状态下，它是完全不可行的。由于提至议会附议完全没有消除我的担心，我故而在私下里向巴麦尊勋爵传达了大意如此的意见，但是，勋爵大人的心意已决，我没有办法，只好以'修正二读之议案'（amendment to the second reading）的形式表达我的异议。关于议案的讨论到 7 月末才又得以继续，然而这个季节我素来不在伦敦，但是代表兰贝斯区的议员霍斯先生（Mr. Hawes, the member for Lambeth）在这一问题上支持我，我的修正议案提至下议院后，巴麦尊勋爵的议案后又经过多次辩论，但终被撤销。"②

1838 年下半年，清朝的禁烟运动进入高潮，道光帝严厉处置了吸食鸦片的贵族和弛禁派官员，连续八次召见主张禁烟的林则徐，并委任他为钦差大臣，前往广东禁烟。林则徐抵达广州后，大力推行禁烟。林则徐在抵粤一周内就颁布了包括《颁发查禁营兵吸食鸦片条规》在内的六项公告规章，同时谕令收缴鸦片，要求外商限期交出鸦片。林则徐还命令广州知府查拿英国大鸦片贩子颠地。为了迫使鸦片贩子交出鸦片，林则徐下令包围外国商馆，撤退买办工人，暂停中外贸易。义律收到林则徐的有关收缴鸦片的谕令后，迅速召集英商，试图抗拒缴烟，并致函巴麦尊，一方面，汇报清政府广州禁烟的情况；另一方面，要求英国政府予以协助。他对巴麦尊说：

---

① 顾维钧：《外人在华之地位》，1925 年版，第 79—80 页。
② ［英］乔治·托马斯·斯当东：《小斯当东回忆录》，屈文生译，上海人民出版社 2015 年版，第 80 页。

"对这些践踏真理和正义的行为的必要回答,就是予以一击。"①

1839年6月3日,林则徐在虎门集中销毁收缴的鸦片,这就是举世闻名的"虎门销烟"。虎门销烟的消息传到英国,曼彻斯特、伦敦、利物浦、利兹和列斯特的一些商人们,纷纷写信给政府,要求政府对中国诉诸武力。在英属印度,孟买、加尔各答等地鸦片生产商更是仇视中国禁烟政策,他们上书枢密院,强调鸦片贸易对英属印度的重要性,居留广东的鸦片商人也积极活动,对英国政府施加影响。英国国内各种舆论媒体也在炒作中英贸易冲突问题。对于对华动武,巴麦尊对于取胜并没有十足的把握,鸦片贩子渣颠(William Jardine)在拜见巴麦尊时,发现巴麦尊对于对华采取强硬措施没有表现出极大热情,他在给马地臣的报告中写道:"最后,勋爵留下了记录,说下星期一他们召开一个内阁会议……这一切都不能令人满意,但我们只能静静地等着。"②

但是,中英矛盾对抗的持续升级,使得两国进入了前所未有的紧张状态。这场争端不同于往次中英之间的矛盾冲突,这场冲突在英国国内受关注程度之高、讨论范围之广、参与人数之多是前所未见的,而清政府禁烟力度之大也是前所未有的,这预示着这场冲突难以通过一般的谈判手段来调和。

二 小斯当东关于对华发动鸦片战争的看法

1839年9月,义律率领五艘军舰前往九龙,要求清政府提供补给,遭到拒绝后,他下令开炮轰击中国水师,英国政府在得到义律的报告后,对中英鸦片贸易冲突给予高度重视。1839年10月1日,英国政府召开内阁会议,会议议题之一是讨论中国问题。巴麦尊将清政府在广州禁烟运动的详细情况做了汇报,并提出了对华作战的军事行动方案。会后,巴麦尊秘谕义律,通知其英国政府将派遣海

---

① [美]张馨保:《林钦差与鸦片战争》,徐梅芬译,福建人民出版社1989年版,第184页。
② [英]蓝诗玲:《鸦片战争》,刘悦斌译,新星出版社2015年版,第134页。

军前往中国。11月,巴麦尊又通知印度总督奥克兰做好对中国开战的准备。

1840年2月,英国政府任命海军少将乔治·懿律为远征军司令、全权公使,义律为副职,前往中国。巴麦尊在给懿律的训令中指出,"远征军第一步要做的事就是在珠江建立封锁,……女王陛下政府想让远征军做的第二件事就是占领舟山群岛并封锁该群岛对面的河口,以及扬子江和黄河口"①,远征军的终点是北直隶。巴麦尊要求懿律每到一处都要向中国政府投递其写给中国宰相的信。他还要求远征军在沿途注意观察,发现自然条件较好的岛屿要做好长期占领的准备。巴麦尊还提出了清政府必须保证英国来华商人的人身和财产安全,对禁烟运动中英国商人所受到的损失进行赔偿,英国人可以自由出入商业港口,在华设立法庭,明确关税税率等要求。

英国国内对于对华动武一直存在不同声音,尽管英国政府对派遣舰队前往中国严格保密,包括《泰晤士报》在内的很多英国媒体对于政府采取的行动进行了各种推测。1840年3月,《泰晤士报》在一篇社论中预测称,英国的敌人们会趁英国侵华之机抢夺英国的利益。"当英国不可避免地卷入与她的一个敌人的纷争的时候,没有哪个敌人会不赶紧抓住时机,迫使她作出对她有害的或屈辱的让步……对(英国)至关重要的胜利,是提前对其内部敌人——墨尔本及其不负责任的政府——取得胜利。"② 因此,巴麦尊在采取行动时,非常小心谨慎,他很重视中国问题专家小斯当东的意见,数次找到小斯当东,听取他对于中国问题的看法。他在1840年2月16日给小斯当东的短信中写道:"我亲爱的斯当东,你对中国问题的看法,我愿闻其详。今日下午方便时你可否到我这里来,四点半到六点之间都可以。"在另一封信中,更加凸显出小斯当东意见的重要

---

① [美]马士:《中华帝国对外关系史》第一卷,张汇文译,上海世纪出版集团2006年版,第710页。

② [英]蓝诗玲:《鸦片战争》,刘悦斌译,新星出版社2015年版,第142页。

性，他写道："亲爱的斯当东，我在下议院找你，但我猜想你在我到达前已经回家了。我是想借你五分钟的时间谈谈中国方面的事情。今天 12 点半，我曾准备碰碰运气看能否在你家找到你。"①

对于巴麦尊，小斯当东也是非常尊重。1840 年 4 月 7 日，时任内政大臣、保守党议员詹姆斯·格拉汉姆（James Robert George Graham）②借中国问题在英国下议院对辉格党政府提出不信任案。他提出，英国政府必须高度重视中英贸易，英国和印度贸易六分之一的税收来自与中国的贸易。他历数了中英之间各类贸易的金额，强调英国政府在制定对华政策时，一定要慎之又慎。他认为，英国人对一口通商政策存在误解，如果在外国人偶尔在诺尔或者沃平停留时，也会被限制在一定范围内活动。格拉汉姆还说中国是一个文明古国，他说："这是一个人口数量为 350000000 的国家，受一个人的意愿指挥（指皇帝——作者注），说同一种语言，遵守同一部法律，所有人承认只有一个国家，从感情上享有相同的国家荣耀感和民族嫉妒心，这种情况有着数百年甚至上千年的历史。……他们鼓励教育，提倡印刷书籍，他们文明发达，生活便利富足，而此时的欧洲则陷落于野蛮状态。"③格拉汉姆认为中国土地广阔，财政收入丰厚，与这样一个大国开展和平贸易岂不是比与之开战更加明智？至于英国与中国贸易摩擦问题，他说，英国在刚开始进入印度时，也遇到过类似问题，但仅仅用了不到一百年的时间，这些问题就解决了。与小斯当东的观点类似，格拉汉姆也认为东印度公司对华贸易垄断权的废止是中英贸易出现问题的重要因素，引起了中国政府的一些误解。他批评义律的行动存在诸多失误，而且犯了与律劳卑在华活动相同的错误。

---

① ［英］乔治·托马斯·斯当东：《小斯当东回忆录》，屈文生译，上海人民出版社 2015 年版，第 83—84 页。

② 詹姆斯·格拉汉姆（James Robert George Graham，1792—1861）出身于英国贵族家庭。长期出任英国海军大臣一职。他曾加入辉格党，后与辉格党决裂。

③ 《与中国的战争》，《英国议会议事录》，1840 年 4 月 7 日。

针对格拉汉姆的议案，小斯当东做了发言。小斯当东首先表达了自己反对在华建立法院的意见，承认小斯当东支持内阁和巴麦尊的决定，他说："从政治的角度上讲我们即将与中国展开的这场斗争是完全公正和公平的，尽管我极不情愿承认。"① 小斯当东承认对华发动战争是非正义的，而且对华作战可能是一个长期过程。他指出律劳卑和义律在对华沟通方面存在很大问题，没有提前与清政府进行有效的沟通，也没有遵照中国有关外国人进入广州的法令。义律担任商务总监督后，在处理对华问题时，也没有充分尊重中国的意见。

小斯当东坚定地反对鸦片贸易，但对于林则徐禁烟政策也提出质疑，认为林则徐所采取的政策是导致关系破裂的直接原因。他首先抨击中国人不遵守国际法和国际惯例，他说："从国家的角度来看，我们和中国之间的问题与贸易道不道德无关；而仅仅取决于这项贸易是否违反国际法规以及违反国际法的程度。虽然中国不是欧洲国家间国际法具体惯例的缔约国，但他们不能不受到建立在自然法和常识基础上的国际法的约束。"② 他认定林则徐的禁烟措施是有违国际法的，他说："林钦差采取的措施在我国商业发展的两百年中是史无前例的，这与中国人一贯谨慎的作风完全相反，不仅是我的尊贵的朋友，即使是居留时间最长和最精通中国事务的人，也很难预料。"③ 因此，他认为鉴于目前的形势，确实有必要在确立军事优势的基础上与清政府展开谈判。他也认为目前的军事行动，或许能使中英政府签订国际条约，进而使两国讨论如何合作减少鸦片买卖。最后，小斯当东说："我要重申的是，支持批准拟议中的远征中国的总政策；认同鸦片贸易在现有情况下不会被政府的任

---

① George Thomas Staunton, *Corrected Report of the Speech by Sir George Staunton, on Sir James Grham's Motion on the China Trade*, April 7th, 1840, London: Edmund Lloyd, 1840, p. 13.

② Ibid., p. 20.

③ Ibid., p. 23.

何指令所制止。"①

8日和9日，下议院继续围绕着格拉汉姆提案进行辩论。9日，该议案表决结果为赞成262票，反对271票，最终的结果是格拉汉姆的议案没有获得通过。② 这次辩论尽管并非涉及是否对华动武，但从辩论的过程来看，议员们的发言均是围绕着中英矛盾展开的，因此，可以说，反映了英国政界对中英贸易、鸦片问题及对华战争的态度。

小斯当东对于自己此次演讲持肯定态度，他在回忆录中写道："对于内阁最终采取的打开中国的政策，我既不能谴责我自己，也不能为此而居功自傲。……我有理由相信，我是采取了积极的姿态参与到了其中，并富有成效地论证了内阁政策的可行性。"③

英国对华发动侵略战争是严重违反国际法的行为。近代国际法最基本的原则是国家主权独立平等。国家主权最重要的体现是领土主权完整以及由此延伸出的属地最高权原则，即一个国家在其领土范围内享有最高司法权、行政管辖权。中国作为民族独立国家，在其领土范围内应享有立法和制定国家对外交往法则的权力，因此，林则徐在广州实行禁烟，要求在华英国的鸦片贩子缴烟等措施属于在中国境内的执法行为，完全不构成违反国际法。英国所提出的开战理由则明显违反了国际法，根据巴麦尊等人的说法，英国派遣军舰来华是为了保护英国商人的利益，保障两国能公平贸易。实际上，

---

① George Thomas Staunton, *Corrected Report of the Speech by Sir George Staunton, on Sir James Grham's Motion on the China Trade*, April 7th, 1840, London: Edmund Lloyd, 1840, p.25.

② 此次议会表决是对于格拉汉姆所提的政府不信任案进行表决，而非对是否对华使用武力进行表决，更非是授权英国内阁对华发动战争。根据美国学者张馨保研究，英国宪法体制内，议会对于外交政策几乎没有什么发言权。1839年对中国发动战争的决定，是巴麦尊在史密斯、查顿、义律和其他几个人的有力影响下，一个人做出的决定。大不列颠人民不知道事件的真相，议会在这个重大决定做出之前也不知道巴麦尊的意图。参见[美]张馨保《林钦差与鸦片战争》，福建人民出版社1989年版，第188页。

③ [英]乔治·托马斯·斯当东:《小斯当东回忆录》，屈文生译，上海人民出版社2015年版，第82页。

中国法律已经明确规定鸦片贸易是非法贸易，英国人因贩卖鸦片被勒令交出非法物资是符合国际法原则的，没收走私鸦片当然不构成使用武力获得赔偿的正当理由。以英国为首的西方国家要求中国接受西方社会通行的国际规则，开放国内市场，保护自由通商等要求本质上是要强加给中国西方的国际规则，也是侵害中国主权的一种体现。

实际上，当时英国国内有很多人是反对对华发动战争的。如英国的宪章派坚决支持中国政府的禁烟政策，指出英国政府完全是鸦片贩子的代理人，对中国进行的战争是一场侵略战争。中国政府缴烟销烟的做法是非常正当的。① 斯坦厄普勋爵（Philip Stanhope）向女王递交的奏章中也写道："中英的友好关系所以遭到破坏是由于英臣民违背中国政府的禁令，坚持把鸦片运进中国所引起的。"他请求英国国王采取措施，制止英国人这类行为。②

1840年6月，英国军舰封锁珠江口，鸦片战争正式爆发。随后，战事波及中国的福建、浙江等地。1841年4月，璞鼎查（Henry Pottinger，1789—1856）被英国政府任命为侵华全权代表，来华扩大侵华战争。璞鼎查行前，巴麦尊要求其与小斯当东会面。他在给小斯当东的便笺中写道："我亲爱的斯当东，如果你能在璞鼎查爵士动身前允许他与你交谈半个小时，我会十分高兴，他是星期一出发。如果明日你有空与他会面的话，他会前来拜访你；如能见面，或许你可写个短笺给他。"③ 璞鼎查在拜会过小斯当东后，将会面的情况向巴麦尊进行了汇报。巴麦尊对两人会面的效果感到满意，他在给小斯当东的信中表达了感谢，同时希望能与小斯当东见面，进行进一步探讨。

---

① 参见关世杰《英国宪章派对第一次鸦片战争的谴责》，《世界历史》1985年第12期。
② 萧致治主编：《鸦片战争史：中国历史发展中第三次社会大变革研究》（上册），福建人民出版社2017年版，第345页。
③ ［英］乔治·托马斯·斯当东：《小斯当东回忆录》，屈文生译，上海人民出版社2015年版，第85页。

随着战事对英国人越来越有利,他们开始讨论战争赔偿问题。1842年3月,小斯当东向下议院递交了几份提案,内容主要是关于清政府赔偿英国商人因收缴鸦片而造成的所谓损失,小斯当东认为,鸦片贸易再怎么被谴责也不过分,但是鸦片贸易的经营,英国政府是知晓并准许的,因此,商人在其财产受非法暴力而遭受减损的情况下,提出赔偿请求是完全正当的。小斯当东的这种观点是完全错误的,英国人在中国境内从事非法贸易,中国政府完全有权力进行查禁,相反,英国人通过战争手段来解决经贸纠纷则是赤裸裸的侵略行径,这也是殖民主义的惯用手法,寻找借口,开启战端,在军事上获取优势后,通过签订不平等条约获取更多利益。

鸦片战争的结果是中国战败,被迫与英国签订了《南京条约》。《南京条约》规定中国向英国赔款2100万元,其中600万元作为向鸦片贩子的赔款。条约规定:"因大清钦差大宪……将大英国领事官及民人等强留粤省,吓以死罪,索出鸦片以为赎命,今大皇帝准以洋银六百万元偿补原价。"① 英国通过发动侵略战争,获取赔款,补偿鸦片贩子,这不仅违反国际法,也违反了人类最基本的道德,因此,有学者指出:"鸦片本是违禁毒品,由民族英雄林则徐代表中国人民意志予以收缴、销毁,天经地义,合理合法。英国逼迫清政府赔偿烟价,是其竭力维护鸦片贸易的表现,是千方百计为英国侵华战争充当辩护士的人所无法抵赖的罪证。"②

英国战胜的消息传到英国后,英国国内殖民主义者欢呼雀跃,有殖民者称:"在大不列颠的历史上,或许没有哪一件事令这个国家的各个社会阶层都如此普遍地满意。"③ 对于这场不义的战争,英国侵略者忌讳其名称被定义为鸦片战争,他们认为,这个称谓让人感

---

① 王铁崖编:《中外旧约章汇编》第1册,生活·读书·新知三联书店1957年版,第31页。

② 萧致治主编:《鸦片战争史:中国历史发展中第三次社会大变革研究》(上册),福建人民出版社2017年版,第583页。

③ [英]蓝诗玲:《鸦片战争》,刘悦斌译,新星出版社2015年版,第329页。

到不舒服。这个称谓告诉人们，英国打了一场向中国人强行推销容易上瘾而且非法的毒品的仗。有关鸦片贸易的问题又再次被提上议会辩论。

1843年4月，曾担任过英国海军大臣的阿什利勋爵（Lord Ashley，1801—1885）向下议院提出议案，要求废除鸦片贸易。阿什利认为，英国赢得了鸦片战争，中英关系不应再处于敌对状态，双方应该恢复和平贸易，最大的障碍可能是鸦片贸易。他提出，中国各个阶层都反对鸦片贸易，近40年来，英国商人在东印度公司的领导下，都在从事违反中国最高禁令的这项贸易。他还引用了林赛、义律和郭士立等人关于反对进行鸦片贸易的一些主张。他说："林赛在他写的一本名为"对华战争是正义的吗？"的小册子中说，没有比现在这种鸦片贸易进行的模式对英国人性更有害的了。现在是伴随着最暴力色彩的真正走私，经常有流血和牺牲。"[①] 他引用了义律给巴麦尊的信中的内容，对于义律反对对华进行鸦片贸易的观点表示支持。阿什利提出，鸦片贸易会使中国人仇视英国人，从而影响英国在中国更为广泛的利益，他历数了中英贸易额的一些变化，提出鸦片对中国人购买英国工业品有很大影响，因此，英国议会的目标应当是阻止人们继续向中国强力推销鸦片，当中国人不再为鸦片所诱惑时，他们就会购买英国产品。他坚信，英国商品在中国是有市场的。同时，他还批评鸦片贸易是不道德的，有损于英国政府的威信。

对于阿什利的提案，小斯当东在发言中表示，尽管鸦片贸易是邪恶的、不明智的，但中国政府采取暴力措施，没收英国商人的财物是不合理的。不过，这些鸦片商人已经得到了相应赔偿。他支持阿什利的议案，并强调如果英国的贸易只是看重金钱，而不重视道德是错误的。小斯当东说，只从道德和宗教角度出发来看待鸦片贸易是不会被议会认可的，因此，他从中英贸易总体发展状况入手，

---

① 参见《控制鸦片贸易》，《英国议会议事录》，1843年4月4日。

提出英国人从事鸦片走私活动必然会损害中英贸易，也不会持久，不利于中英建立长久的友谊关系。鸦片走私刺激了中国政府，促使中国政府采取了禁烟令。小斯当东也引用了一些熟悉中国事务或在中国长期居留的英国商人的意见来论证他反对鸦片贸易的观点。他提出，如果鸦片走私继续存在下去，中英贸易可能会再次中断。①

阿什利的提案也获得了议员特里维廉（Trevelyan，1807—1886）和布拉泽顿（Joseph Brotherton，1783—1857）的支持，特里维廉指斥英国人从事鸦片走私是一件极为无耻的勾当，他引用了一位印度商人的话，说："我的上帝！我们以后会不会相信，19世纪的英国商人，在世界面前，没有任何伪装，也不脸红，就是出于对金钱的迷恋，从事这种邪恶的海盗活动呢？"② 布拉泽顿认为，鸦片对人生命健康和生活具有破坏性，阿什利的提案会对整个英国社会产生影响，鸦片贸易是一个关于民族、道德、人性的重要问题，取消鸦片贸易有利于推动中英两国关系的发展。达德利·赖德（Dudley Ryder）认为，中国人现在已经觉醒了，他们开始阅读新闻，熟悉我们的习惯，了解鸦片贸易的来龙去脉，知道鸦片贸易背后的支持者是英国政府，因此，英国政府必须采取措施，消除邪恶的鸦片贸易，告诉中国人，英国人不希望强行推销鸦片。也有很多议员不支持阿什利的议案，不同意废除鸦片贸易，主要原因有两个方面：一是鸦片贸易关乎英国财政收入和贸易平衡，很多议员，包括首相罗伯特·皮尔（Sir Robert Peel）在内，都提出鸦片贸易对英国和英属印度经济存在巨大影响，阿什利要求废止鸦片贸易的议案将会严重影响英国的税收；二是认为鸦片贸易的危害性被扩大了；如林赛引用了一位外科医生的研究成果，称鸦片不会在短期内摧垮人体。

然而，在英国议会中，如阿什利一样存在一定良知、持反对鸦片贸易观点的议员人数很少，下议院最终表决结果是阿什利的提案

---

① 参见《控制鸦片贸易》，《英国议会议事录》，1843年4月4日。

② 同上。

未能获得通过。很显然，英国议会对鸦片贸易的非法性和危害性有着清醒的认识，他们支持鸦片贸易并不是因为它是合法的。第一次鸦片战争后，《南京条约》并没有对鸦片贸易做出明确规定。之后中国官员亦不敢再因此而与英国人发生纷争，所以鸦片贸易成为公开的走私。

1843年7月，中英《虎门条约》谈判期间，璞鼎查向耆英递交说帖，指出中方既不能禁国人吸食鸦片，也就不可能禁外人输入，不如开禁"收平允之税"，为了诱惑耆英，英国使团秘书马儒翰还具体开列了一个方案，称只要中国开放南澳和泉州两个口岸允许鸦片进口，估计两口岸每年输入鸦片3万箱，以每箱50元的关税计算，每年就可为中国国库增加150万元的税收。耆英对璞鼎查的说法采取以退为进的策略，声称如果璞鼎查愿意为鸦片贩子担保，并保证每年向中方上缴300万元的鸦片税，耆英愿向道光帝上奏开放鸦片贸易。鉴于中方的不能通融，璞鼎查发布公告，贩运鸦片的英国商人将不会得到女王陛下领事和其他官员的支持和保护。①

对于此次议会辩论，小斯当东后来将他和阿什利的发言整理成册后在伦敦出版，他在书中写道，英国首相罗伯特·皮尔在1842年就谕令璞鼎查，不管促使中国政府鸦片贸易合法化的努力是否能够成功，英国政府的工作人员都要远离这项可耻的贸易，不能使之无限期继续下去。小斯当东还说："我特别关注璞鼎查所采取的措施，被他杰出的决策和能力所震撼，……我毫不怀疑璞鼎查采取了他权力范围内所有可以采用的合法手段游说中国当局同意鸦片贸易合法化，这与政府给他的训令是一致的。"②

就清政府而言，始终坚持禁烟政策，不同意鸦片贸易合法化。

---

① 参见郭卫东《转折——以早期中英关系和〈南京条约〉为考察中心》，河北人民出版社2003年版，第658页。

② George Thomas Staunton, *Corrected Report of the Speech of Sir George Staunton, on the lord Ashley's motion, on the opium trade, in the house of commons*, April 4, 1843, p.11.

耆英向道光帝秘奏拒绝璞鼎查抽收烟税的建议后，道光帝表示十分满意。此后，中美《望厦条约》和中法《黄埔条约》中也未对鸦片贸易合法化做出规定，《望厦条约》更是明确规定："合众国民人凡有……携带鸦片……至中国者，听中国地方官自行办理治罪，合众国官民均不得稍有袒护。"① 然而，鸦片走私带来的高额利润对于英国鸦片贩子来讲其诱惑力难以抗拒，他们绝不愿放弃鸦片贸易。在港英当局的支持下，外国向中国输入的鸦片，1848 年为 38000 箱，1854 年为 61523 箱，1855 年为 65354 箱，已超过鸦片战争战前输入量近一倍。② 而清政府的一些腐败官员，也垂涎于鸦片贸易的利润。1855 年，上海道台对每箱鸦片征收 24 两鸦片税，同年，宁波也开始征收同样税额的鸦片税。1857 年，闽浙总督王懿德以"军事紧要，暂时从权"为由，对每箱鸦片征取 48 元税。具有讽刺意味的是，反倒是英国人依然在坚持禁止鸦片贸易，1857 年，阿什利勋爵向议会再次提出废除鸦片贸易的议案。他认为整个英国在印度的鸦片贸易体系从最开始就是非法的。

1858 年，第二次鸦片战争后，中英签订《通商章程善后条约》，条约第五款规定："洋药准其进口，议定每百斤纳税银 30 两，惟该商止准在口销卖，一经离口，即属中国货物；只准华商运入内地，外国商人不得护送。……其如何征税，听凭中国办理，嗣后遇修改税则，仍不得按照别定货税。"③ 这里的洋药指的就是鸦片，中英双方均感将"鸦片"这样的毒品明确写入国家间的条约文本会引来非议，因此，在中方的建议下，双方一致同意改称"洋药"。

1859 年 3 月 5 日，清廷又下旨："此次各国议定税则，内洋药一

---

① 王铁崖编：《中外旧约章汇编》第 1 册，生活·读书·新知三联书店 1957 年版，第 57 页。

② 参见郭卫东《转折——以早期中英关系和〈南京条约〉为考察中心》，河北人民出版社 2003 年版，第 660 页。

③ 王铁崖编：《中外旧约章汇编》第 1 册，生活·读书·新知三联书店 1957 年版，第 117 页。

项,从前未经定税之时,闻地方官多有影射抽收,侵吞入己情弊。现在既经议有定章,官为收税,各省自应一律办理。上海为各省荟萃之所,尤应及早奉行,现经户部由驿通行,谅江苏省当已奉到,自已晓谕商民,一体遵办。特恐地方官希图掩饰,压阁部文,不能及早奉行,或以多报少,借肥私囊,皆所不免。著桂良、花沙纳严密访查,倘有前项弊端,即行会同该督抚据实参奏,毋稍徇隐。且使夷商知此次税则业经通行,获利已多,桂良等亦可借此为词,消弭兵衅。"①

鸦片贸易加深了列强对中国的经济掠夺,成为列强侵略中国的重要手段。将鸦片这种毒品堂而皇之载入国家间条约,在世界历史上是绝无仅有的,这也是对国际法的嘲弄。

---

① 《筹办夷务始末》咸丰朝四,中华书局1979年版,第1297页。

结　　语

人类的历史是由人类的活动构成的，正是活生生的人的活动构成了错综复杂、千姿百态的人类历史。马克思说，"历史不过是追求着自己目的的人的活动而已"[①]。恩格斯说，"有了人，我们就开始有了历史"[②]。中国古代思想家孟子提出，对待历史人物要"颂其诗，读其书，不知其人，可乎？是以论其世也"[③]，这就是说历史人物与时代有着密切的联系，考察历史人物的生平也必须要了解历史人物所处的时代。

在几千年的人类历史发展进程中，尽管有过各种不同社会形态的更替，各个国家和地区有不同发展的过程，但都离不开人，离不开人的活动。在各个历史阶段，在各种历史潮流面前，都会推出自己的代表人物。这些代表人物在历史发展的过程中总要发挥作用，对人类历史发展进程产生影响。有学者对此有非常形象的描述，说"历史好比连续剧，有各种各样的人物在历史舞台上表演，纷争纠葛，成败兴亡"[④]。作为中英关系转折时期的时代见证者和参与者，小斯当东无疑是一位重要的历史人物，研究小斯当东必然有助于我

---

① 《神圣家族》，《马克思恩格斯全集》第2卷，人民出版社1957年版，第118—119页。
② 《自然辩证法·导言》，《马克思恩格斯全集》第20卷，人民出版社1971年版，第374页。
③ 孟子：《孟子·万章下》。
④ 贾东海编：《史学概论》，中央民族大学出版社1992年版，第220页。

们更好地了解那个时代，更好地了解中英关系嬗变的原因。

　　人们观察、思考、认识历史的目的，不单纯是仅仅为了了解"人类过去的实践活动"，更不是让历史在自己所处的时代重演，而是通过认识历史、研究历史和理解历史，来观察今天，思考未来。换句话说，人们认识历史、研究历史不是为了简单地还原历史，是现代人用自己的眼光、自己的概念去阐述历史、判断历史。历史人物的研究也是这样。意大利史学家克罗齐更是提出一切历史都是当代史的论断。① 著名史学家尚钺曾指出，"我们研究历史人物的目的，不在于到博物馆或故纸堆中去寻找知己和朋友，也不是为历史人物而来研究历史人物，而是从历史人物活动中去发现我国某些历史时期支配社会的特有的和一般的法则，从而发现我国历史社会发展的规律与特点，来为现实服务"。② 也就是说，研究历史人物，探究他们的思想动机和活动影响以及在历史进程中所起的实际作用，不仅会帮助我们更好地了解历史的真貌，认识历史活动的基本规律。同时，也有助于我们吸收历史的经验和教训，指导以后的实践。

　　就研究小斯当东而言，研究他的历史活动的价值何在？或者说，研究小斯当东的现实价值是什么？这是笔者一直思考的问题。

　　研究小斯当东的现实价值，应从给小斯当东进行历史定位入手，分析他所代表的群体。小斯当东是19世纪英国殖民主义群体的重要代表，这个群体最明显的特征有两个，一是所追求的是拓展自身殖民利益；二是有着很强的意识形态色彩，始终认为自身的价值观、社会形态是最为合理、最为先进的，对于不同文明、不同社会制度存在偏见，在很多情况下，对待争议、处理争端奉行不同标准，这种思维方式的影响直到今天依然存在。近代以来，西方列强的制度优越感根本上是来自工业革命带来的先进生产力给西方社会在物质文明方面带来的优势，此后不断固化，形成了西方特色的意识形态，

---

① ［意］克罗齐：《一切历史都是当代史》，田时纲译，《世界哲学》2002年第6期。
② 尚钺：《有关历史人物评价的几个问题》，《历史研究》1964年第3期。

在这种意识形态的影响下，构建出了西方的国家观、价值观、世界观。小斯当东的思维方式带有这样的色彩：在小斯当东的眼中，中国缺乏国际法意识，没有西方国际秩序中国家民族平等的观念，中国的外交和社会制度是落后的，等等。

小斯当东是最早的跨国垄断公司人员的代表。英国东印度公司是世界最早也是最大的跨国垄断公司，其所承担的职责不仅是从事一般性经营贸易，而且承载着很多政治任务和其他使命。历史上，西方很多国家都成立过东印度公司，这些公司多数是以破产而告终，英国东印度公司最终是在完成其政治使命后，将其全部资产移交给了英国政府，部分公司员工组织成立了东印度会，该会至今仍然存在。英国东印度公司之所以能取得成功，主要是其与英国政府关系紧密，同时公司在选人方面综合要求很高，用人方面安排得当，确保了公司高质量运转。以小斯当东供职的东印度公司驻华商馆为例，小斯当东、马礼逊、德庇时等人除了作为公司的雇员承担日常工作事务外，他们还积极学习中国文字，研究中国的政治、经济、历史、文化和社会，成为资深中国问题专家，德庇时更是担任过第二任香港总督，既是官员又是学者，同时也是职业商人。

小斯当东在一定程度上代表了19世纪以来西方社会主张国际化乃至全球化的势力。自新航线开辟后，世界上不同国家、不同地区、不同文明之间的交流日益增多，世界日益连接成为一个整体。无论是主动对接还是被动接受，世界上所有的国家和民族都卷入国际化、全球化的浪潮之中，这一过程持续至今。小斯当东正是这一过程的参与者，他在幼年时，作为马戛尔尼使团成员历经万里行程来到中国，青年时代，他又来到遥远的中国工作，为中英经贸、文化甚至医学技术的交流做出了历史贡献，在中英剧烈对抗的时代，他积极支持主战的巴麦尊，支持其发动鸦片战争，打开了中国的大门。需要指出的是，他所代表的是西方主张国际化、全球化的势力，与今日中国提出的全球化主张有很大不同，在实现的目标、路径上存在极大差异。

总之，时代造就了小斯当东，时代为其提供了舞台，使他有机会亲历和见证中英关系转折年代几乎所有的重大历史事件，做了很多具有开创意义的事，成为英国最早、也是首屈一指的中国问题专家，就此而言，毫无疑问小斯当东是幸运的，他是时代的宠儿。

中华人民共和国成立后，中国实现了独立自主，走上了社会主义道路，这是历史的选择。20世纪70年代末，中国政府着眼于世界大势，着眼于自身历史经验教训和民族长远利益，提出和平与发展是时代主题的重大判断，做出了改革开放的重大决策，中国敞开了大门，积极融入国际社会中。2013年，习近平主席提出建设"一带一路"的倡议，为中国与世界其他国家关系的健康发展开辟了一条充满潜力、充满智慧的新路径，中国的对外开放进入了一个新时代。

"一带一路"沿线国家制度、文化差异很大，在交往过程中必然会遇到各种问题，存在各种风险，这就需要在与"一带一路"沿线国家开展合作的时候，要深入了解合作伙伴国的历史文化传统，从制度和文化的角度去理解合作伙伴的行为理念，在知己知彼的过程中，找共同点进行沟通。在这一点上，小斯当东的活动具有一定启迪意义。小斯当东受聘于东印度公司，在东印度公司驻华商馆任职，按照公司的安排和其他同事的惯例，他本可以成为一个散商，从对华贸易中获取私利，但他并不满足于此，而是努力学习汉语，研究中国政治制度、历史文化，最终他为东印度公司、为英国在华获取更多利益发挥了重要作用。小斯当东初到中国就关注到贸易对象国的法律风险问题，这对于一个只有20岁的年轻人来说是难能可贵的，其睿智与敏锐的观察力着实令人侧目，而其对于中国法律的关注不仅限于法律条文本身，而是从制度、国际法等更高层面来审视中国法律，则体现出了他过人的眼光，这是我们不得不佩服的。"一带一路"建设中，因直接投资、市场准入、知识产权等问题产生的法律纠纷和潜在风险屡见不鲜。我们确实需要像小斯当东这样既具有实践经验，又能从高站位审视问题的实践者。这里需要强调的是，中国的"一带一路"倡议不是恢复古代的朝贡制度，也不是东方的马歇尔计划，更不是重蹈西方殖民扩张的老路。"一带一路"倡议是中国因应时代发展，为推动全球化再平衡，促进完善全球治理，引领全球化朝着更加包容、普惠和开放的方向发展的中国方案，倡议的提出是建立在全人类共同价值观基础上的。习近平总书记说："中国的发展得益于国际社会，也必将回馈国际大家庭。"①"一带一路"建设的根本目标和现实遵循是构建人类命运共同体。因此，我们学习小斯当东是学习他的"术"，而不是他的"道"。

中国改革开放经过了40多年的历程，西方国家与中国的交往与合作不可谓不深，获益不可谓不多，但对于中国的质疑从来没有中断过，特别是有很多"中国通""知华派"，如同小斯当东一样，他们一方面主张与中国进行接触，特别是加强商贸往来，另一方面，从内心深处对于中国的制度有着这样那样的顾虑与偏见，这实际上依然是一种意识形态的斗争，从某种意义上来说，小斯当东没有死。对此，我们既不能完全置之不理，也不能急躁地对待，而是要以积极的心态应对各类挑战，以踏实的实践和坚实的合作成果来回应这些质疑，正如习近平总书记所说："我们应该锲而不舍、驰而不息进行努力，不能因现实复杂而放弃梦想，也不能因理想遥远而放弃追求。"②

---

① 习近平：《论坚持推动构建人类命运共同体》，中央文献出版社2018年版，第275页。
② 同上书，第513页。

附 录 一

1833年小斯当东在下议院关于中国贸易的演讲（节选）

一 6月4日，由于下议院中有40人缺席，因此休会，小斯当东的演讲未能完成

此时此刻，我向诸位保证，我对我所提出任务的艰巨性和重要性是有深刻认识的。我的提案的主题是，关于我国与中国之间的商务、政治关系现状。尽管被冒险主义精神驱使着的英国商人已经与中国有两个多世纪的商业往来；尽管这种交往始于蹒步小流，并不断壮大，直至目前成为我们所关注的焦点。然而，我们却并未采取任何立法措施来给予更好的管理和保护。如今，议会应授权东印度公司继续全面控制英中交往，不仅在商业上，而且也有利于在政治上，尊重维护我国与中国之间的友好关系，英国和中国间的商业纽带也能更加牢固。

……

很明显，我们的商业体系在这些方面正在发生巨大的变革。在最近提交给下议院的议案中，我们政府提议不仅废除东印度公司目前的专属特权，而且彻底剥夺其作为商业机构的权力，并且立即执行。在我看来，绝对有必要使下议院能够就如此重大变革做出公正的决断，对废除东印度公司垄断权的法律安全性和益处进行讨论，也使我们能够对于中国事务的本质进行思考。

……

有人反对说，我的决议不会取得实际的结果。还有人问我，在目前谈判过程中我是否主张保持公司的垄断地位，这些主张有什么好处？我想说的是，我站在这里，代表的不是公司，而是代表我国人民的利益。在中国贸易的专属特权问题上，无论是我以前提出的，还是现在仍然秉持的意见和想法，我都尊重公司有关延续中国贸易的专属特权政策。我可以毫不犹豫地说，我深思熟虑的这一问题，符合我国人民的根本利益。

二 6月13日，小斯当东就格兰特议案发表演讲

我曾经试图利用枯燥乏味、令人不快的中国贸易的细节来吸引议员们的注意力，以通过我所提出的议案。我这样做，或许给人这样的印象：我与中国的长期联系，以及我在那里所处的环境使我产生了这样一种期待。我应该借此机会就正在审议的重要问题发表我的看法。对我自己而言，虽然我不习惯，也不乐于做这样的工作，但我还是要把细节讲清楚，我不能逃避我的责任。在将来我都会牢记自己的使命和下议院赋予我的使命，因此，我现在必须就这一问题谈谈我的看法。为此，我不再做任何解释或自我辩护，我完全相信我现在即将提出的提案，以及其包含的基本原则，提出针对中国商业制度的改进意见是稳妥、因地制宜和行之有效的。我并不打算将其强加给议会，而只是把它提到审议的日程上来。

英中交往源于茶叶的专属贸易。茶叶是一种与日常生活息息相关的必需品，茶叶贸易的年收益在300万—400万英镑之间，相对于其他商品有着稳定的税收增长；另外对于相同体量商品的税负给人们的压力也更小。此外，这种贸易还雇用了大规模的英国船队，是我国本土及在印度属地商品进出口的主要组成部分，每年进出口额高达数百万英镑。除此之外，茶叶贸易还成为了一条稳定和便捷的印度汇款给欧洲的渠道，通过此，满足了家庭支出费用。

茶叶贸易作为我国商业贸易的一个分支，对我们来说非常重要，即使像目前一样限制在一个港口进行，这个港口是中国境内最差的港口，不管是中国大宗货物的出口，还是欧洲主要手工业和制造业产品在中国的销售散布，很难估计这个国家对于先进的手工业和制造业产品的需求市场规模，如果我国政府和中国政府之间能够取得更好的谅解，使我们在贸易数量、品种范围和资源种类方面自由且不受限地进行交流与贸易，那么整个欧洲将受益匪浅。

"排外"政策充分体现了恒河以外国家在外交方面的狭隘思想。荷兰人仅仅被期望在日本的几个港口从事商品贸易活动，而根本不要指望在中国的港口可以进行贸易，尽管有几个港口在以前是可以自由进出的，与交趾支那和其他几个邻近小国之间开展广泛自由的交往也有同样不可逾越的障碍。一部分国家效仿广州一口通商制度。重要的是所有法律法规会影响英国商业活动，影响商业利益的提升，而且很不稳定。所有法律应该是建立在最为充分和公正基础条件之上的。

首先，即使没有国际条约的制约，贸易也应置于首都的一位行政官员的认可保护下，在贸易港口建立领事裁判制度，如同在其他文明国家惯例那样，按照其他文明国家的习惯，彻底摆脱中国地方当局的任意摆布。贸易受到这些地方政府当局的许多非常严厉和无理的压榨，或对各种人身自由的限制和各种令人恼怒的煎熬。

其次，这些罪恶完全归因于中国政府的性质和本性，而不能归咎于东印度公司进取精神和坚定的信念。东印度公司在各种场合反对中国地方政府的压迫，并取得了相当大的成功。任何个人都会为了获取各自的利益，不能团结起来，尝试反抗压迫。为了保证了对外贸易的总体利益，东印度公司被多次授予贸易特权，通过商业影响，成功避免了最严重的危机产生。

目前，制止这种影响的唯一有效手段，就是控制和反制中国专制腐败的地方政府官员。为了保证我们与中国的贸易安全，需要在两国之间的条约中，建立更加平等和强有力的保护措施，保障我国工作人员的利益，从而保护双边贸易；任何试图任命广东本地人员的尝试将会在我国目前的对华关系中造成不良的后果，有损皇室的名誉和尊严。

在这方面，尽管所有前往北京的朝贺使团的尝试均以失败告终，但对于认识其国民性格是有益的。清政府和沙俄之间通过多次谈判签订条约的例子也证明，双方通过任命专员，不仅可以调整两国的边界线，而且能够规范双边贸易，没有什么障碍是不可逾越的。

倘若这一期望没能实现，且政府没有能够保护国家利益，可以取代东印度公司权威影响的制度安排，那么，将英国商业完全摆脱中国当局的控制（这只是最后的手段）可以是权宜之计，在中国沿海的一些偏僻地方进行贸易，可以免受压迫与干扰，但这同样会损害我们国家的名誉和利益。

最后，在目前贸易状态下，根据中国法律，外国人在其国内犯下杀人罪，应该尽早给予法律援助，中国法律条款对外国人来说是极为不公和残忍的，在过去的49年里，竟没有任何一个英国人提出过抗议！因为抵抗被暂停贸易，使他们的商业利益遭受重大损失和损害，有罪者和无辜的人都得跑路；因此，最好在案发地设立一个英国海事法庭，由主管当局对这类罪行进行审判和惩罚，从而结束这种不公正的态势。

附 录 二
小斯当东1840年在下议院的演讲
（节选）

此时此刻，在考虑尊敬的男爵阁下（Right Honorable Baronet）的具体提案时，我不得不指出，提案存在很大纰漏。提案完全忽略了一个已经在全国范围内引起广泛关注的话题，即"冲锋的号角吹响之前，我们似乎在与中国皇帝进行某种形式的拉锯，这到底是一场正义的必要之战，还是一次野蛮和邪恶的侵略行为"。当然，我不能只看这一提案偏激的一面，这样会使我们不能全面看待提案的真正内涵。

三周前，尊贵的负责殖民地事务的国务大臣向下议院提出：为了弥补之前遭受的伤害与侮辱，他们应当从政府那里获得补偿并恢复在中国的贸易，并已经开始向印度提供大量武器装备，以对抗中国。令我感到惊讶的是，既然我们已经决定花费数日来讨论对中国的关系，却完全忽视了这一重要问题。我必须说，这一忽视是令人欣慰的，对于这一情况，大众报刊和平日里用最激进、最暴力的言论彰显自己政见的温文尔雅的绅士们都一致对此进行强烈谴责，称这一即将向中国发起的军事行动是一场残暴的、不公正的、不光彩的战争，用各种语言来形容其可耻。我很高兴地看到，在这里没有任何一个政党甚至个人提出或者支持这一观点。总的来看，从政治的角度上讲，我不得不承认，尽管我们即将与中国展开的这场斗争是完全公正和公平的，但我还是很高兴，这一观点得到了认可，至少是在下议院。同时，我也必须指出，针对许多人对远征中国并能迅速取得胜利的乐观态度，我并不赞同。我必须为即将要面对的各种困难做好充分准备，这将是一场旷日持久的斗争。因此，我再次重申这场战争的不公正与野蛮性，希望各位议员能理解我的这一观点。我希望自己能够起到真正的引领作用，担负起责任，尽力去阻止不必要的战争，并在灾难真正发生之前理智收手。我在此声明，这仅仅代表我个人的意见。我完全不了解女王陛下对中国的态度。除了下议院公开宣布的或在报纸上已有的报道之外，其他的我一概不知，我的想法与对细节的判断也仅基于以上资料。我本就反对任何战争，尤其是要与我长期共同生活的人进行战争，我心系他们的命运。

在与中国当局进行的所有正式谈判中，我始终坚持一个原则：无论他们的法律多么令人恼火，让人难受，我们都无权指责和反对。在公众面前，我认为我有责任和义务去阐述自己的观点，那些限制和规章（指中国的贸易制度——译者注）损害了英国的利益，我还要说，这对于两国的长久利益也是有害的。但是不能诉诸于威胁言论，除非这种强迫性的规定一直存在，并使我们的贸易陷入停滞。针对律劳卑勋爵（Lord Napier）事件，在中国的英国委员会和很多人都认为，我们应该采取一些措施，以维护英国的利益。但我仍然反对为此就要发动任何战争。我对律劳卑勋爵深表同情，但我必须指出的是，勋爵在采取行动前并没有做好充分的准备，以确保其地位得到中国当局的承认，并且他也确实违反了命令，才导致不幸的发生。中国法律规定，从澳门到广州的所有外国人都需要得到许可，无一例外。对此，互相理解才是最明智的做法。

后来的结果也充分证实这样的做法是明智的。德庇时先生（Mr. Davis）继任商务监督后，在他强有力的管理下，贸易很快恢复繁荣，并且持续两年之久（如下议院的文件所示）。后来，懿律上尉

（Captain Elliot）继任，但由于此时清政府正全面禁止鸦片贸易，所以懿律上尉继任的时机不太好。很多人认为，英国人在贸易方面的行为是对清政府的挑衅，这些行为在国家层面上无视中国当局合理要求的权利，是不公正的，甚至是野蛮的。鸦片贸易是不道德的、邪恶的。关于这一点，没有哪一位议员能比我对此更加憎恶，我期望能采取措施有效进行管束。……谢普德上尉（Captain Sheppard）曾经向特别委员会通报了中国采取极端措施的可能性，他们自然会说，"如果你们坚持用鸦片毒害我们的人民，你们就再也喝不到茶了"。

……

但是每个人都必须清楚，从国家的角度来看，我们和中国之间的关系存在的问题与贸易是否道德或者失策无关，而是仅仅在于多大程度上违反了国际法和国际交往权益。虽然中国没有参加欧洲国家间签订的国际法体系，但他们不得不受到基于自然法和基本认知的国际法规的约束。起初，广州的总督颁布了禁止鸦片进口的法令，后来中国的反鸦片进口法规暂时中止时，广州的总督用他自己的船，插上自己的国旗，把鸦片运到广州。我认为，很少有人会严厉指责没有遵守中国政府颁布的禁止鸦片进口的规定，中国当局自身也不遵守这项法规。但毫无疑问，中国政府可以打破这种默许，坚持严格执行他们的法律，只是需要问清他们的法律到底是什么样子。针对外国人的法律是这样的：外国人在谋杀案中会被判处死刑，其他案件中，则会被遣返回国接受惩罚。在法庭上审判外国人有欠公允，因为他们不能进入法庭，即使进入法庭也无法为自己辩护。除了与谋杀案有关的法律以外，其他所有法律和惯例，从很早时候到钦差大臣林则徐（Imperial Commissioner Lin）到来均规定，针对所有外国人的罪行，首先应问责承诺为其担保人的行商；接着，会暂停所有与其有关的贸易；最后，将有罪的外国人驱逐出境。有关走私的法律最初只适用于岸上财产，但在 1837 年，针对已进入港口的船舶，也实行了一项新的法律。尽管如此，也没有法律规定可以随便没收货物，尤其是货物还在港口外的时候。尚未在中国登陆的船只上的鸦片，和躺在泰晤士河上船只上的鸦片一样，中国现行的法律都无权没收。林则徐来到广州时的法律是这样的。林钦差来到广州后，带来了最为严苛的法律，他谴责所有被发现载有鸦片的船只上的外国人，规定可以无条件没收这些鸦片。甚至要求外国商人提供担保，并同意接受相应的惩罚。贸易是否可以在这样严苛的法律下进行，对此我持怀疑态度。对于那些到中国并把他们的人身安全或财产委托给中国人掌管的人，这部新法显然是以惩罚他们为目的，这是不公正的。由于对国家的旧法深信不疑。在林则徐到来之前，外国人走私可不受到法律制裁，驱逐出境是唯一措施。而林则徐到来之后，利用美国商人金先生（Mr. King）事件，攻击英国商人团体，该团体由200人组成，其中仅有16人参与鸦片贸易，而林则徐的做法，却像是在消灭一个无法治愈的村子。对此，我补充一点：如果不交出鸦片，就面临大屠杀一样的对待，那么金先生是否还会如此冷静地描述后果。我将重申对清政府所施暴行要求赔偿的必要性，以及在其拒绝赔偿的情况下进行敌对行动的必要性。回想一下，我们在整个东方所获得的崇高地位是建立在公众舆论的道德力量之上的。如果我们今天屈服于中国的政治暴行和商业倒退，而没有维护自身的正义，那么我们在印度建立的伟大帝国的命运就岌岌可危了，我们在那里的政治优势也将受到致命的打击。

  我本希望我们政府能够向中国提出合理的建议，让中国方面能不失尊严地接受这些建议。但鉴于清政府的本性以及所有已经发生的事件，如今我们只能通过采取更强有力的措施以推行我们的主张。为此准备的武器也被认为是受益于鸦片贸易而饱受诟病。我在此呼吁，所有希望取消鸦片贸易的人，能支持这些措施，唯有此，我们的理想才能实现。若英中两国政府之间没有签署条约，就不可能有真诚合作的企划，这正是这次军事行动希望达到的目标，最终鸦片贸易会日益猖狂，且越来越有海盗的特质。

  ……

很遗憾，在刚刚出版的一本小册子中，我在某种程度上被说成是懿律司令的控诉人。但我和上尉有过诸多交易和谈判的往来，所以在他处于不利形势时，我不会落井下石。相反，在我看来，上尉已经表现出极大的勇气，为国家荣誉和利益尽了最大的努力。他的许多做法被指控为摇摆不定，可能源于他在面对紧急情况时的极度焦虑。小册子的作者曾经问我，如果我在林则徐面前并被要求"战战兢兢地服从"，我会说些什么？我告诉他以及在座的各位，在北京和阿美士德勋爵（Lord Amherst）在一起时，在类似的处境下，我是如何做的。我因拒绝劝说我尊贵的勋爵参加中国的谒见仪式，受到钦差大人的威胁，我表现得既不紧张，也不服从。全世界都知道，使团官员不仅被允许安全回国，而且在回国途中，整个中国都要为其提供便利。考虑到尊重懿律司令的情感，我可以毫不犹豫地说，我不能保证支持他所有的行为，但关于召回的提议，我坚决反对。

综上所述，我支持远征中国的提议，并且认同鸦片贸易在现有情况下不会因政府的任何指示而终止。我认为，我们和中国关系的破裂与女王陛下的大臣们缺乏远见卓识无关，我坚决反对男爵阁下的提议。

主要参考文献

小斯当东的个人著作

Staunton, George Thomas, *Ta Tsing Leu Lee*: *Being the Fundamental Laws, and a Selection from the Supplementary Statutes, of the Penal Code of China*, London: T. Cadell & W. Davis, 1810.

George Thomas Staunton, *Miscellaneous Notices relating to China, and our commercial intercourse with that country; including a few translations from the Chinese Language*, 1822.

George Thomas Staunton, *Memoir of the Life and Family of Sir G. L. Staunton*, 1823.

George Thomas Staunton, *Notes of Proceedings and Occurrences, during the British embassy to Pekin in 1816*, 1824.

George Thomas Staunton, *Corrected Report of the Speeches of Sir George Staunton, on the China Trade, in the House of Commons, June 4, and June 13, 1833*, etc. 1833.

George Thomas Staunton, *Speeches of sir George Staunton, addresses to the elector to the south Hamphire*, 1835.

George Thomas Staunton, *Remarks on the British Relations with China, and the proposed plans for improving them*, 1836.

George Thomas Staunton, *Narrative of the Chinese Embassy to the Khan of the Tourgouth Tartars in the years 1712, 13, 14 & 15*, 1839.

George Thomas Staunton, *Corrected Report of the Speech of Sir George Staunton, on Sir James Graham's Motion on the China Trade, in the House of Commons, April 7, 1840. With an appendix*, etc, 1840.

George Thomas Staunton, *Corrected Report of the Speech of Sir George Staunton, on Lord Ashley's Motion, on the Opium Trade, in the House of Commons, April 4, 1843. With introductory remarks*, etc, 1843.

George Thomas Staunton, *An inquiry into the proper mode of rendering the word "God" in translating the Sacred Scriptures into the Chinese language. With an examination of the various opinions which have prevailed on this important subject, especially in reference to their influence on the diffusion of Christianity in China*, 1849.

George Thomas Staunton, *Observations on our Chinese Commerce; including remarks on the proposed reduction of the tea duties, our new settlement at Hong-Kong, and the opium trade*, 1850.

George Thomas Staunton, *Memoir of Sir J. Barrow, Bart. (the greater part written by Sir G. Staunton) and description of the Barrow Monument*, 1852.

George Thomas Staunton, *Memoirs of the chief incidents of the public life of Sir G. T. Staunton*, 1856.

史料类

故宫博物院编：《清代外交史料》，1932年版。

故宫博物院编：《文献丛编》，1935年版。

严中平等编：《中国近代经济史统计资料选辑》，科学出版社1955年版。

姚贤镐：《中国近代对外贸易史资料汇编》，中华书局1962年版。

《清实录》，中华书局1986年版。

中国第一历史档案馆编：《鸦片战争档案史料》，天津古籍出版社1992年版。

胡滨译：《英国档案有关鸦片战争资料选译》（上、下册），中华书局 1993 年版。

中国第一历史档案馆等合编：《明清时期澳门问题档案文献汇编》，人民出版社 1997 年版。

中文论著类

许地山：《达衷集》，商务印书馆 1925 年版。

梁敬錞：《在华领事裁判权论》，商务印书馆 1934 年版。

张星烺：《欧化东渐史》，商务印书馆 1934 年版。

（清）梁廷枏：《粤海关志》，北京文殿阁 1935 年影印版。

［英］格林堡：《鸦片战争前中英通商史》，商务印书馆 1961 年版。

［英］斯当东：《英使谒见乾隆纪事》，叶笃义译，商务印书馆 1965 年版。

［德］马克思：《资本论》，人民出版社 1975 年版。

［美］张馨保：《林钦差与鸦片战争》，徐梅芬译，福建人民出版社 1989 年版。

朱雍：《不愿打开的中国大门——18 世纪的外交与中国命运》，江西人民出版社 1989 年版。

刘鉴堂：《中英关系系年要录》，四川省社会科学院出版社 1989 年版。

王荣堂：《英国近代史纲》，辽宁大学出版社 1988 年版。

［美］马士：《东印度公司对华贸易编年史》，区宗华译，中山大学出版社 1991 年版。

蔡美彪编：《中国通史》，人民出版社 1992 年版。

《马克思恩格斯论中国》，人民出版社 1993 年版。

［法］佩雷菲特：《停滞的帝国——两个世界的冲撞》，王国卿等译，生活·读书·新知三联书店 1993 年版。

［美］亨特：《广州番鬼录》，冯树铁、沈正邦译，广东人民出版社 1993 年版。

［美］莫里斯、布迪：《中华帝国的法律》，朱勇译，江苏人民出版社1993年版。

［美］费正清主编：《剑桥中国晚清史》，中国社会科学院历史研究所编译重译，中国社会科学出版社1993年版。

第一历史档案馆编：《英使马戛尔尼访华档案史料汇编》，国际文化出版公司1996年版。

经君健编：《严中平文集》，中国社会科学出版社1996年版。

［美］何天爵：《真正的中国佬》，鞠方安译，光明日报出版社1998年版。

张晋藩：《清朝法制史》，中华书局1998年版。

［英］约·罗伯茨编著：《十九世纪西方人眼中的中国》，蒋重跃、刘林海译，时事出版社1999年版。

王开玺：《隔膜、冲突与趋同：清代外交礼仪之争透析》，北京师范大学出版社1999年版。

［美］马士：《中华帝国对外关系史》，张汇文译，上海书店出版社2000年版。

王健：《西法东渐——外国人与中国法的近代变革》，中国政法大学出版社2001年版。

［英］爱尼斯·安德逊：《英国人眼中的大清王朝》，费振东译，群言出版社2002年版。

钱乘旦：《英国通史》，江苏人民出版社2016年版。

［英］汤森：《马礼逊——在华传教士的先驱》，王振华译，大象出版社2002年版。

［英］克莱门茨·R.马克姆：《叩响雪域高原的门扉：乔治·波格尔西藏见闻及托马斯·曼宁拉萨之行纪实》，张皓、姚乐野译，四川民族出版社2002年版。

［英］约翰·劳尔：《英国与英国外交》，刘玉霞、龚文启译，上海译文出版社2003年版。

郭卫东：《转折——以早期中英关系和〈南京条约〉为考察中心》，

河北人民出版社 2003 年版。

谭树林:《马礼逊与中西文化交流》,中国美术学院出版社 2004 年版。

[英] 马礼逊夫人编:《马礼逊回忆录》,顾长生译,广西师范大学出版社 2004 年版。

顾长生:《传教士与近代中国》,上海人民出版社 2004 年版。

萧致治、杨卫东:《西风拂夕阳——鸦片战争前中西关系》,湖北人民出版社 2005 年版。

《乾隆朝内府抄本〈理藩院则例〉》,中国藏学出版社 2006 年版。

[英] 乔治·托马斯·斯当东:《小斯当东回忆录》,屈文生译,上海人民出版社 2015 年版。

[英] 蓝诗玲:《鸦片战争》,刘悦斌译,新星出版社 2015 年版。

[英] 亨利·埃利斯:《阿美士德使团出使中国日志》,刘天路、刘甜甜译,商务印书馆 2017 年版。

英文论著

Jernigan, T. R., *China in Law and Commerce*, New York: Macmillan Co. LTD., 1905.

Pritchard, Earl H., *The Crucial Years of Early Anglo-Chinese Relations, 1750–1800*, New York: Octagon books, 1970.

Davis, J. F., *The Chinese: A General Description of the Empire of China and its Inhabitants*, New York: London, 1836.

Eames, James Bromley, *The English in China*, London: Curzon Press, 1974.

Cutzlaff, Charles, *China opened: Display of the Chinese Empire*, London: Smith, Elder & Co., 1838.

Graham, J., *The War in China, Sir J. Graham's Speech*, London: W. E. Painter, 1840.

中文论文类

张轶东：《中英两国最早的接触》，《历史研究》1958 年第 5 期。

游博清：《小斯当东（George Thomas Staunton，1781－1859）19 世纪的英国茶商、使者与中国通》，硕士学位论文，台湾清华大学历史研究所，2004 年。

黄滨、张斌：《清代广西段的中越贸易》，《东南亚纵横》1992 年第 4 期。

张顺洪：《马戛尔尼和阿美士德对华评价与态度的比较》，《近代史研究》1992 年第 3 期。

李金明：《鸦片战争前英商在广州的贸易》，《南洋问题研究》1994 年第 4 期。

刘存宽：《试论英国发动第一次鸦片战争的双重动因》，《近代史研究》1998 年第 4 期。

游博清、黄一农：《天朝与远人——小斯当东与中英关系（1793—1840）》，《"中央研究院"近代史研究所集刊》第 69 期。

张大庆：《英吉利国新出种痘奇书》，《中国科技史料》2002 年第 3 期。

赵长江：《法律文本翻译的双重性：文化交流与信息泄漏——以 1810 年〈大清律例〉英译为例》，《民族翻译》2012 年第 3 期。

[英] 苏珊·里德·斯蒂夫勒：《英国东印度公司广州商馆的汉语学生》，刘美华、杨慧玲译，《国际汉学》2016 年第 1 期。

后　　记

　　2004年，我进入中国社会科学院近代历史研究所学习，我的导师张小林建议我将小斯当东作为硕士学位论文研究选题，当时以小斯当东为专题研究对象的学术研究成果极少，我尽力搜集有关小斯当东的文献资料，此后的近三年时间里，我全心投入，在导师的指导下，较为顺利地完成了硕士学位论文的写作。

　　2007—2009年，我在《历史档案》等学术刊物上发表了一些有关小斯当东的小文章，有些还为学术同仁所关注。参加工作后，由于工作任务的变化，小斯当东的研究搁置了。2017年，一个偶然机会，我看到了屈文生先生翻译的《小斯当东回忆录》，同时发现有一些学者开始关注小斯当东，有不少学术成果问世，这又让我重新燃起了研究小斯当东的热情。

　　从接触小斯当东开始，已经有15年了，我不由得感叹时间飞逝，在不惑之年，撰写了这本小书，一方面是为了完成当年未了的心愿，另一方面，希望对推动小斯当东研究做一些基础性工作，错谬之处，敬请学术同仁批评指正。

笔者

2019年12月